宁波文化研究工程·历史名人研究 MR25.201803

邵晋涵年谱新编

SHAOJINHAN NIANPU XINBIAN

朱 炯 著

ZHEJIANG UNIVERSITY PRESS
浙江大学出版社

图书在版编目(CIP)数据

邵晋涵年谱新编/朱炯著. —杭州:浙江大学出版社,2018.10
ISBN 978-7-308-17894-5

Ⅰ.①邵… Ⅱ.①朱… Ⅲ.①邵晋涵(1743—1796)—年谱 Ⅳ.①K825.81

中国版本图书馆 CIP 数据核字(2018)第 012567 号

邵晋涵年谱新编

朱　炯　著

策划编辑　吴伟伟
责任编辑　杨利军
文字编辑　田程雨
责任校对　邵吉辰
封面设计　项梦怡
出版发行　浙江大学出版社
(杭州市天目山路 148 号　邮政编码 310007)
(网址:http://www.zjupress.com)
排　　版　浙江时代出版服务有限公司
印　　刷　浙江新华数码印务有限公司
开　　本　710mm×1000mm　1/16
印　　张　15.5
字　　数　264 千
版 印 次　2018 年 10 月第 1 版　2018 年 10 月第 1 次印刷
书　　号　ISBN 978-7-308-17894-5
定　　价　56.00 元

邵晋涵像

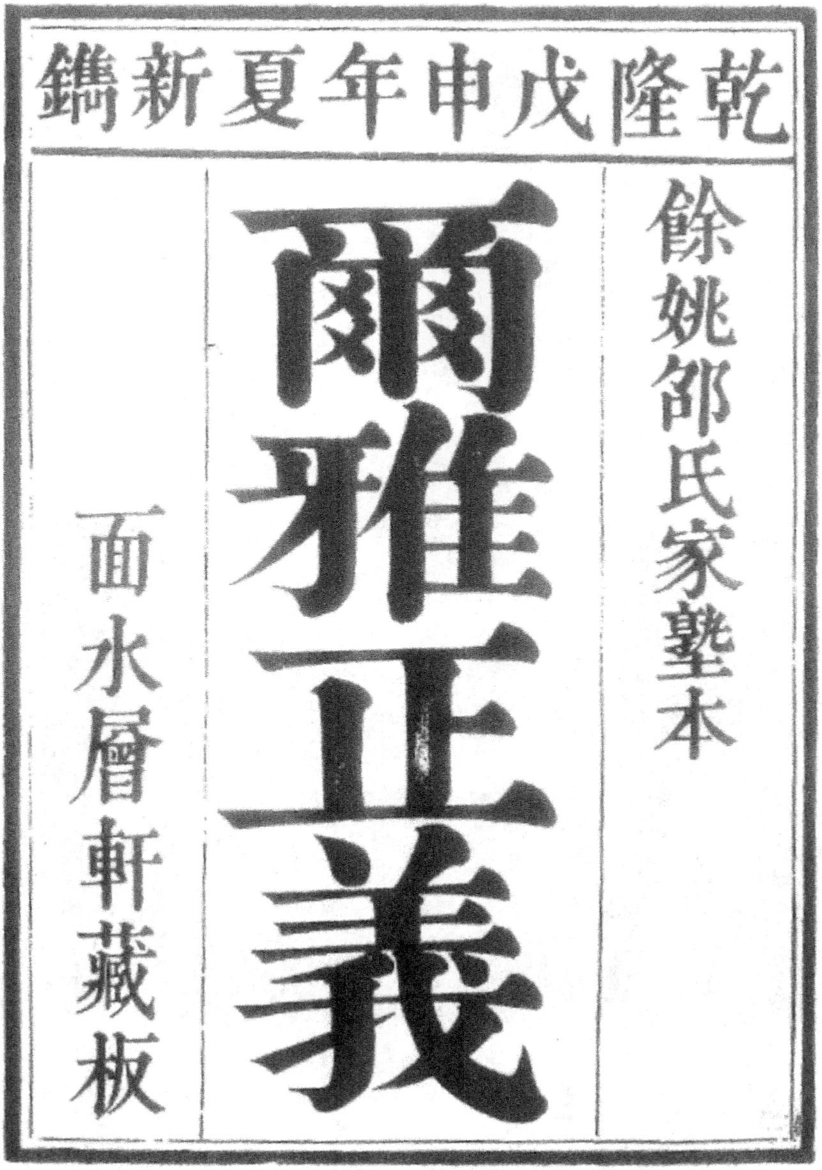

乾隆戊申年夏新鐫

餘姚邵氏家塾本

爾雅正義

面水層軒藏板

面水层轩本《尔雅正义》书影

邵晋涵旧居——会元房后楼

邵晋涵墓

前　言

明清以来，浙东人才辈出，先后出过王阳明、黄宗羲等著名学者，邵晋涵是继黄宗羲后出现的又一个颇有声望的史学家和文献学家。邵晋涵，字与桐，号二云，浙江余姚人。“以《禹贡》三江，其南江从余姚入海，遂自号南江。”生于乾隆八年，卒于嘉庆元年，享年五十四岁。邵晋涵之高祖琳、曾祖炳、祖向荣、从祖念鲁、父佳鈗，均以诗书传家，多有科第之举。受此影响，邵晋涵幼即“矢口成音，叶于天籁”，稍长，益涉猎，见者惊为鬼神。然而，除家学陶冶外，亦得自其刻苦勤读的努力。“尝冬寒读书，先生体弱，夜中手足皆僵”，“夜过半，闻（邵升陛）先生诵授声，琅然彻户牖，亦知力疾强起，执卷就灯”。可见其之用功。

乾隆三十年，应浙江乡试，邵晋涵名在第四。三十六年，成进士。按惯例，当在词馆之选，结果却未能如愿。同年冬，朱筠奉命提督安徽学政，邵晋涵与章学诚等俱往为幕客，并结识洪亮吉、汪中等学友，他们或诗词唱和，或谈论经史。三十八年，会四库馆开，与戴震、周永年、余集、杨昌霖一同入馆编校，时号为“五征君”。二云“以懿文硕学，知名海内。经学、史学并冠一时”。今《南江文钞》中所存的诸史提要三十七篇，议论得失，辨正纠谬，颇有独到发明之处。在四库馆时，因薛居正《旧五代史》原书亡佚，邵晋涵从《永乐大典》中掇拾原文，又采《册府元龟》《太平御览》诸书以补其缺，基本上恢复了薛史旧貌。因不满《宋史》南渡以后，粗疏无法，故仿王偁作《南都事略》。四十年，他写成《尔雅正义》，其后研究《尔雅》的学者，规模法度鲜有能出其右者。四十二年，邵晋涵参与了《杭州府志》的编纂。翌年，又应余姚知县之邀，与修《余姚县志》。四十五年，充广西乡试正考官。嘉庆元年，擢为翰林院侍讲学士、日讲起居注官，兼文渊阁直阁事。历充咸安宫总裁，《万寿盛典》、《八旗通志》、国史馆、三通馆纂修官，又为国史馆提调，兼掌进拟文字。在三通馆担任纂修官期间，他曾"檄取海内石刻，进之内廷，编书以续郑樵《金石略》"。邵晋涵素来身体羸弱，又兼职诸馆，晨入暮出，体力益加无法负荷。嘉庆元年三月，偶感寒疾，医误投剂，病情遂加剧，六月十五日卒于里第。他的中年早逝，是当时学界的一大损失，章学诚感慨道："浙东史学，自宋元数百年来，历有渊源，自斯人不禄，而浙东文献尽矣。"

纵观邵晋涵的一生，他主要的学术活动是在史馆任职期间进行的，大部分时间从事史书修撰、经学注疏、文献辑佚，对清代的史学和经学研究作出了巨大的贡献。邵晋涵在史学上的一个重要成就，就是重辑《旧五代史》。《旧五代史》是宋太祖时，宰相薛居正等奉敕撰修的，共一百五十卷。编成后不久，欧阳修就因对它不满而另撰《五代史记》。《五代史记》因系私修，完稿后仅藏于家。欧阳修死后，才"官为刊印"。最初，二书并行于世。元明以后，《旧五代史》的传本"渐就湮没"，唯明内府尚见收藏。明初修《永乐大典》，对《旧五代史》的文字多有收录，但因系按韵摘编，"割裂淆乱，已非居正等篇第之旧"。邵晋涵在入四库馆后，从《永乐大典》中辑出久佚的《旧五代史》，《大典》中有残缺的，又采《册府元龟》《太平御览》《资治通鉴》《五代会要》等诸书补其缺。乾隆四十年，年仅三十三岁的邵晋涵完成了全书的编校。对于此书，彭元瑞认为"《永乐大典》散篇辑成之书，以此为最"。乾隆四十九年，馆臣请仿刘昫《旧唐书》之例，将《旧五代史》列于二十三史，刊布学宫。说此书"纪载该备，足资参考，于读史者尤有裨益，自宜与刘昫《旧唐书》并传"。

邵晋涵在四库馆期间的主要贡献，除了辑编《旧五代史》外，还编纂了《四库全书总目提要》的"史部提要"。阮元说："先生所职为史部。凡史部诸书，多由先生订其略，其提要亦多出先生之手。"《南江文钞》卷三载有邵晋涵为三十七种书籍撰写的提要，除其中《赵端肃奏议》一种《四库全书总目》未收录外，其余三十六种皆有收载。在这三十六种中，经部四种，史部二十七种，子部一种，集部四种。

邵晋涵史学生涯的另一个重要内容是修编《宋史》。元人脱脱奉敕编纂《宋史》，以宋人所修国史为稿本，"大旨以表彰道学为宗，余事皆不甚措意，故舛谬不能殚数"。其记事纪传互异、志传不符，以及各传互相矛盾之处甚多，世系、官资所记虽繁，而往往不足凭信。"宋人好述东都之事，故史文较详"，至于建炎之后，则已属漏略。为修编《宋史》，邵晋涵先撰《南都事略》，

“取熊克、李焘、李心传、陈均、刘时举所撰之书及宋人笔记。撰《南都事略》，以续王偁之书，词简事增，正史不及也”。惜《南都事略》未能完成。对此，其弟子曾有叙述：“先师尝谓《宋史》自南渡以后尤为荒谬，以东都赖有王氏《事略》故也。故先辑《南都事略》，欲使前后条贯粗具，然后别出心裁，更为赵宋一代全书。其标题不称《宋史》，而称《宋志》，亦见先师有微意焉。然《南都》尚未卒业，而《宋志》亦有革创，皆参差未定稿也。诸家状志但称《南都事略》，当属传闻未审，贻选尝亲承其说于先师，其实如此。”与修编《宋史》相关的另一项工作就是帮助毕沅覆审《续资治通鉴》。“沅尝以二十年功属某氏续宋元《通鉴》，未惬心，属先生为之复审，其书即大改观。时沅方用兵，书寄军营，读之大悦服。手书报谢，谓迥出诸家续《鉴》上也。”今《南都事略》《宋志》《续资治通鉴》覆审本已不传世，但从他的《南江札记》中所录的四十三条《宋史》札记，我们依然能看出他治宋史的功力。

章学诚曾评论邵晋涵说：“君尤长于史，自其家传乡习，闻见迥异于人；及入馆阁，肆窥中秘，遂如海涵川汇，不可津涯。”陈寿祺说他：“于学无所不通。”他治学途径，先从治经入手，治经则又先从《尔雅》入手，他曾用十年时间，成《尔雅正义》一书。他在《尔雅正义序》一文中说：“晋涵少蒙义方，获受《雅》训。长涉诸经，益知《尔雅》为五经之錧辖。而世所传本，文字异同，不免讹舛。郭注亦多脱落。俗说流行，古义寖晦。爰据唐石经及宋椠本及诸书所征引者，审定经文，增校郭注。仿唐人正义，绎其义蕴，彰其隐赜。”他把《尔雅》看成治五经的关键，旁罗广搜，凡三四易稿而始定，可以说《尔雅正义》是其一生在学术上所作的最大贡献之一。

邵晋涵的学术贡献主要表现在以下三方面：首先他传浙东文献之学。浙东学派以经世致用之学和保存历史文献著称于世。清初，邵晋涵之从祖邵廷采上承黄宗羲、万斯同之绪，致力于明代文献征存，邵廷采去世之后，邵晋涵与章学诚继承了邵廷采的学术事业，并取得了更大的成就。阮元说：“先生本得甬上姚江史学之正传，博闻强记，于宋、明以来史事最深。”钱大昕也指出：“君生长浙东，习闻蕺山、南雷诸先生绪论，于明季朋党、奄寺乱政，及唐、鲁二王起兵本末，口讲手画，往往出于正史之外，自君谢世，而南江文献无可征矣。”其次，他倡导实事求是的学术风气。邵晋涵是乾嘉时期的学术巨擘，“于学无所不窥，而尤能推求本原，实事求是”。例如针对唐代以来被定为“秽史”的魏收《魏书》，他本着实事求是的态度，最早为其翻案，予以客观评价。他通过分析，指出时人对魏收的污蔑大多出于私心私利，不是出于公论。可以说他对当时的学者产生了很大的影响，带动了学术风气的转变。第三，他注重开展学术批评。他撰《尔雅正义》，批评前人穿凿附会之说，提出兼收并蓄的采撷标准。“陆农师好穿凿之辞，罗存斋多亿必之说，慎而取之，不敢碎义逃难，强至皮傅也。舍人、樊光、李巡、孙炎之注，散见诸书，悉为征引，用扶微学，广异闻。郭氏撰著之书，今多废缺，若《三苍解诂》《毛诗拾遗》《子虚上林赋注》，遗文散见，义有相通，悉为附入。”他为四库全书馆撰写的史书提要，多着眼于评论史书的性质、史家撰述宗旨、著作的优劣得失，重在阐述学术源流及其演变，具有重要的史学批评价值。就是这样一位经史巨擘，身后却声名寂寥，言之者甚少，知之者甚微。邵晋涵的学术成就之所以流传不广，其一，虽然邵氏一生著述丰富，但流传下来的著作较少，生前仅刊刻《尔雅正义》。《南江文钞》《南江诗钞》《南江札记》《旧五代史考异》等著作是其过世后，由后人刊刻；其二，对邵晋涵这样一位乾嘉时期学界公认的史学领袖，其过世后，对他的研究近乎空白，仅有其生前几个师友所作的墓志铭、家传、书序。如钱大昕《日讲起居注官翰林院侍讲学士邵君墓志铭》、章学诚《邵与桐别传》、王昶《翰林院侍讲学士充国史馆提调官邵君晋涵墓表》、洪亮吉《邵学士家传》、阮元《南江邵氏遗书序》等等。近代人对其生平事迹知之甚少，仅通过民国二十一年黄云眉所撰的《清邵二云先生晋涵年谱》来了解其一生事迹。相比于其好友章学诚，便先后有日本学者内藤虎次郎《章实斋年谱》、胡适《章实斋先生年谱》、姚名达《章实斋先生年谱》补订本和孙次舟《〈章实斋年谱〉补正》等多部年谱。学界的研究成果偏少，这在一定程度上阻碍了对邵晋涵学术研究的深入。

对于邵氏生平事迹有比较详细介绍的年谱，首推清同治年间我六世祖朱兰所撰的《南江先生年谱初稿》。因该谱长期被个人所藏，后又一直尘封库馆，因而罕为世人所见，以致学界皆以为是书早已湮没无存。民国期间，黄云眉先生作《清邵二云先生晋涵年谱》时，战乱频仍，取材不易，于邵晋涵《南江文钞》仅见四卷本，未得到十二卷本。《南江诗钞》仅见两卷残本，未得到四卷本，甚感遗憾。

二十世纪以来，对于邵氏的相关研究，也仅有十余人的十几篇论文。浙江大学仓修良教授的《邵晋涵史学概述》、南开大学南炳文教授的《邵晋涵》、江苏师范大学杨绪敏教授的《邵晋涵与历史文献的整理及研究》、台湾政治大学杜维运教授的《邵晋涵之史学》、北京师范大学罗炳良教授的《邵晋涵史学批评述论》《邵晋涵对宋史研究的重要贡献》《邵晋涵在历史编撰学理论上的贡献》《章实斋与邵二云》，及台湾师范大学林良如的《邵晋涵之文献学探究》等等，这些研究成果或讨论邵氏某一方面之成就，或对其学术作一提要钩玄之综论，研究焦点大多集中在经学、史学，对邵晋涵一生的学术活动与生平作全面性研究和回顾的几乎没有。

今距黄云眉先生撰邵氏年谱已逾八十年，十二卷本《南江文钞》和四卷本《南江诗钞》足本也易见，随着更多文献史料的发现，材料多有出于黄云眉先生择取之外者。虽然北京师范大学罗炳良教授有作《黄云眉〈邵二云先生年谱〉补正》，但仅对黄氏谱稍加补正，取材仍稍显狭隘。随着邵晋涵年谱的开山之作《南江先生年谱初稿》的重新发现，辑补前贤所未备，重新编撰邵氏年谱条件已成熟。但先祖的《南江先生年谱初稿》为未定稿，可就正之处也颇多。诚如章学诚在《文史通义·释通》所言："生乎后代，耳目闻见自当有补前人，所谓凭借之资，易为力也。"故而不揣谫陋，补正前人著述之疏失，以期能比较客观、完整、全面地体现邵氏一生的经历，这不仅为学界研究邵晋涵提供素材，有助于促进邵晋涵学术研究的开展，也可以对乾隆朝政治、文化、社会等领域作相当程度的考察，这是编撰此书之目的，相信也正是朱、黄等先贤所期望的。

目　录

凡　例

一、本谱以朱兰《南江先生年谱初稿》和黄云眉《清邵二云先生晋涵年谱》为基础，参考邵晋涵存世著作及相关碑传史志、诗文集、笔记等，爬梳考索，补正前两谱之疏失，对其文学创作、学术活动、交游酬唱及著述等，勉力作详尽之考述，力求全面展现二云先生一生行实。

二、本谱以年号和干支纪年，在干支纪年之后用括号注明公元纪年。凡知年不知月者，附于是年之尾。

三、谱主所交游者，初见时一般根据有关材料略述其行谊，籍贯依《大清一统志》，属今人研究、考证所得者，则标明所出。而对身世无考者，注明待考或不详。

四、本谱所引用之史料，凡引自谱主著作的，仅举篇目。凡引自他人的，均标明引用原文的出处、卷数。后附引用书目及版本，以便稽核。

五、本谱于记述之史料，朱兰有按语的，以【朱兰按】进行标注；黄云眉有按语的，以【黄云眉按】进行标注。

六、本谱于记述歧异之史料，主要以谱主本人所述为准。若谱主本人所述有歧异，略予考辨，择其最合理者。对于文中的错误，以【注】进行更正。

七、本谱对于谱主往来尺牍、前两谱中未见之作及谱主佚作，全文迻录。其他引自谱主诗文集或事集的作品，则根据内容需要，酌情引录。同时，为便于查阅，除正文外，另具附录佚文汇编。

卷首　余姚邵氏家族及世系

邵氏本姬姓，系出周太保召公奭之后，召公奭封于燕，食采于召，遂以为氏。余姚邵氏以文定公为远祖，以康节公为始祖，以都巡公为迁姚始祖。邵执中，字季南，南陈时人，官至工部尚书，世称“莘野先生”，卒后谥号“文定”，是为奕世之祖。邵执中传至十九世邵雍(1011—1077)，字尧夫，著书立言，以传道统，宋元祐中，谥号“康节”，为宋儒宗，而子孙遂家于河南洛阳。邵雍之孙，长曰溥，为徽猷阁待制。次曰博，为秘书省校书郎待制，扈从高宗南渡都杭，后居于浙江杭州。邵溥之后有曰淳，字君协，为越新昌令，卒于官，子孙遂家于会稽。又四世，讳忠，字克诚，号抑庵，行名千八者，宋季官扬州路都巡，自会稽迁余姚通德乡清风里，卜宅而居，是为姚江始祖。

光绪《余姚邵氏宗谱》世系表：“邵忠，行一千〇八，字诚之，一字克诚，号抑庵，官扬州路都巡，自会稽宁桑里迁居余姚通德乡清风里。生宋光宗绍熙四年癸丑十月十五日寅时，卒宋理宗开庆元年己未十月廿八日寅时，享年六十有八。配赵氏封宜人，以子丙晋封安人。生三子：长元诚；次元雍，改名丙；季元亶，改名恭。”

邵氏系姚江望族，正如窦光鼐所说：“邵氏洎迁姚以来，代有闻人，科名接踵，冠盖相望，而特立独行之儒，为世表率者，又复不胜指数。”梁启超亦有“浙东明经取高第者以邵氏为最”之语。

传至先生高祖邵琳，字席之，号晓山，增广生，以《礼记》中崇祯十二年己卯科举人，十三年庚辰科副进士，历任浙江武义县教谕、遂安县教谕，升山西洪洞县知县。公为博雅君子，筑室南城之东，种竹栽花，署曰“南可居”。享

年七十六，著有《洪洞县志》八卷、《晓山堂诗集》行世。

曾祖邵炳，字明远，号悔庵，廪膳生。以子向荣贵敕赠修职郎，宁波府镇海县儒学教谕。

祖父邵向荣，字郊檙，一字东葵，又字冬余，号庾山，又号余山，县学生，以《诗经》中康熙四十四年乙酉科举人，五十一年壬辰科会试中式，考授内阁中书，改补知县，请就教职。任宁波府定海县教谕，丁忧服阕，补宁波府镇海县儒学教谕，著有《四书偶融》三十卷、《冬余经说》十二卷、《冬余笔记》八卷、《冬余文略》四卷、《冬余诗略》四卷、《节贻堂诗稿文稿》、《月湖书院课士录》行世。镇海立专祠，光绪《余姚县志》有传。时与朱承勋、俞公旦、倪继宗有"姚江四达"之称。

张羲年《嗽蔗全集》文卷二《邵向荣传》："祖父向荣，又号余山。康熙乙酉举人，壬辰进士。以季弟累，代诣狱事。得释，覆试以书法欠工命学习，以候补中书改就教谕。丙午谒选，念母春秋高，改就校官，得定海。从游一盛，学舍至不能容。服阕补镇海，以梓荫山侧纯阳阁为僧窃据，请改书院。邑志因明以来，湮废二百年。又改定海为镇海，分昌国卫为定海县，事易溷，向荣首倡纂修，推为善，年八十告归，镇士为立生祠。其殁也，闻讣至姚者，相向哭失声，不获来者，聚而哭于祠。有各体诗略文略。"

朱承勋《紫竹山房遗稿》朱兰跋："是时，东葵公与朱亦中承勋、俞子复公旦、倪太真继宗并称'姚江四达'。"

朱兰《南江先生年谱初稿》邵晋涵《储封文林郎警寰朱先生六十寿序》："先大父东葵公与亦中先生相得尤靡间，风雨过从，老而弥笃，名义之挈摩，志节之砥砺，诗文之酬答，盖有合于《伐木》诗人之义，而不仅如后世所云胶漆之交也。"

邵廷采，字允斯，又字念鲁，系向荣之从兄，先生之从祖。早年屡科不第，晚年便弃举业，潜心于著述。廷采之学出于姚江书院，为姚江书院派的殿军，他又汇合姚江书院和蕺山书院，提倡经世致用，以补王学末流之空疏弊端，康熙五十年卒，享年六十四。著有《思复堂文集》。所辑《西南纪事》《东南纪事》为南明重要史料。先生祖父向荣曾向念鲁问学，先生又直接从祖父学，因此先生之学术思想，通过念鲁，传承黄宗羲以后之浙东学风。

叔祖邵坡，字兼山，号艮庵，少其兄向荣二岁，早孤，力学笃嗜经义诸子，尤好濂、洛、关、闽之学，潜心玩味，至废寝食。作文思力深厚，每属一文语，必有根据，庚辰，与向荣同受知于提学太原姜橚，时桐城方望溪在幕，见邵坡卷，惊叹谓："金、陈之后未见其偶。"康熙四十一年，举于乡。康熙四十九年，

偕兄应礼部试，甫出闱，闱卷传诵都下，总裁赵恭毅公期以第一人，为蜚语所中，竟不果。而查氏之狱起，查氏者，天津盐商。家故丰，延公于家，教课其子。查氏子熟悉邵坡的文章，以公之文应试，冠京兆试，为言者所劾，牵连逮狱。而邵坡应山西军门聘，先已出都，当时向荣也在京师，向荣遂自首入狱，及捕其家属，大哥元荣也下狱，后来邵坡自首到狱，元荣、向荣才获释。当邵坡入狱时，方苞已因党事先被囚于狱中，两人相见，方苞大喜："我识君久，今之见何晚也！在狱中，又何奇也！"对酒诵坡文，又纵论古今成败得失，为性命交。后来因科场之过不在他，因而释放，但也由此被罢归。康熙末年，圣祖曾向朝臣询及邵坡，并令坡进京，却适逢圣祖崩逝，遂不果行。坡前后主蕺山书院，多所奖进。著有《稽古录》五十卷，其书大段仿顾炎武《日知录》，上考《十四经》《二十二史》，并诸子书及各大家文集注疏异同，政治得失、学术纯驳，靡不条贯，而参以论说，以次成帙，诗、古文稿若干卷都失于火，惟制艺行世。乾隆九年卒，年六十有九。

父邵佳鈗，字薅安，向荣子。就要出外从师时，季父邵坡从京师归乡，在家中开课授学，佳鈗仔细听过一遍后就能演说。试之作文，挥笔立就。自是从季父学日进，试诸生高等，补增广生，乡试屡诎。志气不少挫，居贫守益峻。为文不随俗流，其诗文不多作，偶一为之，往往能出人意表。父既告归，佳鈗疏小圃娱之，日求所嗜以进，曲尽其欢。论著之散见者，皆辑成帙，与季父文章并藏之惟谨。晚年喜欢研究《易》，对《易》有独到的见解，钱大昕感叹："唯好学则不妄，唯深思则不俗，去妄与俗，可以言道。若翁者，可谓好学深思也已。"事载光绪《余姚县志》。

母袁氏，慈溪县学生员苏升之女。佳鈗生平嗜读书，尝有《春秋》《国语》古刻本，然家故素寒，费无所偿，夫人鬻簪珥得之。母出余姚吕氏，外祖父吕章成，明末鲁王时官待诏，国亡隐遁，筑室藏书，榜曰"蓼园"。年少时与顾炎武、熊汝霖、陈函辉等交游，曾改梁周兴嗣的《千字文》，纪录明代史事，教育初学者。夫人自幼受家学，因此娴熟明史。及归邵氏，常讲述明史事于诸子，虽是妇人家中语，然多属实录，出于正史之外，不同于一般之街巷传闻，二云自小习闻明代史事，故对于前明掌故了然于胸，实亦多得之于夫人。二云外祖曾撰次吕章成遗文于家，并将之传予邵氏，翁婿之间相为师友。因为袁氏晚年无子，家中富藏之书籍，本欲尽归于佳鈗，不幸毁于火，殊为可惜。

光绪《余姚邵氏宗谱》贻编卷六章学诚《袁太宜人墓志铭》："母袁姓，慈溪县学生员苏升女也。母出余姚吕氏，考章成，鲁王时官待诏，国亡隐遁，筑室藏书，榜曰'蓼园'。……夫人生康熙四十七年戊子，卒乾隆四十年乙未，春秋六十有八。始生二子一女，俱早殇。后有三子二女，长子履涵，先卒。次晋涵，乾隆三十年举人，三十六年进士，特征入四库全书馆，授翰林院编修。次鼎涵。女子子，长置慈溪国子监生叶宗辕，次适同县赵某。孙，男子四人，健孙、惺孙、特孙、赐孙。”

张廷枚《国朝姚江诗存》卷三：“吕章成，字裁之，号秋厓，晚号蓼园，有《浴日楼集》。”《诗存》收有其诗四十三首。

兄邵履涵，字礼耕，号云亭。先生生时，时年六岁。

光绪《余姚邵氏宗谱》卷九世系表：“兄履涵，行治八，本行一，字礼耕，号云亭，配张氏，生二子，梀揆，秉纯。”

《南江文钞》卷一〇《先兄云亭甫行状》：“先兄讳履涵，字礼耕，别自号云亭先生。兄口微吃，而善论事。……兄生于乾隆三年九月十九日，卒于三十一年六月初十日。”

世系图

一世

忠：行一千〇八，字诚之，一字克诚，号抑庵，官扬州路都巡，自会稽宁桑里迁居余姚通德乡清风里。生宋光宗绍熙四年癸丑十月十五日寅时，卒宋理宗开庆元年己未十月廿八日寅时，享年六十有八。配赵氏封宜人，以子丙晋封安人。生三子，长元诚；次元雍，改名丙；季元亶，改名恭。

二世

元诚　丙（元雍）　恭（元亶）

恭（元亶）：忠之子，行亚六，初名元亶，字子泰，号桂轩，官宋奉化州牧，生宋理宗淳祐六年丙午七月初三子时，卒元仁宗皇庆元年壬子十一月初三寅时，享年六十有七，配吴氏，侧室吴氏，生一子衍。

三世

衍：恭之子，行昌一，字浩业，官元兵部提领，生宋端宗景炎元年丙子八月二十八日辰时，卒元顺帝至正二十四年甲辰二月二十四日卯时，享年八十有九，配王氏，生四子谨、宽、通、聪。

四世

谨　宽　通　聪

谨：衍之子，行道一，字德懋，号梅庄，官元兵部提领，生元仁宗延祐三年丙辰七月初四辰时，卒元顺帝至正九年己丑七月初三卯时，享年三十有四，配赵氏，生二子南、明。

五世

南　明

南：谨之子，行宗一，字宗周，号淡庵，配舒氏，生二子复生、豫生。

六世

复生　豫生

复生：南之子，行福一，字原理，号贞靖，配简氏，生三子悌思、义思、绎思。

七世

悌思　义思　绎思

悌思：复生之子，行传二，字顺德，号清隐，县学生，乡饮大宾，享年七十有八，配王氏，生四子珍、珉、珷、珂。

八世

珍　珉　珷　珂

珉：悌思之子，行魁四，字廷献，号守元，增贡生，官江西抚州府金溪县学训导，享年八十有一，配潘氏，生三子文运、文通、文达。

九世

文运　文通　文达

文达：珉之子，行寅九，号菊庄，以长子惠容贵敕封承德郎，刑部江西清吏司主事。以次子惠久贵，诰赠奉直大夫，工部都水清吏司员外郎署郎中事。享年九十有二，配朱氏，生二子惠容、惠久；侧室施氏。

十世　悳容　悳久

悳久：文达之子，行荣十八，字原可，号越湖，县学生，以《礼记》中嘉靖甲午科举人，历任南直应天府六安州知州，右军都督府经历司经历，擢工部虞衡清吏司员外郎监宝源局，转都水清吏司员外郎署郎中事，诰授奉直大夫。督理通惠河。出任福建邵武府知府，崇祀名宦。以子陞贵，诰封中宪大夫，都察院右佥都御史，享年八十有五，配吴氏，生二子型、壄；续配张氏，生四子陞、陛、垈、圭；侧室王氏，生二子堤、埆。

十一世　型　壄　陞　陛　垈　圭　堤　埆

壄：悳久之子，行煌十二，字世安，号龙谷，晚号不老醉翁，宁波府学生，享年七十有九，配叶氏，生一子钦亮；侧室赵氏，生二子钦式、钦选。钦选出继垈；张氏，生二子钦奖、钦诰。

十二世　钦亮　钦式　钦选　钦奖　钦诰

钦亮：壄之子，行一，字克明，号少谷，县学生，配蔡氏，生三子洪寿、洪汉、洪沣；侧室□氏生一子洪迪。

十三世　洪寿　洪汉　洪沣　洪迪

洪寿：钦亮之子，行二，字海筹，县学生，乡饮大宾，享年七十有四，配黄氏，无出；续配黄氏，生五子森、琳、珠、采、乐，四采出继洪沣。

十四世　森　琳　珠　采　乐

琳：洪寿之子，行六，本行二，字席之，号晓山，增广生，以《礼记》中崇祯十二年己卯科举人，十三年庚辰科副进士，历任浙江金华府武义县儒学教谕，严州府遂安县儒学教谕，升山西平阳府洪洞县知县，享年七十有六，著有《洪洞县志》八卷、《晓山堂诗集》行世。配李氏，生四子炜、炳、炘、灼；侧室钟氏，生三子爆、烘、煸。

十五世　炜　炳　炘　灼　爆　烘　煸

炳：琳之子，行二，字明远，号悔庵，廪膳生，以子向荣贵敕赠修职郎，宁波府镇海县儒学教谕，配陈氏，生一子元荣；继配张氏，生二子向荣、坡。

十六世　元荣　向荣　坡

向荣：炳之子，行四，字郇樞，一字东葵，又字冬余，号庾山，又号余山，县学生，以《诗经》中康熙四十四年乙酉科举人，五十一年壬辰科会试中式，考授内阁中书，改补知县，请就教职。授宁波府定海县儒学教谕，丁忧服阕，补宁波府镇海县儒学教谕，以孙晋涵贵，貤赠文林郎、翰林院编修，累赠儒林郎、承德郎，诰赠奉直大夫、奉政大夫、朝议大夫，翰林院侍讲学士，晋赠中宪大夫，加赠中议大夫，享年八十有四，著有《四书偶融》三十卷、《冬余经说》十二卷、《冬余笔记》八卷、《冬余文略》四卷、《冬余诗略》四卷、《节贻堂诗稿文稿》、《月湖书院课士录》行世。镇海立专祠。配陈氏，无出。继配蒋氏，生一子佳鈗。

坡：炳之子，行五，字兼山，号艮庵，县学生，以《礼记》中康熙四十一壬午科举人，六十一年奉旨特征内廷纂修，著有《毛诗注周礼存疑》一卷、《庵剩草》二卷行世。配胡氏，生一子如锦，早逝。以侄如铨，承继后。侧室王氏，生一子佳鉦。

十七世

佳鈗　向荣之子，行铣十三，本行四，字藉安，号冶南，又号逸庵，增广生，以子晋涵贵，敕封文林郎、儒林郎、翰林院编修加一级，赠承德郎，诰赠奉直大夫、奉政大夫、朝议大夫，翰林院侍讲学士，晋赠中宪大夫，加赠中议大夫，享年七十有二。配袁氏，生二子履涵、晋涵。侧室夏氏，生一子鼎涵。

十八世

履涵　佳鈗之子，行治八，本行一，字礼耕，号云亭，配张氏，生二子梯揆、秉纯。

晋涵　佳鈗之子，行治十一，本行二，字与桐，号二云。乾隆三十六年辛卯恩科会元，特征入四库全书馆纂修官，授翰林院庶吉士，散馆编修，迁左中允，转侍讲学士，充日讲起居注官，预修国史、《万寿盛典》、《八旗通志》，配何氏，生二子秉恒、秉华。详见年谱。

鼎涵　佳鈗之子，行治十五，本行三，字定甫，号三云，太学生，配翁氏，生三子秉理、秉章、秉瑞。

十九世

秉恒　晋涵之子，行一，字士为，太学生，授广东河泊所巡检，配童氏，生一子秀联。

秉华　晋涵之子，行三，字应渠，太学生，以五经中嘉庆六年辛酉科副榜，配叶氏，生一子长生。

二十世

秀联　秉恒之子，配胡氏，生一子增坊。

学恭（长生）　秉华之子，初名长生，字师诚，配徐氏，享年七十有九，生三子增刚、增堺、增连。

邵廷采支世系（接八世）

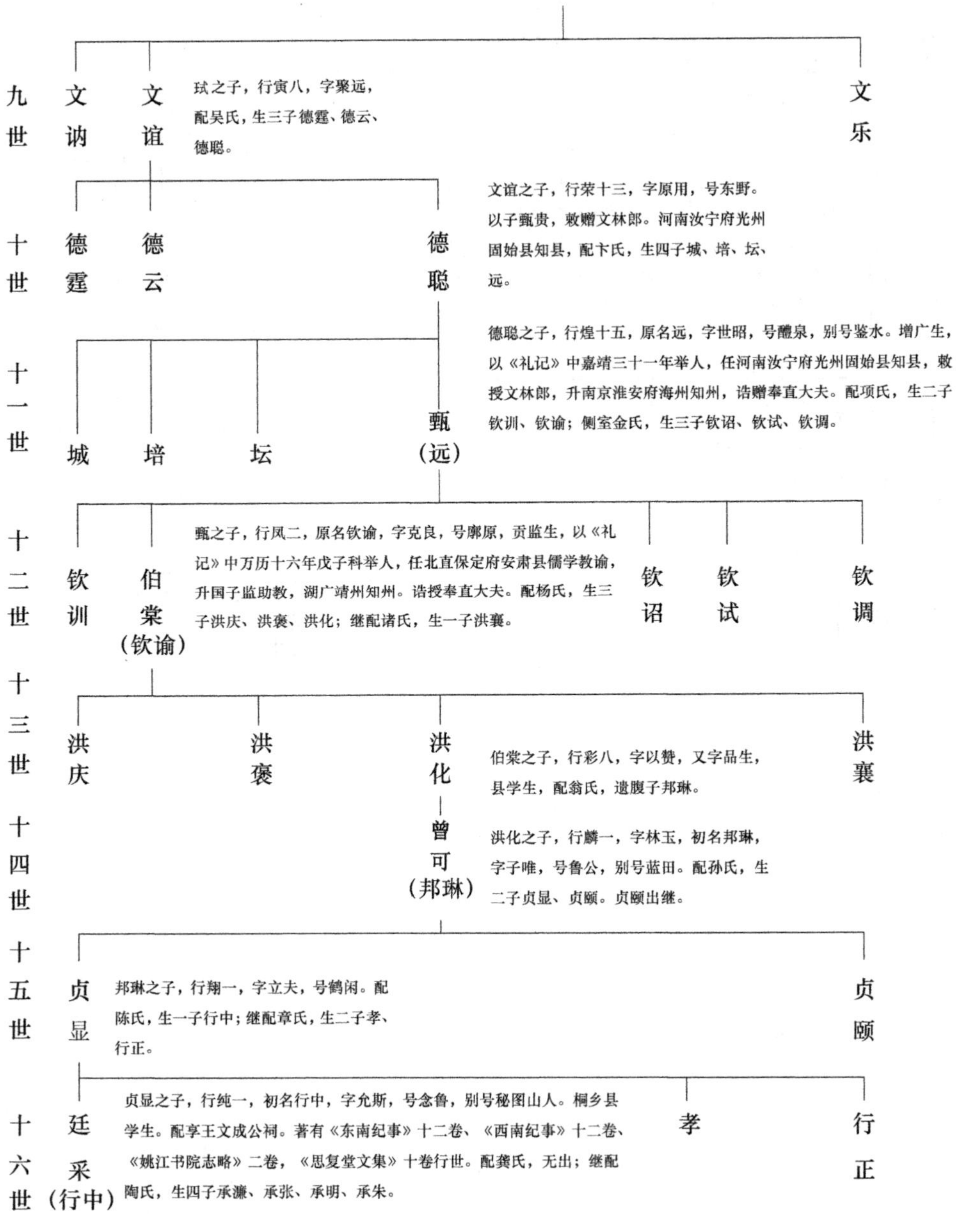
九世
文讷
文谊
玳之子，行寅八，字聚远，配吴氏，生三子德霆、德云、德聪。
文乐
十世
德霆
德云
德聪
文谊之子，行荣十三，字原用，号东野。以子甄贵，敕赠文林郎。河南汝宁府光州固始县知县，配卞氏，生四子城、培、坛、远。
十一世
城
培
坛
甄（远）
德聪之子，行煌十五，原名远，字世昭，号醴泉，别号鉴水。增广生，以《礼记》中嘉靖三十一年举人，任河南汝宁府光州固始县知县，敕授文林郎，升南京淮安府海州知州，诰赠奉直大夫。配项氏，生二子钦训、钦谕；侧室金氏，生三子钦诏、钦试、钦调。
十二世
钦训
伯棠（钦谕）
甄之子，行凤二，原名钦谕，字克良，号廓原，贡监生，以《礼记》中万历十六年戊子科举人，任北直保定府安肃县儒学教谕，升国子监助教，湖广靖州知州。诰授奉直大夫。配杨氏，生三子洪庆、洪褒、洪化；继配诸氏，生一子洪襄。
钦诏
钦试
钦调
十三世
洪庆
洪褒
洪化
伯棠之子，行彩八，字以赞，又字品生，县学生，配翁氏，遗腹子邦琳。
洪襄
十四世
曾可（邦琳）
洪化之子，行麟一，字林玉，初名邦琳，字子唯，号鲁公，别号蓝田。配孙氏，生二子贞显、贞颐。贞颐出继。
十五世
贞显
邦琳之子，行翔一，字立夫，号鹤闲。配陈氏，生一子行中；继配章氏，生二子孝、行正。
贞颐
十六世
廷采（行中）
贞显之子，行纯一，初名行中，字允斯，号念鲁，别号秘图山人。桐乡县学生。配享王文成公祠。著有《东南纪事》十二卷、《西南纪事》十二卷、《姚江书院志略》二卷，《思复堂文集》十卷行世。配龚氏，无出；继配陶氏，生四子承濂、承张、承明、承朱。
孝
行正

卷一　勤学苦读时期(一岁至二十二岁)
乾隆八年至二十九年(1743—1764)

乾隆八年,癸亥(1743),先生一岁。

先生生于余姚南城清风里东泰门内,即后人所谓“会元房”。后人又将其与邵坡、邵昂霄的住所,合称为“三征宅”。

光绪《余姚县志》卷一四《古迹》引《姚江事迹》:“三征宅在南城东泰门内,三征士邵坡、昂霄、晋涵也。邵家人诗:‘老屋攲斜枕故阛,连番蒲璧动芳邻。到门翘首三征士,合与梨洲继后尘。’”

先生为邵忠十八世孙,字与桐,号二云。浙江绍兴府余姚县人。“以《禹贡》三江,其南江从余姚入海,遂自号南江。”

光绪《余姚邵氏宗谱》世系表:“晋涵,佳鈗之子,行治十一,本行二,字与桐,号二云。”

王昶《春融堂集》卷六〇《翰林院侍讲充国史馆提调官邵君墓表》:“君名晋涵,字与桐,号二云,余姚人。”

洪亮吉《卷施阁文甲集》卷九《邵学士家传》:“以《禹贡》三江,其南江从余姚入海,遂自号南江。”

李元度《国朝先正事略》卷三五《邵二云先生事略》:“先生以《禹贡》三江,其南江从余姚入海,遂自号南江。”

先生少多病,左目微眚。

钱大昕《潜研堂文集》卷四三《日讲起居注官翰林院侍讲学士邵君墓志铭》:“君少多病,左目微眚,清羸如不胜衣。”

江藩《国朝汉学师承记》卷六《邵晋涵》:"左目微眚,然读书十行并下,终身不忘。"

朱兰《南江先生年谱初稿》邵家人《南城诗》自注:"二云族祖一目眇,京师呼为'独眼龙'。"

乾隆九年,甲子(1744),先生二岁。

四月,从祖邵坡卒,年六十九。

光绪《余姚邵氏宗谱》贻编卷五邵大业《外翰东葵征君兼山公合传》:"甲子四月,(兼山)先兄卒,年六十九。"

光绪《余姚邵氏宗谱》贻编卷五沈祖惠《征士兼山邵公传》:"邵坡,字兼山,号艮庵。向荣季弟,文名震一世。所之非不遇,顾数奇以卒困坎坷。……黄公叔琳抚浙,数相问,有豪右夜进五百金,愿有所关说,坡力挥之,年六十九而卒,门人吴溶为之状词甚慨慷。"

乾隆十年,乙丑(1745),先生三岁。

乾隆十一年,丙寅(1746),先生四岁。

年四五岁,即知六义四声。先生生有异禀,祖向荣携至镇海学署课读。

洪亮吉《卷施阁文甲集》卷九《邵学士家传》:"(先生)生有异禀,为教谕君所钟爱,携至镇海学署亲课读焉。年四五,即知六义四声。"

章学诚《章氏遗书》卷一八《邵与桐别传》:"君宿慧英敏,自童子塾时,读书无难易,三数过即终身不忘。"

江藩《国朝汉学师承记》卷六《邵晋涵》:"先生生而颖异。"

是年,洪亮吉生。

洪亮吉《卷施阁文甲集》卷九《邵学士家传》:"亮吉与君交几三十年,于词馆为后进,凡值校雠之役,如国史、石经等,亦无不从君偕,即集中唱酬之作,亦惟亮吉为多。"

洪亮吉(1746—1809),初名莲,又名礼吉,后改名亮吉,字君直,一字稚存,号北江、更生居士,江苏阳湖人。乾隆四十五年举人,五十五年一甲二名进士,官翰林院编修,贵州学政。著有《洪北江集》《春秋左传诂》《乾隆府州县厅志》。事具《清史稿》卷三五六、《清史列传》卷二三、卢文弨《抱经堂文集》卷三〇《国子监生洪君家传》、赵怀玉《皇清奉直大夫翰林院编修洪君墓志铭》、孙星衍《翰林院编修洪君传》《清故奉直大夫翰林院编修加三级洪君墓碑铭》、法式善《皇清奉直大夫翰林院编修洪稚存先生行状》等。

乾隆十二年,丁卯(1747),先生五岁。

仍在镇海学署。

《南江诗钞》邵秉华跋:"先大夫幼侍曾大父东葵先生于蛟川学舍,即受诗法,矢口成音,叶于天籁。博览古作者,自汉、魏、六朝迄唐、宋、元、明,大家名辈,皆涉其堂奥,而别其指归。"

乾隆十三年,戊辰(1748),先生六岁。

乾隆十四年,己巳(1749),先生七岁。

已工长律,代父作《赠叔祖三涛先生续婚排律五十韵》。

朱文治《绕竹山房续诗稿》卷一一《邵丈二云学士南江诗钞题词》:"只眼观书喜独明,先生智慧自天生。七龄早已工长律,花烛词成老辈惊。"

正月初四,黄景仁生。

黄景仁《两当轩集》卷一〇毛庆善、季锡畴《黄仲则先生年谱》:"乾隆十四年己巳正月初四,先生生于高淳学署。"

黄景仁(1749—1783),字汉镛,一字仲则,别号鹿菲子、鹿菲道人。江苏武进人。祖大乐,字韶音,以岁贡生官高淳县学训导。父之掞,字端衡,县学生。幼孤,兴颖悟,应童子试,辄冠其曹。年十七,补博士弟子员。后游京师,以诗名诸公间。会以召试二等,例得主簿,入资得县丞。后拟从陕甘总督毕沅游,次解州,卒于河东盐运使沈业富运城官署中。后人辑为《两当轩集》。事具洪亮吉《卷施阁文甲集》卷一〇《候选县丞附监生黄君行状》、左辅《念宛斋文稿》卷四《黄县丞景仁状》等。

乾隆十五年,庚午(1750),先生八岁。

祖向荣课读甚严,先生益有长进。

陈康祺《郎潜纪闻二笔》卷一《邵二云幼时之逸事》:"邵二云学士垂髫时,侍寝于乃祖。每丙夜,老人睡醒,辄持学士足,令背诵日间所读书,或举经史疑义、前贤故实相告语,不熟记,则摇之使不得畅眠,以是学士湔润家语，卒成通儒。”

章学诚《章氏遗书》卷一八《邵与桐别传》：“稍长，益涉猎，博闻强识，见者惊犹鬼神。”

乾隆十六年，辛未(1751)，先生九岁。

镇海大饥，祖向荣率诸生为粥于路，全活无算。

乾隆《绍兴府志》卷五三《人物志·邵东葵传》：“邑大饥，率诸生为粥于路，自冬初至春末，全活无算。”

是年，先生受业师仁和周助澜任余姚县教谕。

光绪《余姚县志》卷一八《职官》：“周助澜，仁和人，乾隆十六年到任。”

光绪《余姚县志》卷二二《名宦》：“周助澜，字迴川，雍正十三年举人，性廉介，终日危坐读书，家人米匮也不恤也。植梅数十本，暇则与诸生赋诗其间，辩论古今，欣然忘倦，迁筠连知县。”

周助澜，生卒不详，字迴川，号衡斋，仁和人。雍正十三年举人，官余姚教谕、筠连知县。著有《松月楼诗集》。事具阮元《两浙輶轩录》卷一七。

乾隆十七年，壬申(1752)，先生十岁。

是年，同县卢文弨一甲三名进士及第，授翰林院编修。

卢文弨(1717—1795)，字召弓，一作绍弓，号矶渔，又号檠斋、抱经，晚号弓父，人称“抱经先生”。生于余姚半霖，后迁居仁和。乾隆十七年进士，授翰林院编修。历官左春坊左中允，翰林院侍读学士、广东乡试正考官、湖南学政等。三十三年乞归，曾主江浙书院。好校书，所校勘注释经子诸书编为《抱经堂丛书》。著有《抱经堂文集》三十四卷、《仪礼注疏详校》十七卷、《钟山札记》四卷、《龙城札记》三卷等。事具《清史稿》卷四八一、《清史列传》卷六八、翁方纲《复初斋文集》卷一四《抱经先生卢公墓志铭》、江藩《国朝汉学师承记》卷六《卢文弨》等。

是年，诸重光中副榜贡生。

道光《余姚诸氏宗谱》世系：“诸重光，乾隆壬申科副榜贡生。”

诸重光(1721—1770)，字中之，号桐屿，原名肇琳。浙江余姚人。乾隆十八年举人。乾隆十九年，考授内阁中书军机处行走。庚辰科一甲第二名进士，授翰林院编修。壬午科山东主考，癸未科会试同考官。湖南辰州府知府，敕授承德郎。事具道光《余姚诸氏宗谱》。

乾隆十八年,癸酉(1753),先生十一岁。

先生受经宗兄邵升陛。

《南江文钞》卷九《俞太安人家传》:"与升陛为亲同姓昆弟,晋涵年十一,从受经,故称升陛先生。"

光绪《余姚邵氏宗谱》卷一一:"邵升陛,思慈之子,行一,字梅林,号景载,增广生。以《书经》中乾隆二十一年丙子科举人,截取知县。例授文林郎,以子瑛贵敕封儒林郎,翰林院编修加一级,晋赠奉政大夫内阁中书加五级。享年七十有一。配朱氏,无出。继配俞氏,生二子瑛、玢。"

光绪《余姚县志》卷二二《邵升陛传》:"邵升陛,字梅林。生四十日,父没。乾隆二十年登乡荐,重违生母养。一试礼部,不出。其学本洛闽,尤长经义。如释《周礼》乐师舞,引《春秋》初献六羽,驳郑注宗庙以人之说。据《学记》三王祭川,先河后海,《公羊传》三望祭泰山河海,驳《大宗伯》贾疏礼无祭海之说。据《周礼·夏官》羊人凡衅积共其羊牲,牛人无其文,证《孟子》衅钟本用羊不用牛之义,贯串而折其中,其大略也。子瑛、玢,皆秉其所口授,故瑛最精于朴学。"

光绪《余姚邵氏宗谱》贻编卷五史积容《孝廉梅林邵先生家传》:"先生姓邵氏,讳升陛,字梅林,景载其号也,余姚人。父隋璞先生以孝行著于乡,工文章。娶于太安人,并四十余,未有嗣。已而张太安人梦月入怀,娠而生先生。逾月,隋璞先生以疾卒,张太安人才逾二十,与于太安人矢志抚孤,茕茕无依,备历艰辛。六年出就邻塾,即早夕诵读不辍,如成人礼。……比长,受业于同里黄敬庵先生,敬庵讲学于淡若斋,远近来学者至傍舍不能容。及见先生,甚喜,乃授以居敬穷理之旨,及分年读书之法,由是学日益进。于濂、洛、关、闽之书,无不贯彻,尤邃于经学。"

兄履涵督先生学甚严。

《南江文钞》卷一〇《先兄云亭甫行状》:"先兄督晋涵甚严,夏共穴帐通光,避蚊蚋读书;寒夜拥絮,共一灯相对坐。晋涵幼羸弱,漏四下,手足僵蹷。兄引就爨苏,取干糒沃以水,析薪沸汤共哺之,令体得温,乃令寝。质明趣起就塾,兄出治事,以为常。"

罗有高《尊闻居士集》卷六《余姚邵伯子墓表》:"课其叔子读书有常程,寒暑不以。……至冬寒,共叔子读书,叔子体弱,夜中手足皆僵,君引叔子就爨苏沸水,煮干糒,哺叔子,令叔子温,促就寝。"

祖邵向荣从镇海归里,至是年已八十,定海、镇海二邑之士,尚有裹粮来

受业者。生平以讲学为事，尝立学规四条：曰立志，曰诵经，曰考史，曰敦伦。好奖掖后进，所至辄屦满户外。

光绪《余姚邵氏宗谱》贻编卷五邵大业《外翰冬余公征君艮庵公合传》："教谕君年八十，告归。生平以讲学为事，尝立学规四条：曰立志，曰诵经，曰考史，曰敦伦。论立志曰：人性同而志殊焉，志富贵则归于富贵矣，志孝弟则归于孝弟矣，岂视孝弟不若富贵哉？由于弗辨也。志既辨，在于立，立之在于诚。

"论诵经曰：学者始于诵经，兰陵之训也。古者三十而五经立，今有白首而不通一经者矣。穷经致用，必旁推诸经而能通一经。名物象数，至理存焉，孔、贾、郑、王之学，不可不寻绎也。

"论考史曰：史学熟则名臣出，先正之论也。考之不精，则静修所谓无边受屈者，恐不在载笔而在论世者矣。考证异同，参稽身世，方可持论。三史言制度尤详，更宜精核。

"论敦伦曰：三代之学，皆以明人伦。良知良能，具于赤子，物引而迁，遂亡本体。诵经式训，考史为鉴，皆不外乎尽伦。特恐悠悠忽忽，其志不立耳。……及公归，(定海、镇海)二邑之士，有裹粮而受业于门者。"

【黄云眉按】然大业《谦受堂集》卷一四《族兄外翰余山公征君艮庵公合传》则云生平以讲学为事，尝立学规四条：曰存诚，曰敦伦，曰立品，曰精业。论存诚曰："诚者圣人之本，先儒所谓主静不越一敬，主敬乃所以明诚。学者果能从为己之心，鞭辟近里，静存动察，息息无妄，庶几此心一太极矣。"论敦伦曰："学以明伦，首重孝弟，如筑室有基，植苗有根。学者根基不立，靦然人面，坐拥书史，岂不内愧。蕺山刘子名讲学之地为证人社，言如此为人，不如此为兽，畏之慎之！"论立品曰："约之以礼，是彻上彻下工夫。循规蹈矩，检束身心，绝不向分外希望，自然惰慢不生。程子见猎心喜，自觉宿习未除，此等痼疾，惟真实用功无间，始能推勘。"论精业曰："先儒读书，分经史古文，按月以课，三年可一周。无因循，无凌杂，虚心涵泳，熟读精思，下笔自然法不掩才，昌黎所谓沉浸浓郁，含英咀华者此也。"标目既异，文字亦殊，岂大业留稿时自为改作欤？

是年，诸重光中式举人。

道光《余姚诸氏宗谱》卷四吴省钦《桐屿公墓志铭》："乾隆癸酉，以副榜贡生举于乡。"

乾隆十九年,甲戌(1754),先生十二岁。

先生已遍通五经。

洪亮吉《卷施阁文甲集》卷九《邵学士家传》:"(年)十二,遍通五经。"

先生应县试,受知县李化楠器重,命其子李调元与先生订交。

李调元《雨村诗话》卷一〇:"甲戌,先北路公(李化楠)官余姚,会县试,会元、侍读邵二云年甫十二,有神童之目,先君呼至案前,命背五经,一字不失。复试以诗,有'小鸟解依人'句,语本《说文》,先君深器之,谓其父曰:'此汝家千里驹也!'遂命与余订交。"

李调元(1735—1802),四川绵州人,字羹堂,号雨村,别署有赞庵、鹤州、墨庄、童山等。二十岁,父化楠宦浙中,调元与弟谭元随母赵氏之余姚,遍游浙中山水。乾隆二十八年进士,由庶常授吏部主事,迁考功司员外郎,擢直隶通永道,以劾永平知府罢官,戍伊犁,寻以母老赎归,以著述终。撰《南宋宫词百首》,辑有《诸家藏书簿》十卷、《诸家藏画簿》十卷。

是年,诸重光考授内阁中书军机处行走。

道光《余姚诸氏宗谱》卷四《桐屿公传》:"乾隆甲戌,由举人考授内阁中书直军机。"

乾隆二十年,乙亥(1755),先生十三岁。

流连兰风甥馆,与姻兄弟陆星如相得靡间。

《南江文钞》卷七《陆星如五十双寿序》:"余少时省外舅于兰风,流连甥馆,因得遍挹其岩壑之秀。……陆君星如,与余外舅为至戚,而与余为姻兄弟。其尊甫绍云先生,旧与先君子同学,又申以世好,故自少与余相得靡间。余少喜剧谈,同人聚处,辄上下其议论。君凝重,词不轻发,及从容文宴,谈言微中,一座为之意移。至于商榷文义,务得古人不传之意,细析毫芒,归于精审。余未尝不为之心折也。"

乾隆二十一年,丙子(1756),先生十四岁。

是年,黄璋、邵升陛中式举人。

黄安绶《国朝两浙科名录》"乾隆二十一年丙子科"条:"以回部平定恭上孝德宪皇后征恩诏加十名,中式一百四名。主考庄存与、鞠恺,余姚中式者马乾学、陈德辉、黄璋、邵升陛四人。"

黄璋(1728—1802),字稺圭,号华阪,黄宗羲玄孙,乾隆二十一年举人。

嘉善县教谕。乾隆壬辰征召天下遗书，浙江设访采局，大吏选先生司其总，凡得书数千种，每书皆考其撰人爵里，疏其宗旨，辑总目若干卷进呈，以卓异升江苏沭阳县知县。有《大俞山房诗文集》行世。事具民国《余姚竹桥黄氏宗谱》卷一一《列传人物》。

庄存与(1719—1788)，字方耕，号养恬。江苏武进人。乾隆十年进士，授翰林院编修，官至礼部侍郎。博通六艺，尤长于《书》及《公羊》。清今文经学派首倡者，又是常州学派的始祖。著有《春秋正辞》《尚书说》《易说》《周官说》《周官记》《味经斋文稿》等。事具龚自珍《资政大夫礼部侍郎武进庄公神道碑》和汤志钧《庄存与年谱》。

先生以升陛先生为榜样，勉力奋进。

《南江文钞》卷九《俞太安人家传》："晋涵与先生比屋以居，年十四五，以多病渐习呰惰，夜过半，闻先生诵授声，琅然彻户牖，亦知力疾强起，执卷就灯。"

乾隆二十二年，丁丑(1757)，先生十五岁。

是年，祖向荣卒于家，年八十四。

光绪《余姚邵氏宗谱》贻编卷五邵大业《外翰冬余公征君艮庵公合传》："丁丑，卒于家。公殁，匍匐来吊者相望，其不得来者，相聚而哭于社。临卒，呼其子曰：'敦本力学，余虽髦老，兢兢鞭策，汝其勉之。'绝不及他事。著有《冬余经说》十卷、《四书章句偶融》三十卷、《冬余笔记》八卷、《冬余文略》六卷、《冬余诗略》四卷。"

朱筠《笥河文集》卷一一《邵念鲁先生墓表》："先生之弟行向荣，晋涵祖父也。尝从先生问古文法。叹曰：'绍兴自文成讲学传授，矩矱代有。四明所在多遗献，若张岱、吕章成，撰著卓然。'先生实兼承其业。自先生殁，而绍兴之师法与史学绝矣。"

钱泰吉《曝书杂记》："大抵为学必有师承，而家学之濡染，为尤易成就。余前所述惠氏、万氏皆然矣。若邵二云之学发于族祖念鲁，姚惜抱之学开于世父南青，亦人所共知者也。"盖先生实能承念鲁先生之业者。惜是时教谕君犹未能知之耳。

是年，张羲年岁试第一入学。学使为山东窦光鼐。

李调元《雨村诗话》卷六："先北路公令余姚时，余以癸酉下第。至浙，适先君试童子，题为《一卷石之多》，亦命余作，曰：'汝不及张羲年也。'取予为次。张字淳初,曾出其《睇筠轩集》示余,见《五人墓》起句云:'生不畏九千岁,死不愧六君子。'惊曰:'此诗人也。'遂深相结纳。"

张羲年(1737—1778),字淳初,号潜亭,浙江余姚人。乾隆三十年拔贡,三十二年任於潜县训导,四库馆征书时,以学问淹博任职校勘。著有《噉蔗全集》文八卷、诗八卷,末附《丧礼详考》《周官随笔》各一卷。

窦光鼐(1720—1795),字元调(一说符调),号东皋,山东诸城人。乾隆七年进士,授编修,官至左都御史、尚书房总师傅。曾任浙江学政、福建乡试正考官,所得士位至公卿者众。窦氏立朝五十年,风节挺劲,无所阿附,清高宗深器重之。诗文宗韩杜,制义则自成一家,著有《省吾斋诗文集》。

乾隆二十三年,戊寅(1758),先生十六岁。

五月,李调元祖父卒,李调元随父李化楠回四川罗江醒园,邵晋涵与张羲年欲挽李调元留浙。

李调元《雨村诗话》卷八:"余姚神童张存璞,年十二能诗,先北路公深器之,命余引为小友。先君调秀水,时遣人以书赍之。及丁艰归,童作诗送先君,末句云:'从此匆匆降帐撤,可留雏凤伴书轩。'盖是时,越中诸友如邵二云、张淳初,皆欲余留浙读书也。"

乾隆二十四年,己卯(1759),先生十七岁。

先生补县学附生,受学于周助澜。屡试优等,食饩。

洪亮吉《卷施阁文甲集》卷九《邵学士家传》:"十七,补县学附生。屡试优等,食饩。"

阮元《两浙輶轩录》卷一七"周助澜"条:"衡斋性和易,诲人娓娓忘倦。故得其指授者多属名流,如汪宪副承霈、邵学士晋涵、张助教羲年、黄明府璋,皆其门下士也。"

先生是年入泮题:"或问子产三句,若时雨降至王师。"

朱兰《南江先生年谱初稿》:"学使系窦东皋先生光鼐。同案:谢干、茅士兰、邵瑛、胡廷杰、张业、马仁沾、邵光湑、岑毓兰、沈谦、胡凤祥、陈廷梅、陈灏、汪宣荪、胡堂、陈世楠、管深、杨涛、洪淑之、楼西士、王授黎、魏麟玉、邵晋涵、岑凤鸣、高式旦、王永旦

"拨府学:孙士绩、徐范、沈彦。

"同案:茅,辛卯举人。邵瑛,先生族侄,庚子举人,甲辰榜眼。"

暮春，同邑沈铺有诗送先生应试。

朱兰《南江先生年谱初稿》引沈铺诗："舜水三暮春，稽山百半天。君行殊得意，而我独萧然。极目人初远，攀云自此先。江干一为别，两地月如悬。奉送与兄应试并祈赐正，补山铺拜草。"

沈铺，改名元勋，字补山，乾隆壬子岁贡生。父沈莫尚，字禹声，号金城，乾隆戊辰选授嘉兴县教谕。事具民国《余姚半霖沈氏宗谱》卷三。

是年，先生有诗《六月十三夜周衡斋助澜先生留饮》《月夜衡斋先生招沈补山元勋弹琴因留小饮》《十八日同周衡斋先生、徐蓝塍炎丈、张罗山廷枚、樊中潭耀碧过曹秋渔书斋》《苦雨》《病起》。

徐炎（1725—1783），字敬燧，号蓝塍，浙江余姚人。乾隆十八年拔贡，十九年廷试第四名。二十二年，南巡行宫召试，赐缎记名。二十七年，南巡召试，钦取第九名。赐荷包一对。授直隶州州判，拣发四川，历署简州酉阳州知州、平武县知县。例授文林郎、敕赠儒林郎。事具道光《姚江徐氏再续增修谱》。

道光《姚江徐氏再续增修谱》邵晋涵《徐蓝塍像赞》："思以俨若，挹之渊然。瞻六一之度者，丰颐博颡。征君实之德者，峙岳渟川。是其承南州之世泽，飏文藻以高骞。媲雅才于京国，擅赋手于湖壖。文绮彩佩，蕃锡传宣，迨捧檄于蜀道，资调运于戎旃，典大州以表率，靖酉水于井缠，天彭风燠，锦里春妍至今留。张益州之图像，而述遗爱于老泉。赐进士出身、翰林院侍读、表侄邵晋涵顿首拜题。"

张廷枚（1736—1820），字唯吉，号罗山，浙江余姚人。嘉庆元年，举孝廉方正。耽苦吟诗，勤于采择。以姚江文献自任，收藏甚富，曾搜访遗佚，辑成《国朝姚江诗存》。

樊耀碧，字钟南，号中潭，诸生。浙江余姚人。"中潭性孤峭，不与俗谐，癖于诗，年煅月炼，有贾阆仙之风，年仅四十，以贫病卒，先一日，出一编，付余入选，至今读之，不禁故人之感。"事具张廷枚《国朝姚江诗存》，生卒不详。

曹焜（1729—1793），字素为，号小牧，又号秋渔，浙江嘉善人。乾隆二十八年进士，历官四川新都知县、嘉定知府，改户部员外郎。有《小牧吟稿》《楚游草》。事具《嘉兴历代进士研究》。

乾隆二十五年，庚辰（1760），先生十八岁。

先生应浙江省乡试，不中。

朱兰《南江先生年谱初稿》："应本省乡试，不售。"

先生有《旅馆有怀》《雨后见月漫成》《二十六夜风雨泊舟曹娥江》《与杨大以立执礼夜话》《怀金源醴三俊同用州字》等诗。

《南江诗钞》卷一《旅馆有怀》:"暮风萧飒动疏林,独对寒檠思不禁。旅舍三朝听雨客,庭闱百里倚门心。雁沙渺渺留痕浅,雉堞泠泠报漏沉。明向吴山高处望,越州一片白云深。"

《南江诗钞》卷一《与杨大以立执礼夜话》:"今夕为何夕,三人话夜长。残更一卮酒,寒月满楼霜。沦落它乡客,萧条久客装。君今故里去,吴越各参商。"

《雨后见月漫成》《二十六夜风雨泊舟曹娥江》《怀金源醴三俊同用州字》见《南江诗钞》卷一。

四月,杨执礼有诗数首致先生,又有致先生父邵佳鈗诗。

朱兰《南江先生年谱初稿》杨执礼《初遇奉赠三首》:"木叶别秋树,一起随长风。游子辞故乡,飘零与之同。自昔岁丁丑,随侍来江东。蹭蹬遭时忌,坎轲伤途穷。爱至不可掇,愤积填心胸。赖与数公子,游宴展春容。楼台日登晚,山川宕幽踪。朝射金仆姑,暮醉真珠红。

"羲和驱白日,去者何堂堂。羁思无终极,荒宴非可常。临流叹逝川,岂不愧中肠。蓬不生磨中,倾倒随一方。人世畏直言,安能赖扶将。愿今得良士,引饮遥相望。

"南山何其高,北山何其深。壮哉山海□,蔚为贤士林。城南邵氏子,乡邑人共钦。寸心若秋水,不受俗垢侵。必语妙超越,可以除烦襟。阴风西北来,群卉日萧森。松柏方□各,独抱岁寒心。与君订交契,努力业劝箴。"

又:"君携豪兴在,我抱别愁深。漫劝今宵酒,其各来日心。文章映性命,涕泪溅衣襟。此后相思梦,稽山费重寻。四月八日夜,与念东二哥饮别,漫成一律,是请教正! 愚弟执礼拜首草。"

又:"和众人假山诗韵,书呈与桐二兄先生郢政:'叠石为山曲径幽,相看不厌足淹留。恍疑岚霭生庭际,亦具群峦压座头。小朵岳莲当户出,一卷螺翠入宽流。何须呼丈深深拜,早把闲情寄古邱。'杨执礼拜草。"

又:"移寓迩山楼奉呈冶南老叔大人并求斧正:'初逢雏凤方徂夏,怅谒高贤已度秋。古处胸怜歧路客,残冬授馆迩山楼。推窗喜有江山胜,得酒浑忘露旅愁。为感主人珍重意,从今弥觉恋姚州。'钱唐小侄杨执礼拜稿。"

潘衍桐《两浙輶轩续录补遗》卷三杨执礼《将归杭州示与桐晋涵》:"芳草萋萋春日迟,离情不尽欲归时。两年潦倒江东客,百首赓吟砚北诗。此夕山楼同促膝,来朝烟棹起相思。茫茫后会知何地,泪湿缣衫酒不辞。"

杨执礼，字以立，号罗石山人，浙江钱塘人。诸生。《两浙輶轩续录补遗》引吴振棫《传略》云："罗石未弱冠，侍其尊人易莽客姚江，与邵与桐晋涵同游于周广文衡斋之门，丽唱妍酬，一时有'杨邵'之目。汇其诗曰《如兰集》。"生卒不详。

是年，章学诚至北京，应顺天乡试。

胡适、姚名达《章实斋先生年谱》"乾隆二十五年"条："始出游，道访陈执无于汜水县署，宽留旬日，至北京，应顺天乡试，主从兄垣业（允功）南城之寓。"

章学诚（1738—1801），字实斋，号少岩，浙江会稽人。乾隆四十三年进士。官国子监典籍，历主北方各书院讲习，并主修和州、亳州、永清诸方志。著有《文史通义》内外编九卷、《校雠通义》内外编四卷、《实斋文集》八卷、《外集》二卷等。事具《清史稿》卷四八五，胡适、姚名达《章实斋先生年谱》等。

是年，毕沅状元及第，授翰林院编修。余姚诸重光一甲二名进士及第，授翰林院编修。

朱保炯、谢沛霖《明清进士题名录》："乾隆二十五年（1760）庚辰科，第一甲三名：毕沅、诸重光、王文治。"

毕沅（1730—1797），字湘衡，一作纕蘅，又字秋帆，自号灵岩山人。江苏镇洋人。经史学家、文学家。乾隆二十五年进士，状元及第，授翰林院编修。累官至河南巡抚、湖广总督。嘉庆元年赏轻车都尉世袭。卒后，赠太子太保，赐祭葬。主编《续资治通鉴》《经典文字辨证》，著有《灵岩山人诗集》《灵岩山人文集》《山海经新校正》等。事具《清史稿》卷三三二、《清史列传》卷三〇、王昶《春融堂集》卷五二《兵部尚书都察院右都御史湖广总督赠太子太保毕公神道碑》等。

乾隆二十六年，辛巳（1761），先生十九岁。

先生有寄杨执礼诗。

朱兰《南江先生年谱初稿》邵晋涵《雪霁有怀杨大以立》："雪光皎洁照双城，三径萧然废送迎。残腊深宵金饼丽，故人新句玉壶清。红梅映水横疏影，白雁穿云响远声。占律已知春信近，听莺花下拟联盟。"

朱兰《南江先生年谱初稿》邵晋涵《春郊怀杨大以立》："碧云遮野岸，绿水绕江城。会与君游处，今伤我独行。花残啼鸟缓，山远暮云横。春色真无赖，凭高不胜情。"

先生赴杭州,有诗数首。

朱兰《南江先生年谱初稿》:"赴杭州,有《夏日湖中杂兴》《寄怀金三源醴》《晓次钱清江》《固陵旅舍月夜闻笛》《固陵晓行》《寄家书》。"

朱兰《南江先生年谱初稿》邵晋涵《寄怀金三源醴》:"久作余杭客,怀人隔海天。"

八月,杨执礼有诗赠先生。

朱兰《南江先生年谱初稿》杨执礼《赠邵与桐》:"悲风既萧条,残暑既消歇。兰蕙扬芳馨,桂枝时秀发。广厦招远风,高楼延夜月。积水有层澜,潜吟无涸辙。酒熟你独斟,藕丝偶自雪。侧耳风中蝉,嘒嘒亦可悦。何为长郁纡,心意各有缺。

"郁纡将何思,同心与我违。昔为双城客,日夕相追随。秋风雁岭会,明月惠江期。夕虑西日驶,晓恨晨光迟。未穷欢会乐,翻作别离悲。明州子怅望,海角我踌躕。形影既隔越,谈笑不能追。

"隔越不可见,渺渺逾山县。寂寞北海头,两度闻秋雁。节序有推迁,离会徒缱绻。之子惟古怀,素书教愚贱。谆谆药石言,沉昏发瞑眩。持此增感伤,轮肠日辗转。前期无言时,能不俾我怨。

"前期子何迟,秋色足轻欢。日华浮大野,爽气环四山。长飚回广川,鸷鸟摩层云。登楼纵远瞩,能令积虑宽。四家获新稻,玉粮备晨餐。主人有美酒,可以和心颜。何当一见访,共叙欵由言。辛巳八月寂寞居士杨执礼草。"

冬,先生与周宗韫、周宗杰、金三俊等集于杭州尊经阁。

《南江诗钞》卷一《早春对雪用欧阳体简原韵周大紫藩宗韫周二起凡宗杰兼怀金三源醴》:"回溯已冬集经阁,一堂白战无人哗。"

周宗杰,字起凡,号淡人,浙江钱塘人。诸生。著《澹宁居诗稿》。君为迴川先生季子,侍父官署,暇则吟咏,足迹半天下,近则燕楚、西江,远则滇黔、巴蜀,所至皆有诗。事具阮元《两浙輶轩录》卷三八。生卒不详。

金三俊,字符李,号源醴,浙江仁和人,著有《李氏蒙求补注》六卷。生卒不详。

乾隆二十七年,壬午(1762),先生二十岁。

在杭州。立春日登吴山,先生与张羲年共宿道院,拥被对谈,达曙乃止,有诗。

朱兰《南江先生年谱初稿》有《上元月夜有感》《客舍喜张二淳初羲年见

过》《吴山小径梅花盛开用张淳初韵》《吴山道院雨中望西湖用王阮亭望湖中法华渔洋诸山韵》《武林织机坊有梅百余株花时观者相属》《出清波门五古诸作》《将归姚江留别宗叔景伊赞程》《留别族弟载堂》等诗，其《武林归兴呈徐丈蓝塍》有"芳期新数闰中和"句。

《南江文钞》卷六《赠张淳初序》："予知之尤深，尝与朋侪纵饮吴山酒楼。既醉，皆引去，独拉予共宿道院。时方夜，雨将半，篝灯呼予起。命背诵《国风》。句栉而字比之，以求其音义，复相论与其大旨。杂举诸说异同，而出其枨触者以参证，要主于从容寻绎，使自得之而后安。两人拥被对谈，达曙乃止，其异时讲它经亦然。"

是年，先生得失血疾，束书不观。兄履涵亲为调理，两年疾渐愈。

《南江文钞》卷八《与朱笥河学士书》："晋涵自二十岁得失血疾，束书不观者数年。"

《南江文钞》卷一〇《先兄云亭甫行状》："晋涵婴血疾，宛转床褥间，兄为亲理药物。两年，晋涵疾渐愈。"

乾隆二十八年，癸未(1763)，先生二十一岁。

先生在临安，有怀人诗等若干首。

朱兰《南江先生年谱初稿》有《和张叟盖翁果自题诗集元韵》《蒋振庵先生志铎见和前诗即赋奉酬》《临安九日登高次盖翁韵》《临安县斋雨中作》《寄怀族叔景南》《忆弟》《怀沈五补山》等诗。

张果，字诚然，号盖翁，浙江仁和人。乾隆六年举人。事具阮元《两浙輶轩录》卷二三。

蒋志铎，按《嘉兴府志》，盛京奉天人，乾隆三十年，署嘉兴府同知。生卒待考。

邵承徐，邵采基继子，行二，字景南，号鉴亭，县学生。以《诗经》中乾隆三十年乙酉科副榜，考授直隶州州判。配钱氏，生二子世琳、世玳。事具光绪《余姚邵氏宗谱》。

其《忆弟》诗："乡路千山外，秋生积雨余。衣裳能自理，寒暖定何如。祖德传槐里，家声在素书。明年思负笈，相伴事经畬。"

邵鼎涵，字定甫，号三云，邵晋涵弟，佳鈗侧室夏氏所生，生卒不详。配翁氏，生三子秉理、秉章、秉瑞。生卒不详。事具光绪《余姚邵氏宗谱》。

又有《怀沈五补山》："姑射仙人冰雪姿，天然丰韵净胭脂。披霞若解怜湘浦，梦雨何须历九疑。菱荡鱼庄成独往，碧梧红豆费相思。画眉深浅今何似，珍重天寒依竹时。”

乾隆二十九年，甲申(1764)，先生二十二岁。

先生赴湖州，有诗。

朱兰《南江先生年谱初稿》有《归舟呈张丈盖翁》《云溪晓泛》《登砺山》等诗。

又至乍浦，有诗。

朱兰《南江先生年谱初稿》有《题施定庵绍暗先生溪山垂钓图》《乍浦谒蒋振庵先生将归阻雪施定庵先生为弹平沙一阕赋此留别并谢振庵先生》等诗。

是年科试，先生一等第一。学使为钱维城，试题为：我作君臣相识之乐。

朱兰《南江先生年谱初稿》：“学使钱维城，科试先生一等第一。外张羲年、周洪(改名拱)、陈煦、谢柱、阮蕙华、潘新、孙盘、陈瑛、苏宇淳、徐坤、郑鋐、沈作舒、倪治岳、陈燮、胡嬰、徐蕙、徐炉。

“科试题为：我作君臣相识之乐。

“同案中，张羲年丁酉、陈煦甲午、谢柱戊子、周拱戊子、陈燮辛卯、郑鋐辛卯、胡嬰己亥先后乡荐。”

二月廿九日，卢文弨充日讲起居注官。十月十六日，补侍读学士。

《乾隆起居注》“乾隆廿九年二月廿九日”条：“奉谕旨卢文弨著以原衔充补日讲起居注官，其所遗署日讲官缺著谢墉署。”

《乾隆起居注》“乾隆廿九年十月十六日”条：“复请吏部补授翰林院侍读学士缺，疏上，上曰：‘卢文弨补授翰林院侍读学士。’”

卷二　科考与幕僚时期(二十三岁至三十岁)

乾隆三十年至三十七年(1765—1772)

乾隆三十年,乙酉(1765),先生二十三岁。

六月,先生中式举人,第四。解元陆飞。乡试试题:其事上也二句,吾学《周礼》,大而化之之谓神,八月其获,得登字。

钱大昕《钱辛楣先生年谱》"乾隆三十年"条:"六月奉命充浙江乡试副考官,正考官则祭酒曹公秀先也。到浙入闱后,曹公忽病痁,卧床一月,校阅之事,皆一人任之。揭晓,得陆飞等九十四人,而邵晋涵、潘庭筠、翟均廉、严城,皆一时之杰出者也。"

钱大昕《潜研堂文集》卷四三《日讲起居注官翰林院侍讲学士邵君墓志铭》:"大昕薪取奇士不为俗学者。先生名在第四,五策博洽冠场,谓非老宿不办。及先生往谒,年裁逾冠,叩其学,渊乎不竭。大昕拊掌曰:'不负此行矣!'"

李元度《国朝先正事略》卷三五:"钱少詹大昕得先生文,谓非老宿不办,来谒,甫弱冠,拊掌曰:'不负此行矣!'"

曹秀先(1708—1784),字恒听,又字芝田、冰持,江西新建人。乾隆元年进士,选庶吉士,授翰林院编修。历官国子监祭酒,内阁学士,工、户、吏三部右侍郎,礼部尚书,尚书房总师傅行走,四库馆总裁。卒,赠太子太傅、谥文恪。著有《赐书堂稿》《移晴堂四六》《依光集》《使星集》《地山初稿》《省耕诗图》《衎琵琶行》等。事具《江西通志》卷一四〇等。

钱大昕(1727—1804),字辛楣,号晓征,又号竹汀,江苏嘉定人。乾隆十九年进士，选翰林院庶吉士，散馆授编修。累充山东乡试、湖南乡试主考官、浙江乡试副考官。大考一等三名，擢翰林院侍讲学士。入直尚书房，迁詹事府少詹事，充河南乡试主考官。擢广东学政。著有《唐石经考异》《廿二史考异》《潜研堂文集》《十驾斋养新录》《唐书史臣表》《元史艺文志》《潜研堂金石文跋尾》等几十种，逾几百卷。事具《清史稿》卷四八一，《清史列传》卷六八等。

陆飞(1719 —?)，字起潜，号筱饮，浙江仁和人。乾隆三十年举人。徜徉于西泠烟水间。善画山水，亦工墨竹。

黄崇兰《国朝贡举考略》："乙酉科浙江乡试试题：其事上也二句，吾学《周礼》，大而化之之谓神，八月其获，得登字。"

试题：吾学《周礼》。

《乡墨鸿裁》先生答卷："《周礼》为王化之本，学之者情自殷已。盖礼之定自周者，应不同乎夏殷之为礼也。孔子之学也，岂无意哉？且以新朝之制度，定一代之章程而垂之为礼，以奕叶之规模，经历圣之综核而大备于周。于是乎学士大夫欣逢明体达用之休，景仰鸿猷而情殷于学，鼓歌弦诵，递从远绍旁搜之后，参稽时制而还念夫吾。岂惟夏殷之礼，说而学之哉？

"今夫礼一代之章程也。辛壬底绩以后，尝昭定制于姒王，甲子渡河以前，共守成规于子氏。而人往风微，举安邑亳都，斟酌以求其尽善者。一变而赫镐洛之毂灵，此岂前与后之不相掩哉。振文物于西京，炳鼓钟于南国，即令起夏殷先王而问之，亦当革故鼎新而治法，自此一新矣。

"今夫《周礼》历圣所创造也。逖西土而服三分，已兆清明于朝会。徂东山而皇四国，用占豫顺于郊圻。而治定功成，举陟献角瑶。积渐以尽其美利者，相继以敷成周之政教，夫岂初与终之不相袭哉？习器者爱而斯传，观乐者笑而忘憾，即有仍夏殷之礼而损益之，亦可见巽行震起，而风规于斯大备矣。若夫学《周礼》者其景仰之情为甚，勿生不见文武成康之盛。而掌礼有传书犹得以溯源之合。夫设官分职，效建极于维皇，《周官》原载雎麟之意，吉凶军宾备等杀于经曲，《仪礼》亦含天地之和，遗迹之昭垂，原有其灿然者矣。学之而周旋揖逊，犹若亲与其间也。

"吾思儒者载籍极博，恒征信于六艺之文，试由前代以下，计我周时代之遥遥，几难历数，孰知我朝之定礼尽泻。宇宙之精华有使人学焉。未逮而叹为情文之极盛尔。若夫吾之学也，于参稽之念有更深，生平慕三代大道之英，而守礼有正传。犹得以窥经纶之秘。夫问来周之车马，而重弓球于方册，柱下鲁披金石之藏，迎入鲁之圭璋，而考星纪于云龙，郯子亦附典坟之掌,谟烈之分识,自有其森然者矣。学之而好古敏求,奚啻神游其际也。吾观古人立言垂远,每有期于千载之思,试当后世而追溯。我周泽人世之茫茫,徒为寤想。孰知我生之愿学,备参造化之精微,即使吾学有兼牧第相安于般教之暨讫尔,何也?今所用者《周礼》也,我安得不从乎哉?"

试题:大而化之之谓圣,圣而不可知之之谓神,乐正之,二之中。

顾廷龙《清代朱卷集成》《邵晋涵朱卷》:"圣神为善信之极功,而界其二者宜勉矣。夫诣以圣神为极,而要由善信而始者也。乐正之,止有其二焉。岂可域其中而不自奋乎,且无穷者,至道之纯全也,而有定者,学人之分量也。当极深研几之后,弥望前修,几渺渺无终极焉,而孰知进取之日新?要本乎初基之自立,历验天人之合,不妨尽其道以远为期之,亦可即其人以近而按之也。如美而大者,由善信中而递进其功者也。而岂以美大二者为极诣哉?吾欲核其已至之程,先尽其不逾之矩,富有之业,宁不足较善信以分其浅深,而盛积而流未泯,其因应之轨,将大可为者未必能化其迹也。若夫天君泰然,百体自征其顺令,周旋见从欲之风发越著,笃恭之盛,庶几天不可阶正学,已立其大中也,斯大而化之矣。

"圣矣,从容之中,宁犹得就善信以论其功能,而至德无名,并忘其拟议之迹,将两而化者,自可见一而神也。观于大造无心,四时自呈有象,不已通于穆之原,无声参帝载之始,庶几神应故妙至诣,已征其二无也。斯圣而不可知之矣。

"神矣,此即美大者,尚不敢企而及,况于善信乎,顾功无自竟,而量有难诬,从几经积累之余,存养克臻于纯粹,不言而喻,无为而成,遂觉孤悬天壤,以成泰山河岳之观,自下学者望之,应思拾级以登也。而学无幸成,道难蹴至,唯圣与神早离群而绝类,当力为探索之始,操持勿悮于殊趋,行远自迩登高,自卑亦宜倍进人功,以为入室升堂之渐,自上达者,观之差幸,其有基勿坏也。而益之不足,损之有余,唯善与信可责实以循名。乐正子,在吾门也。夫非欲希圣以尽神者哉,若之何犹在二中也。

"二者对待之名也,于彼于此,易地可以参观,而举善信以实之,乐正子已加人一等矣。夫圣神之在望也,由勉希安,每若于入门之寡,兹何以得主有常,无虞欺慊之未分也。道岸诞登,可望同归于一致,吾为乐正子喜,其二也。中者无定之象也,不先不后,其间宁有推移,而举善信以按之,乐正子亦才可兼人矣。夫圣神之难几也,由始暨终,每虑其半途之废,兹何以立不易,方早见明诚之交致也,发蒙养正,尚期务敏以修来,吾愿乐正子勿限其中也。克也庶维日孳孳,由美大以底于圣神,毋自安于四之下哉。"

朱兰《南江先生年谱初稿》:"同县乡荐陈麟书,叶经邦顺天,戴求仁顺天,劳琛、邵承徐副榜,诸以敦仁和荐副榜。"

是年,先生有赠答张果诗。

朱兰《南江先生年谱初稿》邵晋涵《叠前韵奉酬盖翁太老伯即求诲定》:"临歧风雨望凄迷,秋柳纷披黯淡姿。压座诗传黄□老,隔江天远白云湿。将看雁塞三千月,放诩冰蚕五色丝。小草出初惭远悉,文无所许奉清卮。"

是年,章学诚三至京师,应顺天乡试不中。

胡适、姚名达《章实斋先生年谱》"乾隆三十年"条:"先生三至京师,仍居国子监中,依怅无侣。应顺天乡试,沈业富(既堂)与分校,荐先生之文于主司,不录。"

是年,张羲年选拔贡生。

光绪《余姚亲睦堂张氏宗谱》世系谱:"张羲年,乾隆乙酉拔贡。"

乾隆三十一年,丙戌(1766),先生二十四岁。

正月初六,先生与张羲年北上试礼部,同宿吴山客舍,后同游京师及齐、鲁、燕、赵。

丁亥年,张羲年《正月六日立春寄邵五与桐》诗注:"客岁是日偕邵五北上。"

《南江文钞》卷一〇《先兄云亭甫行状》:"晋涵举于乡,其明年北上试礼部。兄送晋涵至江干。"

张羲年《噉蔗全集》文卷四《邵礼耕诗序》:"其弟与桐笃于友恭,岁丙戌,与余抵足眠吴山客舍,中夜念君穷愁困踬,辄簌簌泪下不止。及同车北上,虽逆旅倥偬,未尝不然。"

《南江文钞》卷六《赠张淳初序》:"同里张子淳初,予所兄事者也。岁丙戌,并游京师。"

张羲年《噉蔗全集》文卷五《邵母袁太夫人六十寿序》:"独念客春,与桐与余同游齐、鲁、燕、赵,每念二亲辄屏酒食弗御,中夜辗转不能成寐,今才匝一岁耳。"

正月上旬,周宗杰有诗奉送先生与张羲年北上。

朱兰《南江先生年谱初稿》引周宗杰诗:"忆昔成童初适越,官署索居苦寂寞。每思孤陋古所讥,泛爱纷纷徒恍惚。西邻张子才轶群,芝兰气味相蒸熏。晦明风雨都无间,云龙相逐情殷懃。东邻邵子如鼎政,博学无双真国士。擎钵飞觞在偶酬，十载流光同迅驶。二君健翮在天池，长安日近行莫迟。携子同舟如合璧，河梁别我须臾时。亦知人生固有别，缱绻何能忘畴昔。飞鸿印雪信无常，志士久要不可夺。红灯绿酒庆新年，玉梅迟旭纷争妍。寓舟鼓枻各登仙，伫听好音来日边。丙戌孟陬上浣，里□奉送云北二兄偕张二潜亭北上并请郢政，淡人周宗杰拜稿。"据此诗知先生又别号云北。

夏首，先生在京谒毕沅。

《南江诗钞》卷四《留别毕弇山中丞沅一百首》："忆初问字时，岁丙戌夏首。古堂绛缦舒，深巷绿槐茂。数惜北平奇，里访南雷旧。得承奖许殷，自忘占毕陋。"

王昶《春融堂集》卷五二《兵部尚书都察院右都御史湖广总督太子太保毕公神道碑》："弇山先生为人笃于朋旧，爱才下士，老友如中书吴泰来、侍读严长明、编修程晋芳诸人，招致幕府，流连文酒，名流翕集，望若登仙。侍读邵晋涵、编修洪亮吉、山东兖沂道孙星衍皆以博学工文，先后受知门下，情谊周挚。"

是年，张羲年三十岁，以《三十初度自序》示先生，先生书其后，又有序赠张羲年。

张羲年《啖蔗全集》文卷四《三十初度自序》："非徒温雅，乃别见孝弟之性。南丰所以高出诸家者，以其经术深也。天佣诸子，不求诸经术而求诸朴邀，失之远矣。作者留心治经，能不为靡丽所惑，后山一瓣香，庶可以有托也。"

《南江文钞》卷六《赠张淳初序》："既淳初以三十自序见示，余读竟为之惘然。……淳初所惜者三十以前，予为淳初虑者在三十以后学者之患得。少即止，不复求进，是自缩其年也。安常习，故玩时愒日，是自促其年也。淳初亦思前此，皆境过情迁。惟经说疑义相与诵习讲论，或庶几不朽，圣人谓忠信笃敬遐迩可行。吾两人去家数千里而来兹，继此以往，所期经明行修，勿负盛年，以至古人以克慰亲心者，请自今日始。予于淳初赠言，不以颂而以规，以予荒于学而行多迷谬，亦愿淳初之有以教之也。"

张羲年长先生六岁，自少即以学相淬厉，故序言如此。

先生下第南还。六月初十，兄履涵卒，时年二十九。先生为兄履涵作行状，罗有高撰墓表。

《南江文钞》卷一〇《先兄云亭甫行状》："先生下第南还，舟过济宁，闻乌啼。念兄，不自意泪下。是日，即履涵告亡日也。"

《南江文钞》卷一〇《先兄云亭甫行状》："先兄讳履涵，字礼耕，别自号云亭先生。兄口微吃,而善论事。好推解衣食缓急人,于交游中坦易不设崖谷。生平无诳言,亦未尝疑人之诳言。……兄生于乾隆三年九月十九日,卒于三十一年六月初十日。"

罗有高《尊闻居士集》卷六《余姚邵伯子墓表》:"邵伯子,名履涵,字礼耕,一字云亭,文学治南公冢子也。……公君草角时,尚及侍中书公,授以先贤格言,君退辄疏记之。王母病笃,君为文露祷,愿减己算,益寿王母,时年十四也。年十有七,总家政,区画中理,父母宗党交贤之。暇则治书艺,写所读书。课其叔子读书,有常程,寒素不以间。予与叔子交,叔子尝为予述君生平。……叔子言此,哽塞不能任其辞,予唯唯俛而不能再申后问矣。久之,叔子具状属予文君墓。予周复视状,肃然兴雪涕恸。……吾憾其卒也,固畏其始而偶蹈之耶。呜呼!君之行可以砥世,君所称诵则太史迁所谓可著廓庙者,于是谨次其要言行,表于阡,令过君墓道者得观览,君卒年二十九,娶张氏,子二,长楙揆,殇;次曰秉纯。叔子名晋涵,乙酉举人,嗟乎!吾忍不诚言以负叔子面,使君阴憾泉下耶。"

谢宝书《姚江诗录》卷二邵履涵《归燕》:"翠羽曾经菊绛纱,秋期已度紫云车。湘波帘外三更月,春雨江南百种花。迢递巴山愁杜宇,飘零邢上杂寒鸦。阿梁都尉无消息,好寄音书水一涯。"

四月十五日,卢文弨升湖南学政。

《清实录》卷七五八"乾隆三十一年四月上"条:"癸卯,命翰林院侍读学士卢文弨提督湖南学政。"

乾隆三十二年,丁亥(1767),先生二十五岁。

正月初六,张羲年有诗寄给先生。

张羲年《暾蔗全集》诗卷二《正月六日立春寄邵五与桐》:"迎春到后雨如丝,六日先符十日期。天为好山生妩媚,人怜瘦鹤露风姿。清羸已却痴肥病,寂寞遥联唱和诗。回首去年风雪里,短篷曾记夜潮时。"诗注:"客岁是日偕邵五北上。"

张羲年任於潜县训导,有书致先生。

蒋光弼《於潜县志》卷一二《秩官》:"张羲年,余姚人。拔贡,三十二年任,后登进士。"

张羲年《暾蔗全集》文卷六《与邵二云书》:"吴山一别,迁寓湖上。后竟不获面晤,春雨泥泞,艰于来往,亦由懒癖性成,谅知我者不以为罪。召试后入城相访,知足下已就馆李氏名园,如此少地主,况能贤,亦读书一佳境也。足下于望前东渡,弟以十九抵舍,而文驾又即以是日赴杭,子西我东,复成一错矣。省下为人文所聚,足下经义纷纶,虽老师宿儒定当屈服,但消渴著书,长卿善病,呕心觅句,昌谷损年,足下可无念此哉。又文士相轻,自古而然,武林士习大率如此。笔墨不宜轻出示人,如不获已为之,虽搏兔亦须用全力也。弟技愧雕虫,妄拟《长杨》《羽猎》,既已腾笑大方,近复理旧时所诵习兔园册子,而于诗文蹊径茫然,至杭既苦乏伴,在家复多俗务相牵。秋间会晤,恐负良友所期,如何如何。霁堂四哥相处定然意气相洽,但此字不必令渠知也。肃候祉,春寒保重,余不宣。"

邵先益改葬邵廷采于城东九垒山,乞先生校雠《思复堂文集》,会有徐州行,不果。

《南江文钞》卷一〇《族祖念鲁先生行状》:"念鲁先生仲孙先益自福建归,改葬念鲁先生于九垒山。赎《思复堂文集》刻板,藏于家,乞先生阐扬先业,将为校雠,会有徐州行,不果。"

邵廷采(1648—1711),字念鲁,又字允斯,先生从祖。年二十岁,为县学生,屡试不第。师承黄宗羲,得授史学而传其文献之学。后读刘宗周《人谱》,崇奉王守仁心学,又通兵法。讲学姚江书院十七年,授徒著述,终老乡里。为学重在经世,谈理终归致用,力倡读史以救当世之失。晚岁,思托著述以自见。著有《思复堂文集》十卷,《姚江书院志略》四卷,《东南纪事》十二卷,《西南纪事》十二卷。

邵玉堂,亚六房十八世,廷采次子继云之子。原名先益,字德远,考授吏目。事具光绪《余姚邵氏宗谱》卷一〇。

十月,先生自苕水返武林。

张羲年《啖蔗全集》文卷五《邵母袁太夫人六十寿序》:"岁丁亥冬十月,吾友邵君与桐自苕水返武林。"

十一月二十六日,为先生母袁太夫人六十寿辰。张羲年撰《邵母袁太夫人六十寿序》。

张羲年《啖蔗全集》文卷五《邵母袁太夫人六十寿序》:"太夫人姓袁氏,为慈溪望族,少娴内则,长归冶南翁,吾里儒者东葵先生之冢妇也。先生司铎蛟门,翁随侍学斋,往返明、越间。事无大小,悉听夫人区画。先生尝曰:'吾居蛟门久,家中岁时蒸尝祭祀,宾客亲故,往还问遗,无忧或失坠者,赖有四娘子耳。'四娘子者指夫人以翁行四故也。翁以卓荦不羁之才驰骋文坛,数与朋侪为文酒会,夫人供殽核以佐君子,结其欢心,暇则篝灯纺织,于服饰玩好淡如也。嗟乎！前此数十年间，吾姚文献未就零落，东葵先生偕其弟征君兼山先生谭艺崛起东南，雄长其间，一时海内知名之士无不愿交先生而登其堂者。而翁精心湛思，承其家学，奋溟渤而游天池反，掌间事乃垂老数奇。尚困于黄茅白苇中，然后与桐以英年博学或荐贤书，蓄极而通此，皆夫人所亲历，而不以前后穷通得失，稍动其心以是知夫人之贤，于东葵先生言益信。”

十二月，先生复游京师。

张羲年《啖蔗全集》文卷五《邵母袁太夫人六十寿序》："岁丁亥冬十月，吾友邵君与桐自苕水返武林，将于腊月束装游京师。"

此数岁中，先生除北游外，其踪迹率不离吴山西湖间，与张羲年常以诗相唱和。

张羲年《啖蔗全集》诗卷二《度钱塘江寄邵五与桐》："惭愧青山屡送迎，年来踪迹信劳生。何如泽鹭眠沙稳，不逐樯乌掠水轻。远树浮天双岸阔，春波卷雪一帆横。东风无限潇潇意，吹过钱塘作雨声。"

是年，汪辉祖始交先生。

汪辉祖《病榻梦痕录》卷上"乾隆三十二年"条："是年，交余姚邵二云(晋涵，二云经术淹通，于书无所不读，为人孝友诚和。乙酉举人，辛卯会元，壬辰开四库馆征召，钦赐编修，终侍讲学士)。"

汪辉祖《梦痕录余》"嘉庆丙辰年"条："余自友二云始，得知天下士，罗台山、鲁絜非其最也。二云每握手，必以道义相勖。常戒余伉直太过，恐处事易迕。书来亦然。余敬佩不忘。"

汪辉祖(1731—1808)，字焕曾，晚号龙庄，浙江萧山人。乾隆四十年进士，官湖南宁远县知县，兼摄新田县事，两署道州，两为湖南同考官。为政多循政，长于刑名与史学。著有《元史本证》《读史掌录》《楚中杂咏》《龙庄四六稿》《史姓韵编》《九史同姓名略》《学治佐证》《佐治药言》《续佐治药言》《学治臆说》《学治续说》等二十余种。事具洪亮吉《更生斋文续集》卷二《奉直大夫湖南宁远县知县加三级萧山汪君墓志铭》、阮元《揅经室二集》卷三《循吏汪辉祖传》及瞿兑之《汪辉祖传述》。

是年，归安戴永植任余姚教谕。先生有《题戴农南永植学博诗稿》。

《南江诗钞》卷二《题戴农南永植学博诗稿》："海门秋树望依微，流水孤村带夕晖。好句双鬟歌不尽，任人图绣上弓衣。白雪调高传郢曲，苍葭秋冷纪秦诗。楚山渭水留题遍，不觉吴霜点鬓丝。半生长计一诗囊，老去偏耽鹤梦长。指点刘樊仙迹近，者番真住水云乡。富春山下黄公望，曾写《姚江晓色图》。诗笔重看虹贯月,恐惊光怪起菰芦。"

光绪《余姚县志》卷一八职官:"戴永植,三十二年任,乾隆府志,归安人。"

戴永植(1705—1767),字于庭,号农南,浙江归安人。与戴永槐为兄弟,皆善书画,有逸致。雍正十年举人,应试落选。任陕西凤县知县,因故削职。后起为湖南龙阳知县,晚为余姚县教谕。著有《汀风阁诗》。

乾隆三十三年,戊子(1768),先生二十六岁。

十一月十九日,卢文弨上奏条陈湖南学政四事。十二月十六日,降调还都。

朱兰《南江先生年谱初稿》:"抱经先生是年在湖南学政任,以条陈学政事降调还都。"

台北故宫博物院《宫中档乾隆朝奏折》第二八辑:"十一月十九日,上奏条陈湖南学政四事。十二月十六日,内阁封上谕申饬条陈四事不当,撤除学政一职,并被交部严加议处。"

乾隆三十四年,己丑(1769),先生二十七岁。

春,在京师,与潘奕隽、戴东原、程鱼门等晨夕过从。

潘奕隽《三松堂集》卷二《书尊闻居士集后》:"己丑春,余计偕京师,与弟思质邀瑞金罗台山僦居水月禅院。居同寮、出同舆、食同案、卧同舍,身心内外事无所不谭也。暇则相与习射荒圃,暮则篝灯谈艺,维时晨夕过从者,休宁戴东原、宛平陈伯思、余姚邵二云、淮安程鱼门、海宁祝敬舆,落落数人而已。"

潘奕隽(1740—1830),字守晟,一作守愚,号榕皋,又号水云漫士、三松居士。江苏吴县人。乾隆三十七年进士,官户部主事,充方略馆总校官、四库全书馆分校官,官内阁中书、文渊阁检讨。乾隆五十一年,任贵州乡试副主考,旋即归田。书法楷、篆、隶俱工,善画山水,画兰尤有特色。著有《说文蠡笺》《三松堂集》《水云诗》。

先生应会试不第。七月,同邑诸重光有书贻先生,为开导劝解。

朱兰《南江先生年谱初稿》引诸重光贻先生书札:"春闱榜发,满拟高掇,不意暂遭摈斥,然少年多才,抑之久则发之光且转旸,即届会期,正不必为足下虑也。仆春间即作闽游,至六月中始旋里,接读来函,备悉一切。吴学山先生向承教爱，殊同骨肉，仆以其言转告之尊人，似此时即归，转非仰体高堂之意，且此日吾姚无人，所属望者非足下而谁，竟俟明年恩科，汝静胜好音即焉，人未尝不色喜也。尊人精神甚健，惟目力不济，不能常相往还耳？时当初还且属变略。不能多述，复候近祺，临池依溯，兴同老表。侄愚重光顿首。七月八日冲。"【朱兰按】明岁恩科属下科辛卯。

【朱兰按】桐屿先生乙酉出守辰州，丙戌罢官。后应梁文定之招，于三十五年卒于楚中。时诸封翁先庚亦膺南丰李恭毅苏藩之聘，尚在堂也。据此札曾作闽游一次，想即赴楚，距所卒之时仅隔一岁耳。

先生就馆烂面胡同吴肇元家，课其子吴裕德。

李调元《雨村诗话》卷八："大兴吴侍读肇元，乾隆辛未进士，盐商也。以耳聋乞假，遂不仕，人称吴聋子。寓京烂面胡同，颇有园亭之乐，与汤辛斋学士、丁芷溪、祝芷塘侍御、程鱼门太史同余往返，延侍读余姚邵二云晋涵教其子裕德，亦成进士，入翰林。"

吴肇元，字会照，号百药，北京大兴人。乾隆十六年进士，改庶吉士，授编修，历官侍读。著有《桐华书屋诗稿》。事具徐世昌《晚晴簃诗汇》。其子吴裕德，号衣园，乾隆四十三年进士。

先生从藏书家借得《斜川集》，定为伪书，并作跋。

《南江文钞》卷八《书坊本伪〈斜川集〉后》："己丑，予客燕中，闻藏书家有《斜川集》刻本，假而观之，则取刘龙洲诗而易以叔党姓氏者。按叔党卒于靖康，晁以道墓志可证。若龙洲往来诸公，辛稼轩、陆放翁、孙烛湖，皆南渡闻人，后先年代不符。举其目即可辨其真伪，而书贾乃敢互易姓名，勇于欺人若此。然则书贾所为，无乃近于滑稽玩世乎！"

夏，李文藻赴部应选，先生始与其相交。

周永年《重刊元〈张文忠公归田类稿〉》跋语："己丑夏，南涧谒选京师，寓书于余（周永年）曰：'近交余姚邵二云，曾见天一阁范氏、二老阁郑氏之书，《云庄集》尚存未亡也。'"

李文藻（1730—1778），字素伯，一字茝畹，晚号南涧。山东益都人，乾隆二十六年进士，曾任广东恩平、新安、潮阳县知县，卒于广西桂林府同知任上。师从钱大昕、纪昀，喜金石，撰《粤西金刻记》《山东元碑录》等金石学著作数十种，著有《岭南诗集》《南涧文集》《南北史考略》等。修纂乾隆《历城县志》。事具钱大昕《潜研堂文集》卷四三《李文藻墓志铭》。

李文藻抄校纪昀所藏惠栋《古文尚书考》。先生亦参校其书。卷末并有先生是年重阳后二日之手跋。

秋，从李文藻处观《龙洲集》，有跋。文藻又借抄吴缜《新唐书纠谬》二十卷毕，会得缺出都，乃属先生为手校一过。

《南江文钞》卷八《书〈龙洲集〉后》："坊本《龙洲集》，与《曝书亭书目》卷数符合，当是足本。书贾患龙洲之名不足取重于人也，托之于苏叔党，盖龙洲身后犹不为人知如此。南渡自和议既成，士大夫皆厌厌无气，独龙洲以布衣慷慨扬历兵间，不忘恢复之志。伏阙上书，指陈无顾忌，有国士之风。生平为朱子、南轩所许，游辛稼轩、陈同甫之间，而终于潦倒，同甫之晚遇，龙洲之不第，殆南宋之气数为之也。读其集，感时抚事，血泪迸流。如秋笳之凄烈，如雄剑之戛鸣，精悍之气，非同时江湖诸子所及，所谓言与行符者欤。第二卷缺二字，第三卷缺七字，第五卷缺一字，第七卷有误字，第十卷缺诗一首，惜未得善本校之。又《清波杂志》载龙洲二绝句，今集中无之，或原本所无，或书贾妄有删窜，未可臆断也。已丑秋，假观于益都李进士芝畹，既卒业，书以质焉。"【注】李茝畹，《南江文钞》误作"李芝畹"。

段玉裁成《诗经韵谱》《群经韵谱》各一帙，以其书简略，无注释，不可读。冬，从先生处借书，为之注释。

段玉裁《六书音均表》卷首《寄戴东原先生书》："成《诗经韵谱》《群经韵谱》各一帙。已丑，再至都门，程蕺园舍人赏之，第其书简略，无注释，不可读。是年冬，寓法源寺侧之莲花庵，键户烧石炭，从邵二云孝廉借书，竟为注释，每一部毕，孝廉辄取写其福，至庚寅二月书成。"

段玉裁(1735—1815)，字若膺，号懋堂，晚年又号砚北居士，长塘湖居士，侨吴老人，江苏金坛人。龚自珍外公。乾隆二十五年举人，历任贵州玉屏、四川巫山等县知县，引疾归，居苏州枫桥，闭门读书。段玉裁曾师事戴震，著述宏富，著有《说文解字注》《古文尚书撰异》《毛诗小学》《周礼汉读考》《汲古阁说文订》《六书音均表》《经韵楼集》等。事具《清史稿》卷二六八。

罗有高至京师，先生为言汪辉祖事。

罗有高《尊闻居士集》卷五《萧山汪氏两节妇传》："是为祝黎赤若奋之岁，予至京师，余姚邵二云为予言汪孝子辉祖事，未尝不正襟沉吟太息也。"

先生以诗寄罗有高，相互唱和。

《南江诗钞》卷三《病中简罗二台山有高》："八年贞疾苦相薄，肌辅癯削衣出形。每当入夏长痱痏，奇痒搔剔无时停。初觉左耳缀明赘，小珰曲珥纷珑玲。忍而不治久且溃，积瘀欲塞重黎听。右额凸出一珠粟，浸寻发际如鸾钉。眉心一道划中界，如山断锷开探陉。垂帘隐儿学胎息，有时晕倒头抢屏。苍蝇塌翅白鸟集，潜乘睡思欺松惺。正襟却坐自叹息，积疾沉痾宁我丁。苔珊居士数相见，为怜旅影抚伶俜。拈花微笑问我疾，寻师亲叩维靡经。据觚稠叠析疑义，有似镛业撞风莛。三星在户送归去，清言爽飒留疏棂。三朝乍别剧相念，屡闻使足款重扃。昨宵急递素书至，大声棒喝苏沉冥。上言去垢如去恶，忌医讳疾非先型。下言亲老倚门间，白云迴合姚江汀。词严义重见古昔，灯前周复洟涕并。问年廿七未及壮，频年婴疾谁使令。少小耕耘悔卤莽，居奇惊博驰精灵。华绚到眼不复择，往往兼畜迷丹青。出入义欲未安止，纵口任腹甘膻腥。鸡鸣动念杂舜跖，阴阳疑战迷求宁。只研朱墨守章句，三日新妇关车軿。外虽冥寂内浮弱，立身轻似风中萍。南陔之兰取相守，曷不急问吴淞舲。冱寒溽暑不自摄，作使意气追风霆。知者未谋昧者进，坐令扁鹊投砥硎。佩君之言感君意，昨者沉湎今方醒。急欲过从讼所短，洗心薝葡熏殊馨。探汤日色照疮裂，举足喘乏行且宁。搴帷彳亍远止坐，鱼翦髻鬣鸟摧翎。巷南逼侧即千里，顾瞻周道歌榛苓。短章点缀代简述，旨绪怆结难为明。何时见面理药论，灵然起废忘疑营。”

有高和诗：“澄空庨豁出尘色，四大丽附形流形。大者天地幻大赘，变生小赘曾无停。大者豪末小泰岱，喑醷起灭声玲玲。有力夜半负之走，师旷耳废难为听。万化疾于飞行鬼，来去绝迹谁能钉。微茫理际画界处，丝发非拟泯中陉。人身织虚若蕉菅，山河脆若琉璃屏。缘影执著立我相，更谁放下长惺惺。吝躯却粒炼金石，似欲御气排五丁。永飞铅枯败丹鼎，髑髅一具悲竛竮。已而为知即于殆，岂识缘督生之经。忘年忘义寓无竟，吹以天籁齐楹莛。泰宇奠定固守气，六凿尽辟疏晴棂。名闻利养不关虑，黄芽甲坼黄庭扃。保名蜚遯迅风翼，周历众岳甘鸿冥。不可为首见天则，心小胆大符仪型。腾腾兀坐上宗动，忍与凫鹭泥沙汀。我昔结愿尚独往，四海营目难为并。中间亦思啸畴辈，其奈醉熟拒呼令。客吴得知汪（名缙，字大绅）薛（名起凤，字香闻）李（名大夏，字禹定），积年眼白垂初青。幔青公子（彭名绍升，字尺木）猛勇最，净特半偈除诸腥。诙谐倜傥沙白岸（名维杓，字斗初），白衣礼塔观黄宁。勃生诗人结风甫（彭名绩，字秋士，号结风），健笔横卓回辎轩。比来到燕颇蹭蹬，无端旅食售青萍。驼鸣驴吠杂喧闹，孑身渺寄洪涛舲。顷从衣园友邵子，谈尘激泻松巅霆。律已匑畏肃我慢，如刀出冶新当硎。浮游慕道二十载，只今酣睡何曾醒。愿君破口攻吾缺，共适大道怀兰馨。柳生厥肘又奚恶，闭门观息渊其宁。官骸既外理自胜，沛若鸿鹄横修翎。官并下士角痴黠，昌阳委弃珍狶苓。久如洁念宝同粲，诸暗永灭延贞明。我书有征自古昔，惟君聪听夫何营。”

罗有高(1733—1788)，字台山，江西瑞金人。乾隆三十年举人。与彭绍升友善，相勖为性命之学，卒之日，尽焚其所著书。彭绍升辑其遗文，为《尊闻居士集》八卷，事具《清史列传》卷七二、王昶《罗君台山墓志》等。

冬，同邑俞性存过先生京师寓斋，话别南归。

《南江诗钞》卷四《题同邑俞敬堂遗照诗》序："君以己丑冬过余京师寓斋，话别南归，闻君居家课子，志节弥励。"

俞敬堂，按民国《姚江古将坛俞氏宗谱》载，应为"俞逸堂"，谱名俞性存，字存门，号逸堂，寄籍密云县，庠生。生康熙六十一年壬寅十一月十五日，卒乾隆四十六年辛丑六月十五日。生二子，汝金、汝玉。三女，长适乾隆甲辰榜眼邵瑛，次适庠生黄煊，三适国学生张福宁。其曾祖俞鼎，原名起华，字彝重，号石眉。中康熙辛酉科副榜，授处州景宁县教谕。父一鸣，原名展翱，字扶青，历仕湖北襄阳、福建邵武、江苏松江经历。生一子性存。二女，一适乾隆丙子举人邵升陛，一适徐。

十二月，同年宋仁溥祖母李氏守节六十一年，士大夫相率为诗，仁溥汇为《节门诗录》，先生为之作序。

《南江文钞》卷六《节门诗录序》："乾隆三十四年十二月，礼部言贵州天柱县故儒童宋朝玉妻李氏，守节六十一年，应如例旌表，制曰可。贵州巡抚檄所属有司，承诏从事，建坊于县之新舟村。……士大夫相率为诗，以歌咏其事，岁久积成卷帙，仁溥汇而刻之，为《节门诗录》。以节得旌者称节门，取《明史·列女传》语也。夫太孺人之高行，不必以诗传，而士大夫若惟恐其传之不远而不能已于言，非至性所感，有发于不自知者欤！志乘所录，輶轩所采，其不视诸此欤！晋涵与仁溥为同年生，习知家世事。刻既成，谨述其端起如此。"

宋仁溥(1731—1783)，苗族，字体之，号梅堂。贵州天柱人，幼丧父母，依祖母为生，家贫却刻苦读书。乾隆三十年以第一名中举，次年成进士，选庶吉士。四十四年任河南淇县知县。四十八年因病死于任上。列入卫辉府名宦传。事具乾隆五十三年《卫辉府志》。

是年，先生为父亲同年吴烇文文稿作序。

《南江文钞》卷六《朴庭先生文稿序》："山阴吴朴庭先生以诗著，游历四方所至，贤士大夫皆传诵其诗，为刻以行世。然先生喜为古文辞，不自收拾，殁后存箧衍者，尚得两大束。嗣子璜以知州从征金川，殁于王事。孤孙安祖哀萃而录次之，出示余前。……先生少时尝于蕺山讲舍问业于先叔祖兼山公，与先君子同砚席。晋涵生晚，不获拜先生于窗下，抠衣请益。因忆先君子晚岁每追溯蕺山同学，多雄骏奇特之彦，而晋涵多不得亲炙其光辉，进而求觌其撰著。而犹得于先生遗集，想象其生平也。岂非幸哉？”

吴煔文，字朴存，又字朴庭，会稽诸生。著有《朴庭诗稿》。事具阮元《两浙輶轩录》卷二八。

乾隆三十五年，庚寅(1770)，先生二十八岁。

卢文弨访先生，录得岑安卿《栲栳山人诗集》三卷，先生曾有诗咏栲栳山人。

卢文弨《抱经堂文集》卷一二《题抄本〈栲栳山人诗集〉后》：“此本予抄之邵二云氏。”

卢文弨《抱经堂文集》卷一二《题张氏所刻〈栲栳山人诗集〉后》：“乾隆庚寅，见今太史邵二云于京师，访乡前辈遗书，得元岑静能先生诗集三卷，录而藏之。”

岑安卿，浙江余姚人。所居近栲栳峰，故以自号。志行高洁，穷厄以终。文弨本籍余姚，故谓为乡前辈遗书云。

岑安卿《栲栳山人诗集》张廷枚序：“曩邵二云编修出视《栲栳山人诗集》，武林鲍君以文又以寄振绮堂藏本，皆宋庸庵先生所编。乾隆壬寅春分后三日，同邑后学罗山张廷枚谨识。”

《南江诗钞》卷一《姚江棹歌》记栲栳山人诗：“不见诗人岑静能，空山瘦石尚嶙嶒。回舟栲栳峰头路，明月三分雁一绳。”诗注：“元诗人岑安乡居栲栳山下，见《宋景濂集》。”

十月十三日，诸重光卒于楚中。

道光《余姚诸氏宗谱》卷二世系：“庚寅年十月十三日卒。”

民国《姚江诸氏宗谱》卷六《桐屿公传》：“赴梁文定之招，于湖北得疾卒。”

是年，邵廷采仲孙邵先益卒，先生颇为伤感。

《南江文钞》卷一〇《族祖念鲁先生行状》：“先生四子相继卒，诸孙贫甚，或取文集刻板付质库。诸孙中有先观者，于晋涵为兄，有志行。……先观有兄曰先益，先生之仲孙也。庚寅，晋涵在京师得家书，则兄先益以九月病瘵死矣。”

乾隆三十六年，辛卯(1771)，先生二十九岁。

三月，先生参加礼部会试，中会元。

会试试题："四书义'若臧武仲之知，公绰之不欲，卞庄子之勇，冉求之艺'四句，'明乎郊社，禘尝之义。今曰性善，然则彼皆非与'二句，下车泣罪得'惭'字。"

朱筠《笥河文集》卷首李威《从游记》："辛卯分校礼闱，总裁刘文正公得一卷，五策渊奥，以示先生。先生曰：'此余姚邵晋涵，故知名士。'力赞公拔居第一。及拆卷，果邵名。公问曰：'学士何所见不爽如是？'先生曰：'今士之绩学者，某莫不与之游，读其文，知其学，如觌其面，宁至或失之耶？'"

钱泳《履园丛话》一三《科第》："余姚邵二云先生名晋涵，中乾隆辛卯科会元。是科首题为'若臧武仲之知'四句，是日忽文思涩滞，至夜半而首艺尚未成，心甚恍惚。忆前己丑科落卷内有'子在陈曰'至'狂简'后二比似可移置，不暇修改，而竟直抄之，聊以完篇。并不妄思捷获，而主试者阅至此二比，遂句句叹赏，以为空中论议，通场所无，竟置榜首。先生学问素充，何至有枯索之时，而为帖括所束缚耶？即文思偶滞，亦何至录绝不相关之题文耶？乃竟以此得元，亦奇矣哉！可见时艺一道，原可通融，是在慧心人能自得之耳。"

平步青《霞外攟屑》卷五《乾隆辛卯会试榜得人》："《鲁山木文集》(卷四)《与同年龚惟广书》云：'尝引宋张忠定之言，谓吾榜中，得人最盛，或以经术显，或以文章称，或以风节著，皆卓卓有声京师。其出而任监司、治郡、县者，皆迥绝流辈。(庸)按：辛卯一榜，以经术显者，有王方川(增)、李云门(潢)、程瀓江(世淳)、程鱼门(晋方)、邵二云(晋涵)、周书昌(永年)、陈观楼(昌齐)、洪素人(朴)、孔㢸轩(广森)九人。以文章称者，有林香海(附蕃)、周驾堂(厚辕)、侯苇园(学诗)、凌花农(世御)与海峰、山木、周宿航(景益)、程仁山(巙)、吴建轩(思树)九人。任监司、郡、县者，有黄小峰(轩)、熊谦山(枚)、姜星六(开阳)、李石涛(堡)、田□□(凤仪)、方坳堂(昂)、马清洛(慧裕)、林□□(其宴)、和简勤(瑛)九人。而以风节著者，止钱南园(沣)一人。"

《南江文钞》卷一〇《闵读山同年祭文》："重光单阏之春，同举南省者，号曰多才。香海温醇，㧑约英俊，若合璧以联枝。"

《南江文钞》卷一一《敕封文林郎平罗县知县曾公墓志铭》："乾隆三十六年，余举礼部试。同岁生曾君力行，为宗圣七十六世裔孙，爱其人开敏而悬笃。"

四月二十一日，命大学士刘统勋、刘纶，内阁学士全魁，吏部尚书程景伊、侍郎曹秀先，兵部侍郎觉罗奉宽，左都御史观保、张若溎为殿试读卷官。兼试天下贡士邵晋涵等一百六十一人于太和殿前。是科，总裁满洲总宪补亭观保、诸城相国刘延清统勋、武进阁学庄芳耕存与。先生殿试二甲。一甲为黄轩、王增、范衷。鲁仕骥、周永年、孔继涵、钱沣、孔广森、闵思诚、曾力行、史积容亦同时登第。

殿试策问制曰："朕懋缵鸿图，勤求郅治，畴咨宵旰，弗懈益虔，仰荷天祖贻庥，际一百二十余年升平之会，持盈思永，采纳弥殷，贡士等登选在廷，行将入政，资言成信，古训所先，尚矢嘉谟，用裨听览。

"昔《虞书》以十六字衍万世心法之传，厥指不外执中，曰精曰一，执中之诣力也。逮尼山道隆祖述，子思子作《中庸》，特揭时中之义，以明一脉相承，而于大舜之用中，推溯问察隐扬，执两端之运量，其即精一之谓欤？顾中即天命之性，致中即尽性之事，《左氏》言受中以生，而《汤诰》言恒性曰降衷，衷与中，二欤一欤？子舆氏又申执中无权之说，异学之分涂何在？隋儒王通有《中说》十卷，其粹远过荀扬，学者转以僭经訾之，何欤？嗣是言心性莫若宋五子，周子《太极图说》，以中与正并举，程子言忠恕犹中庸，不可偏举，能缕析其底蕴欤？

"考绩之典，肇自唐虞，至周而法尤备，汉时群吏受计，如韩延寿为断狱最，陈立为劝农最之类。唐代因之，定有四善二十七最诸条，善最相权，复差九等。宋以六事考监司，四善三最考守令，科等参错不一，求其详要兼举。惟周制为近，三载一考，统其成也，析之则岁会月要日成，考核致为精审。今庶僚莅事，未满半载，即不入考，而移取注语于旧任，彼岁会即未之及，独不有月要日成可核欤？又如摄事他曹者，设改归，一任举察，将上官以迁代苟容，下属以兼权贷责，可欤不可欤？

"食为民天，积贮所宜亟讲，王制以三十年之通制国用，尚矣。自汉耿寿昌、隋长孙平、宋朱子三仓之法立，历代悉仿行之。若宋沿唐和籴之令，又增博籴、俵籴、兑籴等名，抑配无度，岂贮籴利民本意哉？国家重农嘉惠，常平社仓并行，屡谕大吏饬属助宣德意，将使吏不为奸，民沾实惠，果何术之操也。昨岁以东省麦收倍稔，命抚臣采运京师平粜，今夏尚有余积，近复降旨，再宽海丰、利津、关禁之限，务期商贩流通，于推广裕民之道，更何以进筹善策欤？

"古称寓兵于农，井田之制邈已，若屯田犹略仿其遗意，自汉募耕塞下，洎魏晋唐宋，或以兵，或以民，或兵民兼用，其条法赅备，莫如赵充国便宜十二事,要领安在?魏邓艾虑田良水少,建议大开河渠,军储以赡,非得屯政先务欤?方今新疆式扩,屯垦日开,从来广漠之区,泉渠沃衍,所收自给岁支糈饷而外,嬴粮数且不赀,成效显著,他如直省屯卫旧租,取佐漕丁运费,节经厘正,故籍脱漏尚多,欲使除隐占,资协济,其道何由?

“夫心法为宰化之原,考察实程材之准,豫贮籴以足民食,广屯田以益边储,皆经国之要图也。贡士等其诵言所闻,各抒夙抱,毋漏毋隐,朕亲甄择焉。”

《南江文钞》卷一〇《刘文正公祭文》:“自某等之受知也,在重光单阏之春。”

《南江文钞》卷一〇《庄养恬先生祭文》:“重光单阏,春闱集试。列侍门墙,获谐夙志。”

仲光军《历代金殿殿试鼎甲朱卷》《清代试题试卷》:“乾隆三十六年,辛卯恩科鼎甲题名:黄轩、王增、范衷。”

王庆云《石渠余纪》卷一《纪殿试朝考》:“三十六年,辛卯恩科,廷试邵晋涵等一百余人,论以进呈十卷,颂多规少,且有语涉瑞应,朕深为不取,乃择黄轩为第一。”

史积容(1748—1815),字文量,号柘溪,浙江余姚人。乾隆三十六年进士,候补礼部主事。历官祠祭司员外郎,祠祭司郎中,云南楚雄府知府,湖南衡永,郴桂道,湖南按察使,湖南布政使至大理寺少卿,江宁布政使,广西布政使。

归部铨选,故事,南省第一人本当在词馆之选,而先生独不得与。

钱大昕《潜研堂文集》卷二三《赠邵冶南序》:“今春天下贡士集礼部,主司思拔汲古不为俗学者,以救墨卷浮滥剿袭之失,而与桐褎然为举首。榜出,海内有识者咸曰:‘数十科来,无此才矣!’故事,南省第一人当在词馆之选,而与桐独不得与。”

是年,先生始与王昶相识。

王昶《翰林院侍讲学士充国史馆提调官邵君墓表》:“予自四川还朝,始与君相见,迄今二十五年矣。”

王昶(1725—1806),字德甫,号琴德,又号兰泉,晚号述庵,江苏青浦人。乾隆十九年进士,补内阁中书,充顺天乡试同考官、会试同考官、都察院左副都御史等京官,并历江西、直隶、陕西按察使,陕西、江西、云南布政使等地方官,后官至刑部右侍郎。著有《春融堂集》《金石萃编》《湖海诗传》《湖海文传》。编有《明词综》《国朝词综》等,参与纂修《大清一统志》《续三通》,主修

《西湖志》《太仓州志》等。事具阮元《揅经室二集》卷三《诰授光禄大夫刑部右侍郎述庵王公神道碑》、《清史列传》卷二六、《清史稿》卷三一一等。

先生父邵佳鈗时年六十，先生南归前，过别钱大昕，请钱氏文，钱大昕有《赠邵冶南序》。

钱大昕《潜研堂集》卷二三《赠邵冶南序》："始予典试浙江，得余姚邵子与桐，知其经学湛深，能以古文为时文。……其南归也，过予言别，再拜而请曰：'晋涵不敏，承家训，稍通古学，幸得成名，不见弃于士大夫，皆吾父教也。吾父行年六十，无所遇，不以屑意，唯平日覃思经学，卓然有所得，而名不出乡曲，愿述其一二，以见于先生之文，使知当代有赏音，视世俗捧觞上寿之乐多矣！'乃言曰：'昔吾王父以治经为东浙大儒，吾父幼时，群经、三史皆暗诵，中年以后，独喜读《易》，博览众说，期于自得。尝病后儒言《易》多求诸十翼之外，愈巧而愈雄其宗，故为说曰：《易》有十翼，犹《礼》《春秋》之有传也。传以释经，义、文之意，待孔子而明，经传之篇不可乱，而经传之义未尝异，费直以《彖》《象》《系辞》《文言》解说上下经，此善于读《易》者也。后儒谓伏羲、文王、周公、孔子各自为《易》，不可以孔子之说为文王之说，此不善于读《易》者也。元亨利贞四德，其义尽于《文言》，为上下经纲领。贞属信不属智，《文言》训贞为固，固者，执守之义。时位不同，故有不可贞之辞，训正而固，于义有所窒矣。'又谓：'序卦、杂卦，非圣人不能作，《序卦》主流行，生生之谓易也；《杂卦》主对待，一阴一阳之谓道也。又谓言卦变不如言互体，郑康成、虞翻诸人，取连互阴阳消长法象天，然一传而为卦变，屡变不已，遂无定义。按卦图依爻递变，似本八宫宗庙游归之法，然图与歌取例不一，自著而自乱之，不如汉人言两互之不失其常也。'

"予聆其言未毕，抚掌而起，曰：'甚矣！翁之善说经，而与桐之贤有自来也。'近代言经术者，守一先生之言，无所可否，其失也俗；穿凿傅会，自出新意而不衷于古，其失也妄。唯好学则不妄，唯深思则不俗，去妄与俗，可以言道，若翁者，可谓好学深思也已。翁以通经无求于世，而天生贤子以昌其学；与桐之才，宜立致富贵，而天使就间以侍养其亲，以成其道德文章。富贵之显亲者有限，而道德文章之显亲者无穷，天之于翁，何其厚哉！古之经师多寿，说者谓苦心凝思，非摄生之道，疑其禀受与常人异。予以为不然。心之官主思，宜通而不宜塞，故未有以用心而伤其生者。儒者之用心，求所自得，非苦之也。唯心乎富贵者，求其所不可必得，幸而得之，而所求无厌，故常苦其心以终身。若夫心乎学者，深浅随其所得。已得则乐，乐且可久，终日用心而不为心苦，此儒者之所以多寿，而非若养生家之强制其心使无所用也。

与桐归,以吾言质之于翁,其然乎?否乎?”

先生南归,与同年生新城鲁仕骥别于卫河。

鲁九皋《山木居士文集》《答邵二云书》:“南归,与同年生新城鲁絜非仕骥别于卫河。鲁亦于是科以知县铨用。”

鲁九皋(1732—1794),原名仕骥,字絜非,号乐庐,江西新城人。又因书室额文“山木居士”,故人称“山木先生”。乾隆三十六年进士,曾任山西夏县知县,有惠政。提倡实学,文学淳朴淡泊,与桐城派代表人物姚鼐交往甚密,著有《山木居士集》。

仲夏,先生过苏州,初识童钰兄弟,时钰寓苏州龙兴寺,先生相与盘桓月余。寺中有梅六本,忽发五花,人传以为异。钰善画梅,后有《二树山人写梅歌》,每首皆佳绝。其中一首,题为《写梅寄邵二云三十五叠前韵》,乃寄先生者。

江藩《国朝汉学师承记》:“先生少从童钰游。”

《南江文钞》卷一〇《童二树二十八兄祭文》:“时钰寓苏州龙兴寺,先生过之,相与盘桓月余。‘维君早岁,异才亮特。潜识渊思,处众能默。芳名余慕,乡里夙孺。参商出处,各天一隅。假缘邂逅,山寺姑苏。握手如旧,志合情孚。诗书相勖,醽醁与俱。忘年结契,弥月联娱。’”

《南江文钞》卷九《书章孺人事》:“重光单遏之七月,予过苏州,始识童君北砚于旅舍。自少时习闻其行谊,相见如旧识,得与忘年之契。”

《南江文钞》卷一〇《童北砚四兄祭文》:“忆重光单遏之仲夏兮,初缔交于姑苏。”

童钰(1721—1782),字二如,又字二树,号璞岩,自称二树山人。浙江山阴人。少弃举业,专攻诗古文。与同郡刘文蔚、姚翼天、姚大源、刘鸣玉、茅逸、陈芝图结社连吟,称“越中七子”。客游开封最久,晚年居扬州卒。亦好金石书画,尤长于画梅。著有《二树诗略》五卷、《二树山人写梅歌》一卷等。卒后,袁枚为编其诗为十二卷。事具《清史列传》卷七一、《国朝耆献类征》卷四三六等。

十一月二十八日,朱筠抵太平,任安徽学政。

汪中《述学》别录《朱先生学政记叙》:“乾隆三十六年,先生以翰林院侍读学士,提督安徽学政,以十一月甲子到官。”

冬,先生入朱筠幕府。

朱筠《笥河文集》卷十一《邵念鲁先生墓表》:“乾隆辛卯冬,先生之亲同姓诸孙晋涵来谒筠于太平使院。”

是时，先生与章学诚同客太平使院。章学诚盛推先生族祖邵廷采所著《思复堂文集》。

章学诚《章氏遗书》卷一八《邵与桐别传》章贻选按语："家君于辛卯冬与先师同客太平使院，家君言次盛推念鲁先生所著《思复堂文集》，正色谓先生曰：'班、马、韩、欧，程、朱、陆、王，其学其文，如五金贡自九牧，各有产地，不相合也。洪炉鼓铸，自成一家，更无金品州界之分，谈何容易！文以集名，而接其旨趣义理，乃在子史之间，五百年来，谁能辨此！'

先生未深然也。至是谓学诚曰：'近忆子言，熟复先念鲁文，信哉如子所言。乃知前人之书，竟不易读，子乃早辨及此，至今未经第二人道过，即道及，亦无人信也。先念鲁得此身后桓谭，无恨于九原矣。'"

是时，章学诚方学古文于朱筠，苦无藉手。先生辄举前朝遗事，俾筠与学诚各试为传记以质文心。

章学诚《章氏遗书》卷一八《邵与桐别传》："时余方学古文辞于朱先生，苦无藉手，君辄据前朝遗事，俾先生与余各试为传记，以质文心。其有涉史事者，若表、志、记、注、世系、年月、地理、职官之属，凡非文义所关，覆检皆无爽失。由是与余论史，契合隐征。"

章学诚《章氏遗书》卷三〇《丙辰札记》：乾隆辛卯之冬，与故学士邵二云聚于太平之使院。邵出《介三文钞》，有明季遭乱妇女之死节者数通，俾余与朱先生据宋氏文而改为之。盖宋君所叙，事多可采，而文不称也。余虽有改撰，而自嫌未善，旋弃其稿。朱先生集尚有《江都罗仁美继室李氏》《歙人洪志达妻叶氏》二传，皆本宋介三文而改撰者也。"

十二月初八日，洪亮吉入朱筠幕府。与先生订交，开始从事经史典籍的注释。

吕培《洪北江先生年谱》"乾隆三十六年"条："既入学使署，又与邵进士晋涵、高孝廉文照、王孝廉念孙、章孝廉学诚、吴秀才兰亭最密，由是识解益进，始从事诸经正义，及《说文》《玉篇》，每夕至三鼓方寝。"

孙星衍《清故奉直大夫翰林院编修加三级洪君墓碑铭》："谒安徽朱学使筠，延之校文。时幕下多通儒，邵君晋涵、王君念孙、汪君中，俱以古经义相切劘，所学日以进。"

洪亮吉《卷施阁文乙集》卷二《伤知己赋》注："岁辛卯，朱先生视学安徽，一时人士会集最盛。如张布衣凤翔、王水部念孙、邵编修晋涵、章进士学诚、吴孝廉兰庭、高孝廉文照、庄大令炘、瞿上舍华，与余及黄君景仁皆在幕，而戴吉士震兄弟、汪明经中，亦时至。"

汪辉祖请先生为其二节母撰行状、题诗。先生亦请洪亮吉题诗。

洪亮吉《更生斋文续集》卷二《奉直大夫湖南宁远县知县加三级萧山汪君墓碑铭》:“亮吉年二十余,客安徽学使者署,始与余姚邵学士晋涵订交。甫二日,即出《双节堂启》索诗。曰:‘此吾乡萧山汪孝子辉祖为二节母乞言也。’亮吉读竟,悚然异之,亦曾作一诗邮寄。”

汪辉祖《梦痕录余》“嘉庆十年”条:“十年乙丑,七十六岁。……阳湖洪编修稚存亮吉过访,出赠《更生斋集》。有跋辉祖所撰二母行状一篇,情词真挚,至文也。编修初名礼吉。卅年前介二云乞言,得七古长篇。”

十二月二十六日,先生与朱筠及章学诚、洪亮吉、黄景仁、张凤翔、徐瀚、莫与俦等同游采石,朱筠有《游采石记》。

朱筠《笥河文集》卷七《游采石记》:“辛卯冬十二月廿六日,余与上虞张方海凤翔、余姚邵二云晋涵、及门会稽章实斋学诚、宛平徐文圃瀚、武进洪稚存礼吉、黄仲则景仁、宛平莫逊之与俦,为采石之游。”

朱筠《笥河诗集》卷八《怀衮楼雪用禁体和邵二云》:“我题采石胜,尚溯青莲烈。清兴子猷发,长律退之设。欧公禁体冷,苏老犯劫热。”

张凤翔(?—1777),字方海,浙江上虞人,寄籍顺天大兴。诸生,屡试不第。事具朱锡庚《未之思轩杂著》之《方海先生别传》、光绪《上虞县志》卷一二等。

徐瀚,字文圃,顺天宛平人,生平不详。

莫与俦,字逊之,顺天宛平人,监生,曾充四库馆誊录生,生卒不详。

乾隆三十七年,壬辰(1772),先生三十岁。

正月十七日,朱筠因先生言,撰《书烈妇景事》。

朱筠《笥河文钞》卷二《书烈妇景事》:“烈妇景者,故明中书舍人余姚沈之泰妻也。顺治四年七月,王师破浙江之舟山,鲁王走闽海中,之泰被执,不降,斩于杭州,……景闻之自经。……至今余姚人至犹称道其事,余姚进士邵晋涵为余言之。乾隆壬辰正月十七日。”

章学诚闻先生言,亦为景烈妇作传。

章学诚《章氏遗书》卷二〇《景烈妇传》:“景氏,余姚景家桥士族之女。适同县沈之泰,之泰遇难死,氏以身殉,年二十余,且无后。岁月久远,鲜能道其详,县人邵进士晋涵,为学诚言其崖略。去今百年,犹凛然有生气,可传也。”

正月，黄景仁、熊为霖、洪亮吉均有《题姚江归棹图》。

黄景仁《两当轩集》卷一八《沁园春·题先生姚江归棹图》："有客朝来，兴发沧州，飘然一航。问四明巢巢，故山无恙，姚江淼淼，此水何长。古有狂奴，后来狂客，揖让其间总不妨。君休笑，算几人到此，煞费思量。　风池夺我庸伤，有浦上秋风旧草堂（所居地名秋风浦）。况传家《易》在，翻而再注，故侯瓜好，熟矣堪尝。其果行耶，乐宁有是！只惜苍生望一场。披图羡，羡名山岁月，到手差强。"

朱兰《南江先生年谱初稿》熊为霖《题邵二云进士姚江归棹图》："岁辛卯，姚江邵先生二云试礼部进士第一，年才廿有五耳。人诚其遇，以为高步骊麒麟矣。及引见殿廷，圣天子顾将老其才以大用之，令需次铨部。二云曰：'吾敢以一进士汲汲乎哉？吾跻入官日远，吾思归鉴湖左曲，风雨数椽，烟云离合，日讲求于古之以经术为治术者，以毋负朝廷，而不愧百姓也。'于是相奉容与，买棹以归。（【注】此处熊为霖记载有误，邵晋涵礼部会试时年二十九，而非二十五。）

"《半舫图》书：'秋风白露，正莼鲈香脆时也。海宁陈十二芾书。'为请王孝廉廷和作《姚江归棹图》，并乞诸名宿赋诗歌以壮其行，亦津门折柳意也，因书其略以记之。"

熊为霖，字浣青、鹤价、学桥，江西新建人，乾隆七年进士。由编修官至侍读，顺天乡试同考官。典试贵州、陕西，所得名士颇多。博学善文，尤工金石篆刻。假归后，累主名山讲席，先白鹿，后岳麓，至老不倦。著有《筮策洞虚录》《左氏春秋纪事本末》《纪行诗》等。事具见梁廷枏《粤秀书院志》卷一七本传。

朱兰《南江先生年谱初稿》引洪礼吉词："黯然归、一肩行李，春风不遣人住。姚江双桨悠悠去，去也更休回顾。天意苦，要汝是、名山夜雨成千古。功名射虎。只亘亘平生，才皆中下，李蔡岂君伍！　当年事，千佛名经曾数。一枝原最高处。衫青袍紫都闲物，惹我酒间起舞。君莫误，君尚有、数椽茅屋秋风浦。萍踪语汝。恐又引先生，酒澜灯灺，清泪滴残炷。《买陂塘》为二云老先生题画兼正，洪礼吉稿。"

二月初一，因先生之请，朱筠为从祖念鲁先生作墓表。

朱筠《笥河文集》卷一一《邵念鲁先生墓表》："二月朔日，又为先生从祖念鲁先生作墓表，亦从先生请也。"

《南江文钞》卷一〇《族祖念鲁先生行状》："壬辰春，晋涵来太平使院，大兴朱学士旧因章君知先生语及《思复堂文集》，且曰：'吾当为之表。'晋涵跃然曰:'是固望于有道德而能文章者！窃有愿,未敢遽以请也。'今幸乃得之,谨摭粗能记忆者为状,以求学士之文,以彰先生之学,庶异日上史馆备采择。"

三月初五日,先生与朱筠、章学诚、洪亮吉、黄景仁、张凤翔等同游青山,朱筠有《游青山记》。

朱筠《笥河文集》卷七《游青山记》:"出太平府城南大门大成坊,天微雨,溯姑溪而上,舟行十五里,至龙山桥泊舟。早饭,雨不止。……挽舟再上,雨密势潇潇,惧挽者滑而仆。少前,人上高岸。……余与同游张方海、邵二云、章实斋、洪稚存黄仲则纵谈。念人生若浮,叹息此会之不易,他日当思青山今夕雨也。兹游以初五日往、初六日返。乾隆壬辰莫春之月也。"

三月,洪亮吉请先生为其父作行状,朱筠作碣铭。

《南江文钞》卷一〇《国子监生洪先生行状》:"先生讳翘,字楚珩,又字午峰,世为休宁著姓。……乾隆十六年辛未七月遘疾卒,距生康熙五十三年甲午,年三十有六。娶蒋氏,雍正甲辰科举人云南嶍峨县知县教淳女。子二人,长礼吉,次清迪,出为弟翩后。女三人,芮官桂、汪德渭、史桂其婿也。先生没时,礼吉仅四岁。贫不克葬,寄柩天宁寺。……礼吉既长,有异才,自力学行,今为阳湖县学生。厝先生于城北前桥乡之新阡。礼吉思欲表彰其先人,而少孤无所省识,乃哭问于母。又访诸乡之贤者,略得十一,便咽语其友邵晋涵,请为之状。晋涵按状以著,其人之实行大者,上太常,定谥议。次者详述行事,以求志铭。今先生远志未伸,而流传佚事有合古之惇行,实应铭法。谨摭礼吉所能记忆者,具状以授。礼吉以求当世立言之君子,俾后世传,独行征耆旧者有所考。"

朱筠《笥河文集》卷一四《国子监生洪君权厝碣铭》:"余至太平之处,阳湖县学生礼吉来从余游。礼吉能诗歌,其貌温然而中英英有气。余读其所拟乐府,心奇之,留幕中。明年春三月,礼吉乞余姚邵进士晋涵为其尊甫君状,请余铭。"

春,马香谷游太平,出雅宜山人手券示先生,且请先生为之跋。

《南江诗钞》卷三《题王雅宜手券并跋》:"雅宜山人券,旧藏顾元方氏,今归元和马君香谷。壬辰春,马君游太平,出示余,且属为之跋。"

四、五月,先生与朱筠、洪亮吉等游黄山、齐云、九华诸胜。在黄山,与洪亮吉、黄景仁寻益然和尚塔不得,后两人皆有诗作。

洪亮吉《更生斋文乙集》卷二《平生游历图序》:"壬辰年四月,随安徽学使者朱学士筠,历游黄山、齐云、九华诸胜。黄山视二山尤奇,天都、莲花二峰，则奇而又奇者也。尝忆偕诸同人，自慈光寺抵文殊院看云海毕，即留宿山顶。夜半，知学使者不能更上，遂曳杖独行，先陟天都之半，道梗塞，不得上，复回从间道至莲花绝顶，久憩乃下。学使已不能待，先从文殊院下山矣。主人凡一日半夕不食，方追及于云谷寺，履已穿决，衣为荆棘所刺尽裂。学使及吾友邵学士晋涵正色规曰：'吾游山亡命至此，独不为太夫人地耶？'余悚然，自此始不敢冒险独行，佩师友之规也。"

洪亮吉《附鲒轩集》卷三《同邵进士晋涵寻益然和尚塔不得》："大师裹足褊褷衣，佛手曾杀千熊罴。飘然来归竹窗下，野鸟入掌呼晨饥。浮云白日忽一转，粥鱼声长鬓毛短。缘床鼠怯剑气腥，隔竹猿窥箭瘢满。旄头星落白虎倾，亘亘宇宙当销兵。海滨招鲁岂同调，午日吊屈斯平生。于虖男儿生为冤禽死作佛，生忆名山死归骨。天都成云荡胸热，上升为星下作石。枯残姓氏何足惜，自与此山同始卒。"

黄景仁《两当轩集》卷五《黄山寻益然和尚塔不得偕邵二云作》："眼界彻上下，忠义不可逃。大觉上上乘，立脚宜坚牢。明季益然师，大节丘山高。夙业秉奇慧，四大穷秋毫。偶然俯尘世，怨水流滔滔。置身君父间，穷数百六遭。二十举孝廉，抚事心忉忉。愤此蛾子蚕，发箧穷豹韬。永嘉渡仓卒，内难纷如牦。奇祸知不远，手少尺柄操。倾家结流亡，破胆同煎熬。杭睦越峤户，浙水为长濠。一一聚米筹，夜卧常枕弢。建业一失守，奋呼骤霜飉。思文入汀漳，遥应鸣金鼛，草间拜郎爵，转战折戟敖。一举事不成，天命堪哀嗸。扬帆度浙海，草草挥旌旄。军中授司马，慷慨君恩叨。左支复右绌，丝尽不可缫。填海有精卫，负陆无巨鳌。胶舟再沦覆，只影窜棘蒿。全身入西竺，从此离尘嚣。诛茅吴山颠，樾黑峰巙嶆。疮瘢洗涧瀑，剑术教猿猱。夜诵感石裂，泉声应嘈嘈。接食鸟入手，食罢仍翔翱。灵异难亶述，一二传无謟。从子故乡来，短衣缚只裯。迎之返黄海，卓锡观云涛。中途与相约，归可语尔曹。五日当过我，相待留浊醪。如期众毕集，语意悲且豪。长歌以当哭，歌旨拟楚骚。歌罢起如室，众意皆惊慅。排闼入相视，趺坐衣垂绦。呼之已圆寂，是日风怒饕。挂壁何所有，血污留战袍。始知西来旨，成佛不放刀。朴实得头地，可与群魔鏖。低眉与努目，一理事不劳。感激壮士心，闻者皆悲号。曾传瘗塔所，即在兹山皋。万索不可得，但见狐鼠嗥。嗟嗟长虹气，深闭林樠槮，空山一俯仰，荐尔无溪毛。"

益然和尚，即汪沐日。黄宗羲《南雷文定》卷四《吴山益然大师塔铭》："师讳弘济，字益然，歙西石冈人，故孝廉汪沐日也，原字扶光。……岁癸酉（崇祯六年），与乡荐。中原板荡，师以策干大司马，弃之不用。南渡，授职方司主事,历唐及鲁,至少司马。国亡,祝发于闽之吴山。……(康熙十八年卒)属连云与汪子扶晨,奉遗植塔于青鸾峰下。"

五月二十二至二十四日,先生与张方海、黄景仁等随朱筠游九华山。

陈蔚《九华纪胜》卷三载朱筠《游九华题名记》:"安徽督学使者、翰林侍读学士、大兴朱筠竹君,以乾隆壬辰夏五月廿二日,自池将之宁国,取道青阳为九子之游。……廿三日,入山谒甘露寺,再上,观于金地藏塔殿。……廿四日,复逾岭而下,过溪再上,游东岩,极前后两山之胜。下入化城寺,观堂至德中玉印,文曰'地藏利生金印',是游获睹二宝。同游者,上虞张凤翔方海、余姚邵晋涵二云,及门归安吴兰庭胥石、上海刘濯桐引、瞿华叔游、宛平徐瀚文圃、阳湖洪礼吉稚存、武进黄景仁仲则、宛平莫与俦逊之。"

六月,亮吉归里,与先生于怀宁城下相别,各为诗八百字以赠。

《南江诗钞》卷三《次洪稚存亮吉见赠原韵》附洪亮吉原作:"伊余少遭疾,廓焉昧趋承。闻言善可师,百里欣担簦。夫子(谓朱筠)导前路,饥翅摩秋鹰。陈编始相习,众义悉轹輘。迷津不逢沮,浩海愁难溯。夫子谓我言,师友善者登。予时学括囊,贤劝恶则惩。所欣君子交,循阶竟堪升。穷冬遇霜雪,百物志已凝。君乎遽唯唯,贱子惨儚儚。专家愧墨守,昧理咨疑烝。沿流筑卑堤,引梯导初层。谈言偶微中,譬若矢射硼。贯珠何累累,古义若引绳。颇感四坐中,百问亦百膺。我怀其何如,易炭更置冰。

"自从熹平来,经史毒雾蒸。新芜暨陈莽,谁薙千亩艿。邹愚竟哄鲁,薛耻欲长滕。秦氛更临晋,宋虐竟用鄫。推之兴废源,楚失齐亦曾。觚亡不存礼,鼎废空留胥。寻源昧先河,识小矜于登。堆匈富陈言,得一即自矜。为儒竞绵蕞,守官昧殽蒸。不审涓滴微,遽谓沧溟增。如听十五弦,小绝由大揯。殊轨偶相值,遭此震电冯。嗟嗟百年余,其道若土崩。列宿争天躔,虫飞更瞢瞢。余姚及四明,月晦置一灯。作论偶抵牾,历今无殊称。志乖理则合,千穗汇一塍。后来群师儒,危言竞抄誊。科为一家说,遑辨淄与渑。宗规既守株,剿义若裂缯。不逢朱弦弹,瓦鼓还鼜鼜。逮今遇吾子,匪伊异人胜。乾坤师儒席,位置理宜应。

"忆余甫成童,授书契颜曾。平生师友谊,诲语常兢兢。因端更推委,所苦常无征。如星列诸说,谁能旭日升。惟兹两夫子,平时亟声称。欲恃意气隆,作论拟辟僧。芦蒲及菰蒋,妒此歜角菱。终嫌毅力薄,十载少所凭。抑闻为山卑,道在如月恒。寒虫哂阳雁,晦羽悲群蝇。啾啾睹百鸟,斥此垂天鹏。君子审所自,不惧世俗憎。岱宗从东来,群山失峻嶒。途长有如年,讵敢跬步夌。我裹一蕞土,欲补邱与陵。使彼后世言,淮水支分凌。

“逢君记前时，退若无一能。汪汪千顷波，久之不改澄。人言大罗天，羡子健笔凌。君时一回首，引领瞻觚棱。回帆拟著书，抄残剡溪藤。枝条千百年，贯之以巨緪。有时一倾吐，譬若火上腾。童牯竞痴黠，俱欲麾以肱。闻言舌不下，几在讴敢凭。回知诱诚善，连少间可乘。谓宜藏名山，后有作者兴。我欲书绪言，愧乏一束绫。不然别君时，置之在行縢。

“蓁芜日以深，见此触石鲮。炎飚日以酷，见此鸣秋蠅。风裁此吾师，敢云谊则朋。相期事黾勉，道统开云仍。我观古师儒，好修尝受礽。后来咸丑正，规员竞磨棱。含沙既沉骨，切肤讴知疼。引兽啤决篱，贪鱼至亡罾。终道忧迷途，易不打道升。我欲家置喙，苦怀谁共棱。一线苟有在，誓当廓之宏。君子有赠言，鄙人谨服膺。”

《南江诗钞》卷三《次洪稚存亮吉见赠原韵》：“亶安月在塞，辰轮三角承。我初来姑熟，夜解双繘簦。是时月生霸，霜气抟翚鹰。见君广座中，风燕轟车輘。词源沛溟涨，泭却海可淜。探怀出歌诗，古乐三阶登。用核栈以间，克壮鼓得惩。异才独挺出，轩鹤从朝升。因缘比舍居，朽蓍占合凝。予方病呰窳，旅魂愁僜僜。纵有铿鋐音，不得喧聋丞。君持五色笔，解赠三花层。引纶贯史事，往若矢决硼。纆徽准经义，古训相纠绳。闻言自迹屑，瞪目不敢膺。徐观谦谦怀，舒卷一幅冰。矫然秀楚质，不遗薪与蒸。

“吁嗟瓜园后，大道埋榛艿。火燎势中裂，川沸气上滕。淹中述游夏，棘下保祀鄫。枕膝受黄滋，秘义得未曾。栗阶不在事，谁辨殖酸香。张图昧东西，木豆杂瓦登。秦延广师说，烦言亦可矜。敷陈若稽古，志岂邀祠蒸。高密汇群言，屹若堂培增。中声定律吕，候气得互拒。谁传圣证论，异义相削冯。清言继腌起，防埃俄蓦崩。冥心从臆决，蜂语终普替。蛛老自缠茧，蛾昧欲扑灯。班生讥禄利，扬子嗤名称。变本弥加厉，一决颓沟腾。陈言强皮傅，百手争抄誊。汲古资深源，易不溯淮绳。饥必戎获樱，寒赖裘葛增。六经出土置，丝竹绵清婆。百心挽之东，独力健者胜。束身弦诵间，挝折理亦应。遗踱正昧朔，圭染传高曾。旦亡利桔脱，夕惕怀冰竞。不逢澹雅才，微言谁与征。间阖春风来，朝日丹吸升。江南山水窟，烟萝被盘傅。青山破风雨，淇色延枯僧。西峰属东阜，分簇尖尖茨。跳足路流泉，蟠木取作冯。续穷蹊转仄，石仆径绝恒。长松落鸟嗉，草洁无栖蝇。援樱跨长脊，巨翅拔海鹏。归携素石一，独爱人所赠。去作黄山游，气欲超峡增。黑云压素练，深涧一木麦。山花大如拱，俯引松拔陵。县溜穿青崖，别窦通阴浚。蹊空只手易，缝险一跃能。夕阳开天都，濒气浮苍澄。诸峰梳合杳，爬剔瘦骨凌。别寻莲华邃，华应峭出棱。散枝下勾曲，绊足疑蕊藤。急雨侵回峦，瀑卷版断坦。沿沟下云谷,迅甚决马腾。悔不老岩姑,枕石拳其脑。逝将游十岳,志在力可凭。知君兼人勇,果决超先乘。愿以嗜学心,望古道然兴。与君结绸缪,投经报以统。今君赋归省,残暑收丝滕。吟篇溢筐衍,光彩辉文绫。江芦绕红黄,岸柳嘶凉蜩。秋风已可怀,阁此别友朋。川衡慎起居,执祛语频仍。恭闻惹人言,好学为社扔。山川岂云远,吴越一叶棱。伊余疏检律,结体多疢疼。遗文思网罗,掺漏张缺曹。期子事蔑规,引我从善升。在远谊日竺,内鉴同抵使。泰岑积土埠,基巩业自宏。物恒垂典训,君其缕厥膺。"

【黄云眉按】两诗皆以辟俗学之泊真,为自颤颤人之鹊,非寻常赠别语,故全录之,前辈成学,多资师友夹持,于此等诗可见,至亮吉黄山之游,本属快举,经先生险韵刻画,尤觉奇情跃如,又其余事矣。

先生欲归里,黄景仁以诗送之。

黄景仁《两当轩集》卷五《邵二云自江上归余姚》:"去年红药翻阶时,诵君曲江新赋诗。文人海内手加额,我曹读书亦勉之。景星祥凤一灿烂,几日闻君已投散。生平绝少御李缘,亦向空山伫长叹。江南山水天下闻,君昨来看山中云。山因君至出生面,我亦因山得识君。六经泥蟠久丁厄,奇书二酉不可觅。蠹鱼跃出秦灰来,一发千钧著书责。游山读书岁月宽,天意待君殊未怪。玉堂回首付余子,我为扼腕君开颜。蓬累经风未能住,日夕同驰陌头路。篮舆前后苦哦声,道上儿童笑相觑。为言昔别春明门,道旁送者无一人。朗吟袱被上车去,衣上薄污长安尘。归来洗向姚江浦,江水一清犹似许。四明浓翠扑人来,从此摊书作山主。未能无别送将行,此去名山信有灵。下风倾耳听消息,倘为苍生一动情。"

九月初,洪亮吉有诗寄先生。

洪亮吉《附鲒轩集》卷三《自集贤里至大龙山寄别邵五晋涵》:"集贤里中何所俟,忽忆吟声越都市。秋光照眼炫客行,惊马欲坠寒塘水。大龙山高不出云,小龙山北侵斜曛。人生道路不成别,明日饥寒解念君。"

十月,先生有书致朱筠,告之欲撰《尔雅正义》与《宋志》等。秋冬两季,朱筠试士六安、凤阳和颍州三府,先生在省城安庆,以坐馆授徒为业。

《南江文钞》卷八《与朱笥河学士书》:"重九日附简问安,谅登记室。入冬来,道体清和,伏惟万福!晋涵就馆后,眠食无恙,从者一人,日事举业。精庐昼掩,可终日读书。唯闻见日以狭隘,偶有疑难,又无从质问。北望轺车,辄有不能奋飞之感。居常审理旧业,窃见前哲传记,一篇之中,立义称名,辞皆有定体。惟《坊记》《表记》《缁衣》三篇,以子云、子曰、子言之间代成文,巉划不一。间为之覃静研核,排辑伦理,乃知《坊记》以下四篇确为子思子所作。其称子曰者，夫子之言也；其称子云、子言之者，皆子思子之言也。前后四篇，或援引圣言以证成其义，或先述祖训而敷畅厥旨，节次相仍，皆有精意。其得家庭之彝训者，既具著于篇矣。而于《论语》之撰，自及门者亦取征焉，此子思子之体也。先儒误以'子云'为夫子之言，遂以述《论语》为疑。因有疑，为后时拾掇不尽纯者，昧于信经，勇于疑古，殆未之思乎！四篇之出于子思，不独沈休文一人言也。司马贞《史记索隐》多引《礼记》诸篇，惟《缁衣》独称子思子，则知子思子至唐犹存，而唐人鲜为之表章者。全书既阙，惟此四篇幸得附存于小戴之《记》，俾洙泗渊源，犹有可考。儒者宜奉服之、赞述之不暇，而宋人反多所疑论。道之不明也，岂特青苍黑之相淆乱哉！郑康成网罗大典，囊括群言，惟四篇之注条理未整，如'叶公'当做'祭公'，显属传写之伪，尚未及是正。晋涵窃不自揆，欲俟《尔雅正义》成书之后，取《大戴记》曾子十篇，《小戴记》子思子四篇，别为之注，以配《论语》《孟子》，孔、曾、思、孟，实谓四子，《大学》存于《戴记》，固与《幼仪》《内则》为本末。有始有卒者，圣人之道固不可偏举其一也。伏祈诲定，救其昏瞀，幸甚幸甚！近又取《东都事略》与《宋史》对勘，核其详略同异，先成《考异》一书，为将来作《宋志》稿本。事迹牴牾，末从审定，弥深固陋之惭耳！"

先生有致吴肇元书，告之近况。

《南江文钞》卷八《与吴百药侍读书》："别易会难，昔人所叹。南归后，吟望为劳，回忆三载，周旋如一瞬耳。近得裕仁书，敬悉道履清和，遥为欢慰。晋涵浪迹江淮，遍历黄山、九华、敬亭诸胜。素承清诲，颇能摆脱尘俗，随遇而安。惟砼砼之性不能从俗俛仰，动多尤悔，长者何以教之？作诗亦无长进，夸多斗靡，非性所好。闲事应酬，即时毁稿。山晓独行，江平晚渡，清景在目，时有会心，略得数十首，道远末由就正，为之惘然。永东事得就绪否？大集当益宏富，宾朋唱和，不寂寞否？弹指间又觉四壁商音，萧萧落叶矣。清灯半夜，快聆磊落雄谈，至今搅我心也。天渐寒，伏惟珍重加餐，不戬。"

十一月，先生又有书致朱筠。信中先生肆力遗经，为《尔雅》疏其义时反复求证，同时为好友汪辉祖向朱筠乞双节稿文字。

《南江文钞》卷八《与朱笥河学士书》："十五日接读教言，知按试凤、颍，所至得人，遥为忭舞。六安祖祠得高轩见过，留诗刻石，不胜承光感德之至。伏念先九世祖历仕闽楚，所至有循声。去后见思，遗祠久而不废。向有《六安政谱》，国初尚存，家世寒微，未及送史馆，求为列传，驯至沦佚。今得大人先生为之表彰徽绩，发扬光彩，世世子孙，感且不朽。将来求得石刻，当勒之家乘，永为传世之宝也。谨顿首顿首，首先为鸣谢。备闻浮山之胜，清景在目，莲华欲露，当与白岳五老出云，同作他年嘉话矣。晋涵自二十岁得失血疾，束书不观者数年。忆初得见于撷英书屋，蒙教以郑注之精粹、汉易之源流，退取其书而读之，叹为不易之论。自去冬，远道相依追随，朝夕屡承明训，复理绪言，转有遗其颠末者，岂非晋涵不知好学，将终于暴弃无成乎？私心惶惧，愿从此专一思虑，肆力遗经，或可稍副先生之期望也。馆中自时下诗文选本外，惟有《后汉书》一部，近劝主人往苏州买书，尚未到也。日取《九经正义》读之，勉力为《尔雅》疏。其义之创获者，如：'呬，息也。'引《诗》'昆夷呬矣'，'繇，尤也'。引《诗》'我歌且繇'，'韧，胶也'。引《左传》'不义不䵒'(《玉篇》云'韧'与'䵒'同)，仍得之于字书。草木虫鱼，以今名释古训，惟《玉篇》为可信。陆、罗多亿必之说，乏盖阙之义，慎取一二，不敢尽从也。《九府》曰：'南方之美者，有梁山之犀象焉。'梁山地阙，今求其地，惟鄘梁山为近之。《职方》曰：'正南荆山，其利齿革。'郑注曰：'齿象，齿也。革，犀兕革也。'《汉书・地理志》曰：'武陵郡义陵县有鄘梁山，山在今辰州府，土人呼为顿家山。'又《左传・宣二年》正义引《吴录》云：'武陵沅南县以南皆有犀兕。'沅南正今辰州地也，然则鄘梁信有犀矣。《尔雅》释"九府"，犹职方言九州之利只就其方之镇山而言之，非必财利所出，尽取之于山也。会稽之竹箭，岂可谓扬州之利，悉取给于绍兴之山哉？又张载《剑阁铭》云：'岩岩梁山，积石峨峨。远属荆衡，近缀岷嶓，南通邛僰，北达褒斜。'又似荆、梁二州之山，皆可称梁山矣。疑义未析，伏祈进而教之。《汪氏双节纪事》未知已属稿否？汪君求先生之文，切于梦寐，其爱惜《双节诗文》一册甚于珠玉，望即见赐还为祷！晋涵定于十二月初六日起程归里。书院之局未定，闻诸道路，知郑诚斋先生来主安庆书院，甚属相宜。闲云野鹤，远近惟依恋之私，耿耿不忘耳。"

先生有致章学诚书，询问新作，怀念春季在徽州使院论学的时光。

《南江文钞》卷八《与章实斋书》："实斋六兄足下，别离如昨，倏及三旬，想兴居安吉。校文余暇，未知《文史通义》新有撰述否？自《周官》之法失其传，六艺乖散，校雠诸家紊而不知其统，缀学之徒无所承受。昧者受罣牢，黠者操奇谲，憪然奋笔，以眩燿时人之耳目。其术愈歧，其迹亦屡迁，其去康庄也愈远。诚得为之安定其辞，厘正其体，如衡之悬，如规矩之正，无巧工不巧工，率依仿以从事，世相守以成法。而罔或离畔以去也，不诚六籍所赖以昌明哉！足下以伉爽之识，沉鸷之思，采《七略》之遗意，娓娓于辨章旧闻，考撰同异。校雠之得其理，是诚足下之责也。仆自少读书，中无条贯，不能为原始要终之学。性好古训，惟思捃拾佚文，求经师相传之训。别后闭门授徒，讨论旧业，每慨去圣久远，古义渐沦。秦火而后、建安以前，师法失传，古书之所由散亡者盖有三焉：其一为刘歆之移书太常，而博士置不肯对也。前此者则为武帝之立博士，后此者为班固之《艺文志》。汉兴，图书尚存，老师宿儒散布天下。陆贾之所称述，贾谊之所诵习，不必尽由齐鲁诸儒所授也。文帝以不世出之主，表章五经，旁及诸子，故《孟子》《尔雅》皆得立于学官。其时又有命世之才，为之彰明礼乐，审定经制，使贾生无邓通之潜，文帝享百年之寿，博士之业不废，古书尽出，儒效用显，则柱下之藏焚而不亡矣。景帝尚刑名，儒术既绌；武帝号为好儒，颇引文学之士，屡下诏曰：'礼崩乐坏，朕甚闵焉。'然武帝雄才多忌，止取专家，屏绝众说；又性好词赋，不能宗绍经训。在廷之臣，多龌龊浅隘，好同伐异，莫为推广德意，五经博士仅得仍而不废，崇尚《公羊》，至禁卫太子不得受《谷梁》，抱残守阙之弊，见乎此矣。夫文帝申广厉之制而兴起者寡。武帝开天下以固陋之习，沿习至千百年而未有已，岂不哀哉！刘歆虽以移书见嫉于俗儒，犹幸得校秘书，绩成《七略》。考子政之为《七略》也，将以敷赞圣训，网罗群言，汇公车所征写书之官所上者，而各顺其职分，著于录而靡有遗也，故曰'与其过而废也，毋宁过而存之'，此子政平日称述之言，而子骏闻而习焉者也。班固《艺文志》袭用其例，然实有缺略不备者。如《子夏易传》，汉初诸儒私相传习，得上秘府，遂得著于《七略》。王俭《七志》尚仍刘《略》之旧，而班《志》无之，是必班固因其不立于学官，削而去之也。今《子夏易传》仅见于李氏《集解》者，语皆粹然无疵，可信为圣门所授。自班氏不载于《志》，浸至散亡，遂有伪造全书以惑人者，追原本始，皆班氏阶之厉也。《易传》即不出于西河，书藏于秘府，亦当著于目录，辨其由来，使天下后世明见其得失，乃懵然莫辨，猥以不载绝之，是与于绝圣离知之甚者。外此若魏文侯《孝经传》、贾谊《左传解诂》，皆先哲之绪言。后人徒以《汉志》所无，弃而不习，驯至沦亡。又纬书之兴，始于周末，盛于元成，太史公首述其言，京房、李寻递推其说，断无向、歆父子不见纬书之理，亦断无见其书而不载其书之理。今《汉志》无之，是亦班固所削也。夫纬书诚多鄙别字、不经之言，然亦有圣人遗训，贯彻三才之理，择而辨之可也，削而去之不可也。夫建武、永平之时，去古未远，纬书盛行，孰为周末所流传，孰为哀平所增损，当有端绪可寻。尽去其籍，则其书出之早晚，后人何由考证？焚于隋，阙于唐，尽亡于宋，陋儒之弊，等于焚书，不得为校书者辞其咎也。窃意班《志》所载，其称凡如千家者，皆删取刘《略》之余，其新入者则班氏所附益。附益之不当，郑樵已讥之矣。又孰知其妄为进退不详不备之言，一至于此哉！足下锐志欲复《七略》之旧，且取刘向《别录》散见群籍者合而抄之，以存刘之遗，匡班之误，以求六艺之本原，幸甚幸甚！然窃有规于足下者，以足下好无益之戏而不专力于论撰也。历观古人著书，覃思极论，惟日不足，不敢参以游移，精神及于百年，则传之百年矣；精神及于千年，则传之千年矣。师旷调钟，知音在后，赖其器之长存也；赤白铣于之不准，敛审律分吕之手而不搏拊，奚所望于达者之不失听哉？望及时孟进，勒为一书，质前俟后，传不传亦有命焉，默待已耳！仆又感于古人之书有前晦而后显者。昔年抄录《韩诗》，心好《薛君章句》，能得太傅之意。为章句者，自宋、元诸儒皆以为千乘太守薛汉也，读《唐书・宰相世系表》，知为薛夫子所撰，而子汉传其书。《后汉书・冯衍传》注，亦引《薛夫子章句》，当得其实。曾举以告友人，或曰世系多傅会之言。薛汉字公子，安知《冯衍传》注。非公子之伪乎？继取《后汉・儒林传》考之，始知薛汉传中有缺文，当云'父夫子，以章句著，名汉，少传父业'，刻本脱一夫字，遂至文义不明耳。薛君长于诂训，学士所宗，而姓名若泯若没，虽好其书者莫克知其人，能不为长叹哉！虽然，薛夫子去今二千年，尚有求其书，知其人、考其终始者，是亦所谓旦暮遇之也。特患力无可传耳！书有可传，复何恨哉？寒夜独坐，相念甚切。信笔覼缕，何异徽州使院中对饮小楼，商榷今古乎？然终恨足下之不能面论也。"

冬，先生又有《上钱竹汀先生书》，自言精研雅诂之所得，思撰《尔雅正义》。

《南江文钞》卷八《上钱竹汀先生书》："秋间从筠河学士得读手书。敬悉道体清和，伏惟万福！晋涵得承训海，勉以读书。南归后复事奔走，不能专一思虑，肆力于六经，深用惶悚。近思撰《尔雅正义》，先取陆氏《释文》是正文字。续取九经注疏，为邢氏删其剿袭，补其缺漏；次及于佚书古义、周秦诸子暨许、顾、陆、丁小学诸书。自春初即事编辑，中间登涉山水，校阅试卷，不免时有作辍。又行笈不能多携书籍，学殖浅薄，见闻狭陋，粗举大略，尚未得其条理也。窃意字为子而有义，物相比而为训，原于上古达书、名布、方策，别国殊方，了然其喻。孔子赞《易》，公谷传《春秋》，凡诂释字义多同《尔雅》，皆自然符合，非必取证于书。自道术裂于周末，墨子《经篇》体仿《释言》而作，义多偏驳。《韩子》间释字义，亦近附会，盖训诂亡而大道隐矣。孔门弟子广益周公之书，统为训释，微言未绝，端赖此书。自齐、鲁、韩之《诗》亡，郑君之书不尽传于世，古字渐稀，古义渐佚。今世所存经籍，较郭氏所见已不逮矣，况至稽两汉诸儒之盛乎？今据所见之书，稍为疏证，如'羕，长也'，引《诗》'江之羕矣'，见《说文》。'滕，盛也'，引《诗》'百川沸滕'，见《玉篇》。'穹，大也'，引《诗》'在彼穹谷'，见《文选注》。'宾，服也'，引《诗》'莫敢不来宾’，见虞翻《易注》。‘谧，静也’，引今文《尚书》‘惟刑之谧哉’，见《史记集解》。‘揫，聚也’，引《诗》‘百禄是揫’，见《说文》。‘繇，喜也’，引《诗》‘我歌且繇’，见《广韵》。‘栫，余也’，引《诗》‘包有三栫’，见《汉书注》。‘薆，隐也’，引《诗》‘薆而不见’，见郭氏《方言注》。‘刴，胶也’，引《春秋传》‘不义不䵒’（《玉篇》曰：‘刴’与‘䵒’同）。‘芾，小也’，引《子夏易传》‘丰其芾’，见《易释文》。‘壿壿，喜也’，引《诗》‘壿壿，舞我’，见《诗释文》。‘訰訰，乱也’，引《诗》‘诲尔訰訰’，见《礼记注》。其得诸遗经古训者，举类此，他如：‘省，善也’，见《皇矣》诗笺及《礼记大传》注。‘谅，压也’，犹《杂卦传》云‘豫，怠也’，皆义之常行者，郭氏偶未及详，今悉为疏明，以祛疑惑。《释乐》注，间有阙文，今取《宋书》相参定。疏草木虫鱼，只释其从唐以前诸儒成说，证以今名。如‘苨为白莶’，本《玉篇》。‘宠即龙古’，见《管子注》。‘由胡即白蒿’，本《大戴礼》。‘秀萋，即棘蒬’，本《说文》。‘征为鲸鱼’，本刘逵《蜀都赋注》。‘鵙为鸠鷱’，本《玉篇》。‘守瓜为岔鼠’，本司马彪《庄子注》。‘鷃为鴳鸡’，本郭注《穆天子传》。斯皆为义之确然可征者。陆农师好穿凿之辞，罗存斋多亿必之说，慎而取之，不敢碎义逃难，强至皮傅也。舍人、樊光、李巡、孙炎之注，散见诸书，悉为征引，用扶微学，广异闻。郭氏撰著之书，今多废缺，若《三苍解诂》《毛诗拾遗》《子虚上林赋注》，遗文散见，义有相通，悉为附入。字体则以陆氏为正，惜陆氏所定之本尚有未尽者，‘邠国’当作‘汃国’，‘泥丘’当作‘屔丘’，既不能校定俗本，式从古训。《释宫》曰：‘堂上谓之跱。’有《玉篇》可据，俗本误作‘时’。《释丘》曰：‘穷瀆，汜；通谷，溦’，当以《水经注》为证，俗本误作‘穷渎汜谷者微’。陆氏略无考定，又少证引，读者不无遗恨焉。《礼记》及李、孙《尔雅》本皆云‘鱼曰作之’，郭本作‘斮’，孔冲远未审所出。按《公羊·成二年》疏引樊光《尔雅注》曰‘斮，斫也’，是郭氏用樊本也。《说文》引《尔雅》曰：‘汝为涓。’郭本作‘濆’，按《水经注》：‘汝水东南迳奇雒城，西北濆水出焉，世谓之大灖水。’此大水溢出别为小水之名也，若涓水出马耳山，注潍水，与汝水不相及矣，郭本是也。郭氏注《尔雅》密于注它书，如言狒狒，猩猩之形状，视《山海经注》较为雅训；《上林赋注》以鸬为鸬鹚，及注《尔雅》，复存张氏白雉之说；‘縠，白犼子’，注赋则详，注经则略，其略也盖其慎也。前后时有疑义甚夥，道远末由执卷请益，每用怅然，伏祈赐以明训，启其愚鬈，幸甚幸甚！晋涵明岁在安庆坐馆，勉力为之，三年可定稿本。见闻狭隘，不敢为郭氏功臣，随时编辑，用备遗忘，愿先生有以进之也。《宋史》亦时为翻阅，就所见之书考其同异，事迹牴牾，无从审定，弥深固陋之惭耳。笥河学士好金石文字，所至必有搜罗。最古者，李阳冰《谦卦碑》，‘当涂县’三字,'三天洞'苏道源题名也。最有关于史事者,《汪仲容墓碑》《琅琊山进士小录》、牟子才《脱靴图》《泛舟图》及采石《祭张飞卿文》也。得之最奇者,游青山东麓,有短碣,横揞山脊,维时宿雨初晴,朝日未出,从密菁中与同人搃苔剔藓,摸其字而读之,知为淳熙二年张子颜《游谢公池诗》也。子颜将家子,刻《元和郡县志》,当时称其好古,今遗句犹不泯于世,斯亦奇矣。闻献之世兄近游京师,所著小学书得定本否?近得李君芝畹札,闻粤东有胡亦常者,善属文,近在京师否?晋涵不获同侍函丈,亲领教言,北望慈云,弥深眷恋。"

先生有寄同门程晋芳书,指出《尔雅》邢疏之弇陋,始撰《尔雅正义》。

《南江文钞》卷八《与程鱼门书》:"在都时荷关注殷勤,别后屡蒙记忆,无任感佩。从笥河学士处得悉懋祉清嘉,藉慰远念。临行时以续修《宋志》见属,客中书少,未遑属笔。近日撰《尔雅正义》,略得梗概,邢疏为官修之书,剿袭孔氏正义,割裂缺漏,视明人修《大全》不甚相远。如李巡《九州》注备载于《公羊传·庄十年》疏,邢氏只就《禹贡》正义,录其八州而不及营州,盖并《公羊疏》尚未寓目也。今先正六书,次述古义,多引唐以前诸儒之说。宋人好为新异,或乖本训,取证差少,三年可得成书。当缮稿就正,《宋史》亦时为校勘,事迹牴牾,无论元、明人著述,即王氏《东都事略》,未敢信为实录也。新得《考异》一卷,宽以岁月,或可成编耳。"

程晋芳(1718—1784),初名廷矿,字鱼门,号蕺园,安徽歙县人。乾隆三十六年进士,由内阁中书改授吏部主事、翰林院编修、迁员外郎,武英殿分校官、会试同考官,被举荐纂修《四库全书》。家世业盐于淮扬,殷富,晋芳曾购书五万卷,召缀学之士于家共同探讨,又好施与。与商盘、袁枚相唱和,并与吴敬梓交谊深厚。晚年与朱筠、戴震游。著述甚丰,著有《蕺园诗》《勉行斋文集》《左传翼疏》《尚书今文释》等。事具《清史稿》卷四八五、《清史列传》卷七二。

先生有寄弟子吴裕德书,告知撰《尔雅正义》近况,欲撰《孟子述义》《仪礼笺》。

《南江文钞》卷八《与吴衣园书》:"知己天涯,经年不得手札,怅何如也。阅家弟海图南信,知荷垂念。继得罗二台山书,备悉都中故人无恙,甚喜,甚喜!科场事偶有得失,不足介怀。足下天资伉爽,敬承庭训,勉为用世之学,岂必较量一时遇合哉?读史当有端绪,英识伟伦,可赐教否?前书有云:经正则庶民兴,史熟则名臣出,刍荛之言,无以逾此,愿足下勿忘此意也!仆明岁仍在安庆坐馆,客游无善状,亦无窘步,时理故业,将以搜讨轶文,考撰同异。新辑《尔雅正义》已具草稿,三年可缮清本。《孟子述义》《仪礼笺》当次第成之。惟《宋志》功用浩繁，随时编辑，要当期以白首。蠹鱼结习，宛转文字间，不敢信为可传，聊用备遗忘耳。近况想安吉，风便千万惠我德音。会面不可得，见手书如会面矣，可复缓乎？一笑。令亲陈椒崖先生在都中否？肃心驰问，祈致拳拳。令兄大哥兴居清迪，孙三兄仍在永东耶？统候。不既。”

十二月初六日，先生起程回里。

《南江文钞》卷八《与朱笥河学士书》：“晋涵定于十二月初六日起程归里。书院之局未定，闻诸道路，知郑诚斋先生来主安庆书院，甚属相宜。闲云野鹤，远近惟依恋之私，耿耿不忘耳。”

卷三　文献整理著述时期(三十一岁至五十四岁)

乾隆三十八年至嘉庆元年(1773—1796)

乾隆三十八年,癸巳(1773),先生三十一岁。

正月初旬,章学诚至余姚访先生,盘桓数日。

章学诚《章氏遗书》卷一八《邵与桐别传》章贻选按语:“癸巳春正初旬,家君访先师与姚江里第,盘桓数日。”

先生作《族祖念鲁先生行状》。以原刻未能尽善,属章学诚校订其书,将重刻以行世,未果。

《南江文钞》卷一〇《族祖念鲁先生行状》:“会稽章君学诚,笃好先生之文。遇晋涵于京师,辄问先生后嗣,形诸叹息。时抱先生之文,号于众曰:‘百余年无此作矣。世有治古文而成学者乎,不能舍先生而他有所求矣。’嗟乎!先生去今六十年,乡里几不知其姓氏。晋涵愧不能绍其家学,而得章君为之推重不遗余力,潜德幽光,将赖以显著。詹事嘉定钱先生称章君为‘先生后世桓谭’,信矣。”

章学诚《章氏遗书》卷一八《邵与桐别传》章贻选按语:“以原刻未能尽善,属学诚校订其书,将重刻以行世。然学诚以有所慎重,未果校,先生卒后,学诚索其书不能得,旋目废不能校矣。”

春,先生主讲凤阳正阳书院。

《南江文钞》卷一一《诰授中宪大夫升授江南守巡道淮安府知府郑君墓志铭》:“乾隆三十八年春,余游江南之凤阳,司正阳书院讲席。”

三月,先生从寿州致书,问候远在凤阳的朱筠。四月,又从寿州致书朱筠。

《南江文钞》卷八《与朱笥河学士书》:“三月中从寿州寄札候安,不知达否?入夏来,伏惟清善,遥切企绪。晋涵到正阳书院,僻居乡曲,终日为诸生调朱墨,课咿唔,宛然村教书面目。时有老头巾及乡里豪右缪为恭敬,终日哓哓于前,大非弱干所堪。门前淮水新涨,弥望十余里,月影波澄,渔歌间作,得少佳趣。然故乡远隔二千里,寄信甚难,每见风帆,即动归思。《尔雅正义》随时编戢,尚未得定本。唐裴瑜《尔雅注》未知全书尚存否?今以《酉阳杂俎》所引者考之,如以‘鸧’为九头鸟,本于《韩诗》,其书当有可采。罗存斋《尔雅翼》词条丰蔚,然舛伪亦复不少,如‘子隽之为秭鳺,一名买鶬’,以音相转。《太史公书》所谓‘百草奋兴,秭鳺先滜’也。《离骚》‘恐鹈鴂之先鸣’,《反离骚》作鷤鴂,字形禅变,即所谓‘鵙,伯劳也’。罗氏用旧说,以买鶬即鷤鴂,则误矣。‘茭,骓也’,从鸟不从马。有《诗》疏引郑志可证,而罗氏仍俗本作骓。‘梨,山为樆;枌,白为榆’,有毛传及孙炎注可据,而罗氏不能析言之。其余宜详而略,宜略而详者甚夥,不独多引荆公《字说》为全书之疵累也。晋涵见闻浅隘,又立说必本前人,不敢臆决。偶有所得,敢质言之,如‘翦,勤也’,翦当作践,有郑注《玉藻》可证;‘顺,陈也’,当引《坊记》引《君陈》曰‘女乃顺之于外’。但汉儒未有言者,疑不敢定,惟先生有以定其训诂,敬求亮察。去岁晨夕追随,得执业请益。自秋杪拜别,瞻瞩靡从,翘首行旌,魂神飞去,计日而俟,或秋末可到凤阳谒见耳。”

二月,四库馆开。闰三月,先生以大学士刘统勋荐,特旨改庶吉士,充纂修官。与戴震、周永年、余集、杨昌霖等同入馆编校,士林荣之,称“五征君”。除杨昌霖外,亦称“四布衣”。

江藩《国朝汉学师承记》:“征修《四库全书》,大学士刘统勋首荐先生充纂修官。金坛首以君名入告。”

《清实录》:“乾隆三十八年,癸巳,闰三月,庚申朔,庚午,谕:‘现在办理《四库全书》,卷册浩繁,必须多派大臣,董司其事。刘统勋、刘纶、于敏中、福隆安、王际华、裘曰修,俱着为正总裁,英廉、庆桂外并添派张若溎、曹秀先、李友棠为副总裁。’

“大学士刘统勋等奏:‘纂辑《四库全书》,卷帙浩博,必须斟酌综核,方免挂漏参差,请将现充纂修纪昀、提调陆锡熊作为总办。原派纂修三十员外,应添纂修翰林十员,又查有郎中姚鼐,主事程晋芳、任大椿,学正汪如藻,降调学士翁方纲,留心典籍,应请派为纂修。又进士余集、邵晋涵、周永年,举人戴震、杨昌霖,于古书原委,俱能考订,应请旨调取来京,令其在分校上行走,更资集思广益之用。’从之。”

昭梿《啸亭杂录》卷一〇《四布衣》:"乾隆中,上特开四库全书馆,延置群儒。刘文正公荐邵学士晋涵,于文襄会荐余学士集、周编修永年、戴检讨东原于朝,上特授邵等三人编修,戴为庶吉士,皆监修四库书,时人谓之'四布衣'云。"

戴震(1724—1777),字东原,又字慎修,号杲溪,安徽休宁人。乾隆二十七年举人,乾隆三十八年被召为《四库全书》纂修官。乾隆四十年第六次会试下第,因学术成就显著,特命参加殿试,赐同进士出身。著有《孟子字义疏证》《尔雅文字考》等。事具段玉裁《戴东原先生年谱》。

周永年(1730—1792),字书昌,又字书愚,号林汲山人,原籍浙江余姚,寓居山东历城。乾隆二十六年进士,授编修,会四库开馆,召入为校勘官,专任从《永乐大典》中摘抉采遗。周永年博古好学,独嗜书,庋藏典籍甲于山左。家有林汲山房、水西书屋,积藏十万卷,编有《水西书屋藏书目录》《借书园书目》著录三千余种。

余集(1738—1823),字蓉裳,号秋室。浙江钱塘人,乾隆丙午科进士。廷试不用,逾年,以荐征入史馆,授编修。

杨昌霖,字际时,号简斋,江苏吴县人。乾隆四十年进士。授刑部主事,官至山东粮道。事具朱汝珍《词林辑略》。

武康举人高文照有诗寄先生等五人,伤自己不与斯选也。

戴璐《藤阴杂记》卷二:"癸巳,四库馆开,以翰林纂辑不敷,刘文正保举进士邵晋涵、周永年,裘文达举进士余集、举人戴震,王文庄举举人杨昌霖,时称'五征君'。武康高文照未与斯选,寄五君云:'丹綍旁求石室书,普天光气吐蝉鱼。洽闻端赖终军豹,薄技空惭黔地驴。亡去篇增安世箧,载来学富惠施车。诸公衮衮蒲轮出,一夜多空风雨庐。屈指浮生几甲寅,孤身天地一微尘。魏收木榻经穿久,刘勰雕龙自鬻频。正派百川归学海(【注】此句《两浙輶轩录》作"旷典千秋遭圣世"),空山四壁有逋臣。火官厨味宁多羡,珍重青藜照读人。"

高文照(1837—1775),字润中,号东井,浙江武康人。乾隆甲午举人。著有《阆清山房集》。

七月十一日,内阁奉上谕将先生与周永年、余集,举人戴震、杨昌霖等调取进京,同司校勘。

《清实录》:"乾隆三十八年七月己未,谕内阁:'前据办理《四库全书》总裁奏,请将进士邵晋涵、周永年、余集,举人戴震、杨昌霖调取来京,同司校勘,业经降旨允行;但念伊等尚无职任,自当予以登进之途,以示鼓励。着该总裁等留心试看年余，如果行走勤勉，实于办书有益，其进士出身者，准其与壬辰科庶吉士一体散馆，举人则准其与下科新进士一体殿试，候朕酌量降旨录用。’”

邢永福、师力武《军机处上谕档》：“乾隆三十八年七月十一日，内阁奉上谕：‘前据办理四库全书总裁奏，请将进士邵晋涵、周永年、余集，举人戴震、杨昌霖调取来京，同司校勘，业经降旨允行，但念伊等尚无职任，自当予以登进之途，以示鼓励，着该总裁等留心试看年余，如果行走勤勉，实于办书有益，其进士出身者，准其与壬辰科庶吉士一体散馆，举人则准其与下科新进士一体殿试，候朕酌量降旨录用。’”

《南江文钞》卷一一《诰授中宪大夫升授江南守巡道淮安府知府郑君墓志铭》：“余旋奉召入都，编校四库书。”

先生司职史部，凡史部诸书，多由先生订其略，提要亦多出先生之手。

《南江文钞》卷首阮元《南江邵氏遗书序》：“先生所职为史部。凡史部诸书，多由先生订其略，其提要亦多出先生之手。”

章学诚《章氏遗书》卷一八《邵与桐别传》：“神盖浙东儒哲，讲性命者多攻史学，历有师承，其间文献之征，所见所闻所传闻，容有中原耆宿不克与闻者，先生自其家传乡习，闻见迥异于人；既入馆，肆窥中秘，遂如海涵川汇，不可津涯。”

【黄云眉按】惟考先生《文钞》中，所载《史记》《史记集解》《史记正义》《汉书》《后汉书》《晋书》《宋书》《南齐书》《梁书》《陈书》《魏书》《北齐书》《周书》《隋书》《南史》《北史》《旧唐书》《新唐书》《五代史记》《宋史》《辽史》《金史》《元史》《明史》及《两朝纲目备要》《通鉴前编》《通鉴纲目前编》等各提要，与《四库全书总目提要》所载，字句颇多异同。若《史记提要》《后汉书提要》《新唐书提要》，则面目迥殊。大抵《文钞》所载多议论语，而彼则多辨证语，《五代史记提要》一篇，亦小同而大异。

谭献《复堂日记》：“阅邵二云先生集诸史提要，语见渊源，深识玄解，因检官本互勘，多所删改矣。”言下似甚惋惜，兹录此四篇以资参稽。

《史记提要》云：《史记》一百三十卷，汉司马迁撰。迁自序凡百三十篇，五十二万六千五百字，为《太史公书》。《汉书·艺文志》作《太史公》百三十篇，附于《春秋》家；《东平思王传》亦作《太史公书》。自汉以后，乃称《史记》焉。

迁自言继《春秋》而论次其文，后之学者，疑辨相属。以今考之：其叙事多本《左氏春秋》，所谓古文也。秦汉以来故事，次第增叙焉。其义则取诸

《公羊春秋》，辨文家质家之同异，论定人物，多寓文与而实不与之意，皆公羊氏之法也。迁尝问《春秋》于董仲舒，仲舒故善公羊之学者，迁能伸明其义例，虽未必尽得圣经之传，要可见汉人经学，各有师承矣。其文章体例，则参诸《吕氏春秋》而稍为通变。《吕氏春秋》为十二纪、八览、六论，此书为十二本纪、十表、八书、三十世家、七十列传。篇帙之离合先后，不必尽同，要其立纲分目，节次相成，首尾通贯，指归则一而已。世尝讥史迁义法背经训，而称其文章为创古独制，岂得为通论哉！

《史记》注传于后者三家，裴骃《集解》，司马贞《索隐》，张守节《正义》。其初各为一书，后人并附分注，以便检览，明监本《史记》，亦三家并列也。迁引六经之文，间易以训诂，皆本西汉诸儒之旧说。裴骃引徐广音义，多识古文奇字，复取经传训释以为《集解》，抉微学而阐隐义，赖以不坠。是迁能述经典之遗文，而骃能存先儒之轶说，考诸经古义者必归焉。不仅史法为后人所遵守也。贞、守节复推广《集解》所未备，而申以辨论，如谓《夏本纪》失载有穷后羿之事，《卫世家》宜考武公受命之年，陈佗五父，一人而分为二，阚止、宰我，二事而合为一，互引众说，以折衷其是非，视颜师古之注《汉书》，专宗班氏者为一变焉。三家注间有脱落，明震泽王氏刻本较为完善，监本取以校订字句，并存三家之注，惟《索隐》有单行本云。

《后汉书提要》云：《后汉书》一百二十卷，宋范蔚宗撰，唐章怀太子贤注。其志三十卷，则取诸司马彪《续汉书》而梁刘昭为之注者也。郦道元《水经注》尝引司马彪《州郡志》，疑彪之诸志，在六朝已有单行之本，故昭独为之注。杜佑《通典》述科举之制，以《后汉书》《续汉志》连类而举，则知以司马志附见范书，实始于唐人。陈振孙《书录解题》谓宋乾兴初判国子监孙奭始建议校勘，合为一书者，考之不审也。

东汉尚气节，此书创为《独行》《党锢》《逸民》三传，表彰幽隐，搜罗殆尽。然史家多分门类，实滥觞于此。夫史以纪实，综其人之颠末，是非得失，灼然自见，多立名目奚为乎！名目既分，则士有经纬万端，不名一节者，断难以二字之品题，举其全体，而其人之有隐慝与丛恶者，二字之贬，转不足以蔽其辜。宋人论史者不量其事之虚实，而轻言褒贬，又不顾其传文之美刺，而争此一二字之名目为升降，辗转相遁，出入无凭，执简互争，腐毫莫断，晋范氏阶之厉也。然范氏所增《文苑》《列女》诸传，诸史相沿，莫能刊削，盖时风众势，日趋于文，而闺门为风教所系，当备书于简策，故有创而不废也。《儒林》考传经源流，能补前书所未备，范氏承其祖宁之绪论，深有慨于汉学之兴衰，关于教化，推言终始，三致意焉。岂独贾逵、郑康成诸传为能阐其微意哉！

李贤注参用裴骃、裴松之之体，于音义则省其异同，于事实则去其骈拇，征引之广博，训释之简当，为史注之善者。刘攽《刊误》，讥其末数卷援引多误，当以分曹授简，各有疏密，又急于成书，无暇覆检耳。

范书为纪十、列传八十，共九十卷。《旧唐书・经籍志》又有范氏《后汉书论赞》五卷，殆以范氏文体，高于六朝诸人，而爱其文辞者，遂摘取其论赞，别为一书欤？

司马彪志详述制度，较《史》《汉》诸志为稍变其体，后来《晋》《隋》诸志，实仿其例。刘昭注尤谙悉于累朝掌故，荟萃群说，为之折衷，盖能承六朝诸儒群经义疏之学，而通之于史，以求其实用，亦可见其学之条贯矣。

《新唐书提要》云：《新唐书》二百二十五卷，宋欧阳修、宋祁撰。曾公亮表进其书，谓其事则增于前，其文则省于旧，语似夸诩；陈振孙又谓事增文省，正新书之失。以今考之，皆不明史法者也。夫后人重修前史，使不省其文，则累幅难尽，使不增其事，又何取乎重修。故事增文省，自班固至李延寿莫不皆然，不得以此为夸诩，亦不得转以此为诋諆，新书之失，在增所不当增，省所不当省尔。夫《唐大诰》《唐六典》，为一代典章所系，今纪传既尽去制诰之辞，而诸志又不能囊括六典之制度，徒刺取危言小说以为新奇，于史例奚当乎！芟除字句，或至失去本事，不独文义之蹇踬也。然自吴缜为《新书纠谬》，学者师其余论，吹毛索疵，莫不以《新书》为诟厉；甚至引幽怪之书，无稽之说，证《新书》为失实，是岂足以服修、祁之心哉！

平情论之：《新书》删定旧史，废传六十一篇，如薛伾、李佑等之事宜附见，韦元甫、李若祁等之行事不著，玄奘、神秀之事多属荒渺，此删并之善也。新添传三百一十篇，《后妃传》增载郭贤妃、王贤妃，《创业功臣传》增载史大奈，韩门弟子增载皇甫堤、贾岛，《忠义传》增载雷万春、南霁云，《循吏传》增载韦丹、何易于，《儒学传》增载张齐贤、啖助，《文艺传》增载吕向、张旭，《方技传》增载邢和璞、罗思远，《列女传》增载高愍女、杨烈妇，此搜罗遗佚而有裨于旧史者也。且旧史于咸通以后，纪传疏略，《新书》则于韩偓之纳忠，高仁厚之平贼，与夫雷满、赵匡凝、杨行密、李罕之之僭割，俱书于传，一代兴废之迹备焉。岂得谓其无补于旧史欤！即其删存旧文诸传，如姚崇则略载其初见十事，韩愈则载其出使王庭凑，皆合史裁，非漫然损益也。《宰相世系表》虽多附会华胄，难尽征信，要足备唐人之谱学。《艺文志》略存撰人出处，较旧史《经籍志》为稍优。综其大略，删烦补缺，亦所谓后起者易为功耳。

使修、祁修史时，能溯累代史官相传之法，讨论其是非，决择其轻重，载事务实而不轻褒贬，立言扶质而不尚挦扯，何至为后世讥议，谓史法之败坏自《新书》始哉！今新、旧《唐书》并列学官，集长去短，各有取裁，学者亦无庸过分轩轾矣。

《五代史记提要》云：《五代史记》七十五卷，宋欧阳修撰。修以文章名，为此书，自谓得《春秋》遗意，当时推重其书，比诸刘向、班固。然朱子已讥其张居翰为失实，陈师道讥其李思恭、思敬为失考；又如王彦章则过事推崇，元行钦、乌震则过为诋毁，褒贬之不平，复为李心传诸人所讥议；至年月之参差，纪传之复舛，吴缜《纂误》已详言之矣。

以今考之，则前人所指摘，尚有未尽者。夫史家以网罗放失为事，故曰"其轶时时见于他说"，又曰"整齐旧闻"，李延寿《南》《北史》于旧史外时有增益，斯其为可贵也。修则不然，取旧史任意芟除，不顾其发言次第，而于旧史之外所取资者，王禹偁之《阙文》，陶岳之《史补》，陆振之《九国志》三书而已。所恨于修者，取材之不富也。

修与尹洙同学古文，法《春秋》之严谨。洙撰《五代春秋》，虽行文过隘，而大事不遗。修所撰帝纪，较《五代春秋》已为详悉矣；然于外蕃之朝贡必书，而于十国之事，俱不书于帝纪，岂十国之或奉朝贡、或通使命者，而反不得同域外之观乎！所限于修者，书法之不审也。

法度之损益，累代相承，五代虽干戈相继，而制度典章，上沿唐而下开宋者，要不可没。修极讥五代文章之陋，只述《司天》《职方》二考，而于礼乐、职官、食货之沿革，削而不书，考古者茫然于五代之成迹；即《职方考》于十国之建置，亦多疏漏。所恨于修者，掌故之不备也。

旧史但据实录，排纂事迹，无波澜意度之可观，而修则笔墨排骋，推论兴亡之迹，故读之感慨有余情，此其所由掩旧史而出其上欤！

徐无党注发明义例，疑亲得于修所口授者；然但有解诂而不详故实与音义，是亦史注之别体也。

按《四库总目提要》于《史记》但辨其文字有散佚窜易处；于《后汉书》但辨其论赞之离并，及确定八志为司马彪之作；于《新唐书》但辨宋祁之刊除诏令为非得已；于《五代史记》则但责其仅述《司天》《职方》二考为其书最大之失：故兹所录，其足资发明之处颇多，不特语气之轻重抑扬异也。

考提要所言，重在厘订，于史例本无所发明，然如《后汉书提要》谓史以纪实，综其人之颠末，是非得失，灼然自见，而以范蔚宗之多立名目为非；《新唐书提要》谓累代史官相传之法，在讨论其是非，决择其轻重，载事务实而不轻褒贬，立言扶质而不尚挦扯，而以修、祁之增省为未当（皆据《文钞》），则先生对于修史之态度，亦可于此略见其端，惟载事立言二语，固为史家必须遵循之极轨，而以此律累代之史编，虽马、班不能无议，况在修、祁！盖数千年史学界之榛芜，不能扫而清之者，即此轻褒贬而尚挦扯之习障之也。

先生就书论书，不苟附和，于提要中能持公允之论。如《魏书》世号秽史，先生则力为开脱。

《魏书提要》云：收以修史为世所诟厉，号为秽史，今以收传考之，则当时投诉，或不尽属公论，千载而下，可以情测也。

议者云："收受尔朱荣金，故减其恶。"夫荣之凶悖，恶着而不可掩，收未尝不书于册；至论云："若修德义之风，则韩、彭、伊、霍，夫何足数！"反言见意，史家微辞，乃转以是为美誉，其亦不达于文义矣。

又云："杨愔、高德正势倾朝野，收遂为其家作传；其预修国史，得阳休之助，因为休之父固作佳传。"夫愔之先世为杨愔、杨津，德正之先世为高允、高祐，椿、津之孝友亮节，允之名德，祐之好学，实为魏之闻人，如议者之言，将因其子孙之显贵，不为椿、津、允、祐立传而后快于心乎！《北史·阳固传》，固以讥切聚敛，为王显所嫉，因奏固剩请米麦免固官。从征峡石，李平奇固勇敢，军中大事，悉与谋之，是固未尝以贪虐先为李平所弹也。固他事可传者甚夥，不因有子休之而始得传。况崔暹尝荐收修史矣，而收列崔暹于酷吏，其不询私惠如此，而谓得休之之助，遂曲笔以报德乎！

议者又云："卢同位至仪同，功业显著，不为立传，崔绰位止功曹，本无事迹，乃为首传。"夫卢同希元义之旨，多所诛戮，后以义党罢官，不得云功业显著。绰以卑秩见重于高允，称其道德，固当为传独行者所不遗。观卢斐诉辞，徒以父位仪同，绰仅功曹，较量官秩之崇卑，争专传附传之荣辱（自注：《魏书》初定本，卢同附见卢元传，崔绰自有传。后奉敕更审，同立专传，绰改入附传），是乌足与之论史法哉！

自崔浩以修史被谤获祸，后遂酿为风气，故李庶诉于杨愔，谓魏收合诛，其一时讙讼之状，犹可概见，收之得免幸也。

然李延寿以唐臣修《北史》，多见馆中坠简，参校异同，多以收书为据。其为收传论云："勒成魏籍，婉而有章，繁而不芜，志存实录。"于是秽史之谤，可以一雪矣。

收叙事详赡而条例未密，多为魏澹所驳正。《北史》不取魏澹之书，而于澹传存其叙例，亦史家言外之意也。澹等之书俱亡，而收书终列于正史，然则著作之业，固不系乎一时之好恶哉！（据《文钞》）

魏收恃才轻薄，有惊蛱蝶之称，矫诬处或不能尽免。当时谤史既成风气，收以德望不足服人，益予人以抨击之资，一呼百应，投诉纷纭，群众无谓，往往如此。而李百药撰《北齐书》,竟据以诋諆魏氏,岂得谓平。先生逐事驳正,为收雪千载之谤,固非有意翻案。王鸣盛亦云魏收手笔虽不高,亦未见必出诸史之下(《十七史商榷》),与先生有同情焉。李延寿修《北史》,不本魏澹书而本收书,要非漫无所见。而赵翼深以为疑,不能自解,则云"魏收修史在北齐时,凡魏朝记载,如邓渊、崔浩、高允所作编年书,李彪、崔光所作纪、传、表、志,邢峦、崔鸿、王遵业所作《高祖起居注》,温子升所作《庄帝纪》,元晖业所作《辨宗室录》,卷帙具在,足资采辑,故其书较为详备。及书成则尽焚崔、李等旧书,而收书独存,是知澹书已悉本收书,延寿又在澹后,自不得不以收书为本"(见《廿二史札记》卷一三)。以审订诸史曲直,不掩其失,而亦乐道其长之赵翼(语见《廿二史札记》钱大昕序),其强辞加罪犹如此,则益知先生此论为不容已矣。

先生于元人三史,深致不满,而以《宋史》为尤甚。其《宋史提要》云:向来论《宋史》者,俱讥其繁芜,而鲜所举正。柯维骐仅引《容斋五笔》辨正向敏中、李宗愕数事,未能旁及。其后沈世泊撰《宋史就正编》,综核前后,多所匡纠,约举数端:如《高宗纪》绍兴十二年八月戊戌,洪皓至自燕,而《洪皓传》作七月见于内殿;《朱悼传》宣和五年登进士第,据《徽宗纪》则宣和六年第进士,是为甲辰科,并非五年:此纪传之互异也。

《宋准传》云,李昉知贡举,擢准甲科,会贡士徐士廉击登闻鼓,诉昉取舍非当,太宗怒,召准复试,后遂行殿试,据《选举志》,开宝六年,御殿给纸笔,别赐殿试,遂为常制,是太祖时事误作太宗;《苏舜钦传》云,康定中,河东地震,舜钦诣匦通疏,据《五行志》,地震在宝元元年,康定止一年,无地震事:此志传之互异也。

《杜太后传》云,母范氏,生五子三女,太后居长,而《杜审琦传》则云审琦昭宪皇太后之兄,太后昆仲五人,审琦居长;又《太后传》云,生太祖、太宗、秦王廷美,据《廷美传》则其母为陈国夫人耿氏;《张浚传》云,浚擢殿中侍御史,驾幸东南,后军统制韩世忠所部逼逐谏臣坠水死,浚奏夺世忠观察使,据《韩世忠传》,世忠乃左军统制而非后军统制,又《滕康传》,韩世忠以不能戢所部,坐赎金,康复论世忠无赫赫功,诏降世忠一官,是奏夺世忠观察使者,乃滕康而非张浚:此传文前后之互异也。

讥《宋史》者,谓诸传载祖父之名而无事实,似志铭之体,详官阶之迁除而无所删节,似申状之文;然好之者或以为世系官资,转可藉以有考。及证以他书,则《宋史》诸传,多不足凭:

如《晁补之传》云,太子少傅迥五世孙,宗慤之曾孙也。父端友。据黄庭坚为补之父端友撰志铭云，晁氏世载远矣，有讳迥者，以太子少保致仕，谥文元，君之曾王父讳迪，赠刑部侍郎，王父讳宗简，赠吏部尚书，父讳仲偃，库部员外郎。刑部视文元母弟也。是补之实非迥五世孙。又《晁迥传》云，迥子宗悫，据曾巩《南丰集》，宗悫父名觐，是补之实非宗悫曾孙。《谢绛传》云，祖懿文，父涛。据范仲淹撰谢涛志铭，懿文生崇礼，崇礼生涛，涛生绛，是谢绛实为懿文曾孙。然则《宋史》所叙世系，岂足尽信哉！

《洪迈传》云，乾道二年知吉州，六牛知赣州，辛卯岁饥，十一年知婺州，十三年拜翰林学士，淳熙改元，进焕章阁学士。据本纪，淳熙十四年，有翰林学士洪迈言，则淳熙改元，当作绍熙改元。乾道无十三年，传云辛卯岁饥，为乾道七年，则十一年上宜加淳熙二字。又迈以淳熙十年，知太平州，有惠政，今《瑞麻赞姑熟帖》尚在太平，而传文缺载。然则《宋史》所叙官资，又岂可尽信哉！

至于宋师伐辽，高凤以易州来归，见《北盟会编》，而《宋史》误作郭药师；绍兴中，赵鼎以奉国军节度使出知绍兴府，见《宰辅编年录》，而《宋史》误作忠武军；汴京之破，失载王履之奉使尽节，南宋之末，失载王坚之守城不降：是其于忠义之士，立功之臣，尚多缺落，尤为疏漏之大者矣。

世泊所匡纠者，皆切中《宋史》之弊；然其前后之复沓抵悟，不一而足，世泊亦不能悉举也。

当时修《宋史》，大率以宋人所修国史为稿本，匆遽成编，无暇参考。宋人好述东都之事，故史文较详；建炎以后稍略，理、度两朝，宋人罕所纪载，史传亦不具首尾。遂至《文苑传》止详北宋，而南宋仅载周邦彦等寥寥数人；《循吏传》则南宋无一人。岂竟无可考哉！抑亦姑仍东都书之旧而不为续纂也。

然如南唐刘仁瞻之死节，欧阳修《五代史记》、司马光《通鉴》俱为证明，而《宋史》仍作以城降；李澣终于辽，未尝入宋，见《辽史》本传，而《宋史》仍附传于《李涛传》后：此其于通行学官之书，同修之史，尚不及引证，其参差之迹，阙遗之事，又岂可枚举乎！惟诸论尚无甚偏驳，创立《周三臣传》，亦可为后来修史之法，姑取以备一代之史而已。

《宋史》之芜陋如是，宜明以来思改幕者甚多，而先生与章学诚亦欲相约以撰新史也。

以上述先生提要大概。

鲁九皋有答先生书，知先生已撰《尔雅正义》，指出《尔雅》为治经不可或缺之工具，六经之阶梯。

鲁九皋《山木居士文集》卷四《鲁絜非先生仕骥答先生书》:“仲春致一书于周君静函,足下朝夕相聚之际,知必辱垂鉴也。比承手书,知自卫河别后,三年中所得山水读书之益,至富极宏。《尔雅》一书,为六经阶梯,通于此者,其于诸经纵横左右,无不贯串。往为高邮任君领从序其《尔雅笺补》,曾谬论及此。足下今奋然撰《正义》,旁罗广搜,义期谛当,此书一出,其有功于学者匪浅,愿条理早成,仆得早读为快也。《宋史》浩烦,谬误颇多,足下考异,其中亦稍有驳正否?温公《通鉴》之成,当时能读者已不多觏,其书选择精详,法戒备具,锡名资治,良不虚也。明方山薛氏,采宋元两朝事迹为《续通鉴》,颇不惬于鄙衷,顾粗疏未敢轻置议论耳。足下因读《宋史》而修其书,殆亦有见于薛书之未当与?愿勉之慎之焉。承示及观庄之座主、同年程鱼门爱惜之意,剧深铭感,然仆正得以藏拙荒山为率耳。况有老亲在堂,安敢妄觎非分也。鱼门学兄亦于台山来晤时,始得知之。甚矣!仆之孤陋也。读东原先生所注屈子赋,益深向往,相见时并为致谢是荷。”

在京师,先生时与孔继涵、秦端厓等好友宴集。

孔继涵《杂体文稿》卷三《因居记》:“丁丑冬,移居东城。敝庐东偏,本陶氏故宅,独存厅,事花竹森蔚不欲撤而新之,略为葺整,仍以因居颜之。……后十有四年释褐官京师。次年之春移居。……数过从者,钱唐卢抱经文弨、嘉兴钱晓征大昕、休宁戴东原震、程瑶田易田、长洲胡东表士震、大兴朱笥河筠、歙程鱼门晋芳、杭郡邵二云晋涵、鹤庆李仙嵋根玉、兴化任幼植大椿、桐城姚惜抱鼐、历下周林汲永年、扬州罗金牛聘、吴张瘦铜埙、汪明之元亮屡宴集其中。”

秦瀛《小岘山人诗文集》文集卷三《吴胥石五代史记纂误补序》:“胥石为人恂恂,口吃间发,一言杂以恢噱,令人自废。其在京师交邵二云、周书昌、章实斋皆以问学著称,而胥石与为颉颃比。”

秦瀛《小岘山人诗文集》诗集卷一二《哭从弟端厓司业》:“有母尚留华发在,几人先种白杨多。”自注:“向在京师,与端厓为癸亥同庚之会,共十二人。今十二人中余姚邵二云、石门陈远山、天津张啸厓皆没。”

十一月十六日,刘统勋猝逝于上朝途中,乾隆帝闻讯慨叹失去股肱之臣,亲望吊唁,追授太傅,谥号“文正”。先生作《刘文正公祭文》以记之。

《南江文钞》卷一〇《刘文正公祭文》:“呜呼!大儒之效,至诚经纶,鸿规盛业,秉神固而宣道管者,亘百世而常尊。维公以刚健闳毅之学,赓飏一德,敷化调元;以四十年之恪忱靖位,黼黻圣治。长百僚而掌邦钧,镇以圭肃,被以春温。其垂范也,屹如山岳;其观化也,返于星辰。备纯徽于终始,昭一代之完人。惟是菀结而怆溯者，缅训育之恩。

“自某等之受知也，在重光单遏之春，举乡校之声，诵韩、范对拟天人者，幸游于门，执巾卷以序进，承迪论之清教。公尝言：‘衡量造进，典秩孔殷，士励初节，不以缄退为简，不以趋承见亲，故门无私谒，座无密宾，各勖尔志，广业维勤。’逮某等分司词馆，奉职省垣，因时教课，进接光颜。每交勉以夙夜，执事之有虔，必臣职之无忝，乃臣分之克安。修期盛望，昭示恳谆。感春风之煦惠，胥镂襟而勒绅。窃窥公之素养，高重任而裕如，荷宠光而益慎者，悉本于诚肫，盖具古大臣勿欺之志。扬精白以对枫宸，用能昭德音于盛世，与皋夔而比伦，宜永锡以平格，重人瑞于凤麟。岂谓尾箕上引，泰斗沉沦，霜凝惨淡，雨泣汍澜。凡承辉与接景，咸摧悼而惊潸；矧门墙之后，列奉清诲以三年者哉？

“昔人有言：‘酬知答遇，务淑其身，进提退发，绵邈如存。’仰神灵之垂著，其敢忘夫绪言！惟瞻瞩之靡向，畴振德以省愆。只期系夫师训，长如奉于几筵。肃陈苹藻，敬荐清樽。歌梁木而凄咽，冀肸蠁之有闻。”

四库馆诏征遗书，先生进家藏书若干。《四库全书总目》著录家藏本五种，一百二十卷，其中经部二种，十四卷；史部二种，四十六卷；子部一种，六十卷。入存目三种。

《四库全书总目》著录“编修邵晋涵家藏本”简目：

经部：易类存目，《易说存悔》二卷，清汪宪撰；五经总义类存目，《冬余经说》十二卷，清邵向荣撰。

史部：编年类，《通鉴前编》十八卷《举要》三卷，宋金履祥撰；编年类存目，《通鉴纲目前编》二十五卷，明南轩撰。

子部：医家类，《二续名医类案》六十卷，清魏子琇撰。

兵部郎中汪启淑嗜藏书，大吏缮进其家善本，汪启淑存其副以资省览，其藏书室曰“爱吾庐”，先生为之作铭。

《南江文钞》卷八《爱吾庐铭》：“陶彭泽简洁省旷，旧巘家林，寄情物外，顾心好异书，薄身而厚志。其诗曰‘我亦爱吾庐’，又曰‘时还读我书’。心迹既远时，就树阴风案，披展卷帙，与素心人欣赏析疑，此吾庐所为可爱也。汪驾部讱庵笃志嗜古，插架数万卷。岁癸巳，诏征遗书，大吏缮进其家善本。汪君复录存其副，以资省览，颜其室曰‘爱吾’，殆与陶公有同好欤？余好书而无力，将就庐假未见书偿所愿焉。爰为之铭曰：积书之岩，津逮者稀。我有真爱，万卷粉披。景卿呵护，精神贯之。惠而推爱，愿奉一瓻。”

汪启淑（1728—1799），字秀峰，号讱庵，一字慎仪。自称“印癖先生”。

清著名藏书家、金石学家、篆刻家。安徽歙县人,居于杭州。家以经商致富,遂捐官为工部都水司郎中,迁至兵部郎中。喜交友,与厉鹗、杭世骏、朱樟结“南屏诗社”。嗜古代印章,曾搜罗周、秦迄宋、元、明各朝印章数万钮。又精纂刻,在巨珠上刻篆文,以补诸品中所未备。著有《水槽清暇录》《集古印存》《汉铜印原》《焠掌录》《订庵诗存》等书。

十二月十六日,余姚保极堂周氏续谱告竣,先生因周氏后裔孚先、国桢等之请为撰谱序。

民国《余姚保极堂周氏宗谱》序:“事有先人创之于前,而后人不为继述,则先人之泽遂湮。后有贤子孙兴,欲表彰前人基业,恒苦于无所考据,故善继善述,圣人尊为达孝焉。

“吾姚周氏素称望族,自宋迄今,代有名人。其近而最著者,于有明之季尤盛。夫名人间出,则世泽之留遗不少,望族既大,则子姓之生齿日繁。前人立谱以睦九族,以昭世守,别亲疏,明异同,兴仁让义,奕世勿替,此创谱之意也。独是创者有人而续者阙如,非特将来子姓混淆,其弊不可胜计。即先人之世泽,亦何能光昭于世而庆流长哉?癸巳冬,周氏后裔孚先、国桢、懿文、行楷诸子毅然以续谱自任,捐资若干,付诸剞劂,帙成五卷。而问序于余,余阅是谱,知周氏作述之功远矣。自明以前为周氏旧谱,合鄞之小皎而别传于双雁者,卷帙繁多,不及备载。其新谱创自葸斋公,源委分明,著作灿然,继以敬吾公,考订详悉,规模大备,以后复为之修缉编次者则有九枳、启明、胜万诸子,绵绵相沿至今。又越数十年,是谱之续固不容缓矣。然考原本宗图,遵家礼兼欧公谱式。今参以苏公之法,其记序行传,有不相符者,亦略为删改。或疑为变祖制,余曰:‘此正子孙之善于继述。’真西山云:‘当持守而持守,固继述也。当变通而变通,亦继述也。’斯言深得善字之旨矣。是谱所载其班班可考者,悉遵旧制,其荒远难稽者,阙以传疑。至其谱式,仍以五服图移意,而挂以朱丝,世系支派更觉一览昭然。嗟乎!自有此续,使前人之世泽常新,而亢宗之道得矣。使后人之亲疏洞悉,而贻谋之义宏矣。且使阅谱者孝弟之心以生,亲睦之谊以敦,厥功甚巨,得不谓之善继善述乎?余故即续之义以为序。时乾隆三十八年岁次癸巳季冬既望之吉,赐进士出身钦赐翰林院庶吉士、年家眷弟邵晋涵拜撰。”

冬,程晋芳招同年销寒会。

《南江文钞》卷六《销寒叠韵诗序》:“余忆同年销寒之会,始于程鱼门,是为癸巳之冬。”

先生摹拓余姚《续兰亭会图石刻》,赠与钱大昕。先生先前曾有咏续兰

亭会诗。

光绪《余姚县志》卷一六《金石》:"元代至正二十年,余姚有秘图山续兰亭会。在学宫名宦祠东壁有《续兰亭会图石刻》,碑高三尺八寸,广一尺九寸,分四列,首列图,次三四列各三十一行,行二十二字,额篆四。江浙行省郎中天台刘仁本叙并书,江浙行枢密院都事谢理篆额,四明胡伸瑛刻。"

《潜研堂金石文跋》卷二〇《续兰亭诗并序》:"右续兰亭会诗并叙,余姚邵吉士晋涵拓以遗余,碑分四段,最上一层为图,水石竹木。极秀润,中有方池,引以为曲水者也。池上为雩咏亭,其中为高风阁,旁皆有题字。次二层则刘仁本所为叙,三四层则诸人诗也。叙称修禊来会四十二人,今所存者惟仁本以下十二人,诗各二篇,意当时本刻二碑,而亡其一乎?"

《南江诗钞》卷一《姚江棹歌》:"秘图烟霞胜兰亭,群屐风流此旧经。认取参军雩咏处,紫薇花煖柳条青。"诗注:"《列朝诗集·刘仁本治师》:余姚合吴越名士于秘图左麓分韵赋诗,效兰亭故事。"

乾隆三十九年,甲午(1774),先生三十二岁。

在京师,仍纂校《四库全书》,兼辑《续三通》。

《南江文钞》卷五《广西乡试录序》:"三十八年春,蒙恩召自田间,充《四库全书》纂修官,补选庶吉士。散馆授职编修,仍纂校《四库全书》,兼辑《续三通》,循分编摩,未有涓埃报称。兹复畀以衡文之任,弥深感悚。"

孙星衍《寰宇访碑录序》:"昔邵学士晋涵纂书三通馆,檄取海内石刻,进之内廷,编书以续郑樵《金石略》,录其副本,举以相赠。"

《续通志》凡例:"《金石略》郑志所录,原本欧阳修、赵明诚诸家著录,粗具撰人姓氏,而多未详碑竭所在。今所续纂依郑志图谱之例,以今有、今无分载,取唐以前郑志所未录者为一卷,五代以下为二卷。分缀撰书姓氏,建立之年,与现存之地,并详确考核。其散佚难稽者,另为一卷。至前人著录之误,兼为辨证焉。"

六月,同乡史湛谒选京师,携宗谱乞序于先生。

民国《余姚史氏宗谱》序:"《周官》小史'奠系世,辨昭穆',谱牒之掌,古有专官,自官失其传,《大戴记》首述系姓,后如杜预之《春秋世族谱》,则谱学附之于经。至应劭之述系姓,王符之论氏姓,又辅经而行者也。至太史公征引《世本》,考得姓受氏之原。至《唐书·宰相世系表》,则以谱学附之于史。其勒为专书,编分类次者,若挚虞《昭穆记》,王俭《百家谱》,贾希鉴《氏族要状》，胥能补史传所未备。五代以后，谱学散失，于是士大夫之述家谱者，或推始迁之祖，或述五世之宗，守近而不能溯远，仅以叙同居之昭穆，而于受姓别族之源流，多未暇及，谱学之失传，所从来远矣。

史澹园先生修宗谱既成，谒选京师，携以见示，则始自京兆杜陵，至壮侯定居溧阳，为大宗。后自溧阳而迁鄞县，自鄞县而迁余姚。数千年之昭穆，如赈诸掌。洎迁姚以来，代有传人，为时标准，岿然树乡国之乔木，佑启其后昆，世守诗书之泽，以昌其门第，非所称能世其家，保世而滋大哉！先生曰：'谱之修，先大夫织庵公之志也。先大夫历官燕、齐，每以合族姓明谱系为念。迨迎养晋阳，又以续修谱系垂于庭训，近年需次里居，不为厘定，是隳先人之遗绪也，恶乎敢乃？考先世之庆传录、分徙录与家藏之世系谱序，荟萃编次，删冗补遗，书从其实而不敢有文饰焉，庶几毋忘继述云尔。'然则先生之编辑，皆蔼然孝弟之思也。读其书可知其敦睦矣。夫自奠系牒之官废，而后有专门学，专门之学衰，而后有私家之谱，自古迄今，凡三变焉。古书之传者，今惟林宝《元和姓纂》、邓名世《古今姓氏书辨》犹存，《永乐大典》中可考唐宋盛时之谱学，至郑夹漈之为《通志》也，首叙氏族，又采诸家谱乘见于著录。则家之有谱，固与国有史，州有志而并重也。《易》曰'君子以类族辨物'，将欲辨锡土，授姓之始，汇专家以成通谱，不诚于是编而有取与。乾隆三十九年岁在阏逢敦牂六月邵晋涵拜撰。"

史湛(1730—1770)，字得凝，号澹园。父史锦，举人，官济宁知州。史湛随父学习吏事，遵豫工例授山西猗氏知县。于乾隆三十年倡建"郇阳书院"。猗氏城墙坍塌，史湛亲自督工完筑，获得循良之声。后任榆次知县。丁外艰，服除补湖北嘉鱼，修葺凤鸣书院。后调潜江、钟祥。计功升襄阳同知、武昌知府、襄阳知府、陕西榆绥兵备道。因积劳成疾，病死于任上。赠太仆寺卿，荫一子，赐祭银，从祀昭忠祠。事具民国《余姚史氏宗谱》。

先生子秉恒与童二树先生之女订婚，童北砚促成之。

《南江文钞》卷一〇《祭童北砚四兄祭文》："迨重遘于敦牂兮，君方游历夫燕都。"又云："申以婚姻之好兮，绵旧泽于崔庐。"

乾隆四十年，乙未(1775)，先生三十三岁。

春，孔继涵招先生、翁方刚等在其寓斋雅集，同赋高丽茶花，张埙有诗记之。

张埙《竹叶庵文集》卷九《孔荭谷部曹招同翁覃溪、吴泰交二翰林，程鱼门、陈伯恩、姚姬传、洪素人四部曹，戴东原、邵二云二征君小集寓斋，同赋高丽茶花》："采花上船附贡使，天风吹到瓣与须。孔君好事勤搜罗，招集京华旧酒徒。阳羡建溪不解渴，火爇松明领一壶。"

孔继涵(1739—1783)，字体生，一字埔孟，号荭谷，别号南州、昌平山人，山东曲阜人。系六十七代衍圣公孔毓圻之孙。乾隆二十五年举人，三十六年恩科进士。与戴东原、周永年、姚鼐、罗聘等人交往至深。任户部河南司主事兼理军需局事，兼《日下旧闻考》纂修官，诰授朝议大夫。既藏书又校书，手校数千百帙，集汉唐以来金石刻千余种。乾隆四十八年十二月十八日逝世，葬于孔林东北隅。

四月，王念孙、汪辉祖，先生门人如皋戴联奎中乙未科进士。戴震第六次会试下第，因学术成就显著，特命参加殿试，赐同进士出身。

姚莹《东溟外集》卷三《光禄大夫兵部尚书戴公墓志铭》："乾隆三十九年，乡试以顺天解元，明年成进士，授庶吉士。……少笃学，从邵二云先生受经，为文有声。"

王念孙(1744—1832)，字怀祖，号石臞老人。江苏高邮人。王引之之父。自幼聪慧，八岁读完十三经，旁涉《史》《鉴》。乾隆四十年进士，历任翰林院庶吉士、工部主事、工部郎中、陕西道御史、吏科给事中、山东运河道、直隶永定河道。著有《广雅疏证》《读书杂志》《古韵谱》等。事具刘盼遂《高邮王氏父子年谱》。

戴联奎(1751—1822)，字紫垣，江苏如皋人。乾隆三十九年中顺天府解元，次年，进士及第，授翰林院庶吉士。三年后升为编修。嘉庆元年后升任内阁学士，历任礼、兵、工、户部侍郎，左都御史，礼部尚书。先后典试云南、江西，督学安徽、浙江，任经筵讲官、会试大总裁。道光二年殁于浙江任处，奉旨归葬于如皋县张草港。

四月二十八日，散馆，先生授翰林院编修。

《清实录》："四十年四月乙巳，内阁翰林院带领壬辰科散馆修撰、编修、庶吉士引见，得旨：'此次散馆之编修俞大猷，业经授职。其清书庶吉士黄寿龄、平恕、李尧栋、茅元铭、许兆椿、周厚辕俱着授为编修，王坦修着授为检讨。汉书庶吉士余集、沈孙琏、朱绂、潘曾起、苏青鳌、裴谦、百龄、季镕、庄通敏、邹炳泰、邵晋涵、方炜、莫瞻菉、朱攸、闵惇大、周永年俱着授为编修，彭元珫、萧九成、图敏、王汝嘉、黎溢海、张家驹、王福清俱着授为检讨，王兆泰、陈国玺、陈科鍓俱着以部属用。此次因办理《四库全书》，需员纂校，是以散馆人员较上次少，而留馆者转多，后不为例'。"

七月,《旧五代史》缮写进呈本成。

【黄云眉按】自欧阳修《五代史记》出,而薛居正《旧五代史》废,元明以来,罕有援引其书者。传本亦渐就湮没,惟明内府有之,见《文渊阁书目》,故《永乐大典》多载其文。(按《南雷文定》附录吴任臣与梨洲先生书,有"拙著《十国春秋》,专俟薛居正《旧五代史》略为校雠,遂尔卒业,前已承允借,今因仇沧兄之便,希慨寄敝斋"等语,是梨洲先生亦曾有其书。惟先生身后一火,所收书失去大半,郑性理而出之,虽尚得三万卷,而是书已渺不可得矣。见《鲒埼亭集》外编《二老阁藏书记》。)

然割裂淆乱,已非其旧。先生乃会粹编次,得十之八九;复采《册府元龟》《太平御览》《通鉴考异》《五代会要》《契丹国志》《北梦琐言》诸书以补其缺。并参考新、旧《唐书》《东都事略》《宋史》《辽史》《续通鉴长编》《五代春秋》《九国志》《十国春秋》,及宋人说部文集,与五代碑碣尚存者,以资辨证。卷帙悉符原书。书成,馆臣请仿刘昫《旧唐书》之例,列于二十三史,刊布学官,诏从之,并制七言八韵诗题其首。然先生辑此书时,原注有《大典》卷数,及采补书名卷数,俾读者于《薛史》面目仍可据以寻究,而武英殿刊本乃尽删之,岂先生之意哉!(按彭元瑞《知圣道斋读书跋》卷一《钞本〈旧五代史〉》谓"《永乐大典》散篇辑成之书,以此为最,以其注明《大典》卷数及采补书名卷数,具知存缺章句,不没其实也。《四库全书》本如此,后武英殿镌本遂尽删之。曾屡争之总裁,不见听。于是《薛史》真面目,不可寻究,后人引用多致误矣"云云。则知当时已有反对删注者矣。又按《神州日报》载近人汪德渊谓彼所得金承安四年南京路转运司刊本薛氏《五代史》一百五十卷,较今《旧五代史》,不特篇第异同甚多,即文字亦十增三四,至《梁太祖纪》一篇,今《旧五代史》与《薛史》全然不同云云,则薛氏原书,固尚在人间也。又按德渊《货书记》,是书于民国四年三月货于粤估,不知此粤估又货于何人耳。

又先生《旧五代史考异》文,武英殿刊本未全录,今库本已有全本,可按也。会稽徐氏铸学斋藏《旧五代史考异》述史楼蓝格抄本六卷,今不知尚在否?马用锡跋:"丁卯秋中,用锡自江右归,仲偲大令以是书属校,盖二云先生在四库馆日辑《薛史》而作。其中证向事故,諟正违合,有裴注《三国》之风,与校雠家言不同。大令方谋绣梓,惜迫于首涂,未遑条检,书此而归之。"余曾于乡前辈处见《考异》稿本,签补甚多,细按之,乃先录殿本,而后以库本足之,其所签补,正皆库本所有者,知非先生手稿也 。留所辑路振《九国志》稿于孔继涵处。此书散见于《永乐大典》中,虽卷帙残缺,而所存诸传,俱首尾完善,可补五代正史之遗。故先生编校《旧五代史》时,尝采用之。次年,继涵属周梦棠重为编次，得列传一百三十六篇，厘为十二卷。）

先生母袁太夫人卒，年六十有八。同乡公祭于邸舍，秀水沈叔埏撰祭文，章学诚撰墓志铭。

沈叔埏《颐彩堂文集》卷一六《同乡公祭邵母袁太孺人文》："惟太孺人之蕴粹于瑶青兮，陆学溯慈湖之表。归于邵而近在姚江兮，江似篆而山丹。既性成乎婉嫕兮，乃内则之夙娴。"

沈叔埏（1736—1803），字创舟，一字埴为，号双湖，浙江秀水人。乾隆三十年，高宗南巡，召试列一等，赐举人。授内阁中书，充方略馆《一统志》《通鉴辑览》分校，及《历代职官表》协修官。又充《四库全书》武英殿分校。五十二年成进士。授吏部主事。到部未十日，即乞养归。筑室锦带、宝带二湖间，学者称"双湖先生"。著有《颐彩堂文集》十六卷，事具《清史列传》。

光绪《余姚邵氏宗谱》贻编卷六章学诚《袁太宜人墓志铭》："母袁姓，慈溪县学生员苏升女也。……袁府君又尝撰次待诏遗文家世，传业于邵氏，并以文学著声。婚姻之间，相为师友，及见封公所为文，甚奇其才，以夫人归焉。夫人容止端丽，举动有大家风。……夫人幼受章句于母氏，益以家学见闻，故于明史尤熟。虽家人语，具有根柢，异于委巷传闻，课诸子，有规矩。自孩提时，虽一饮食，必有法度。每用一笼盛果饵，悬荆其上，日食差不如约，即予笞，以谓儿时姑息，饮食自由，人之无恒，或兆于此，比晋涵登乡举，夫人教以读书，勿与闻门外事。……初袁府君有田和山之阳，世以耕读起家。夫人幼稔田家事，水火耕耨，坟隰粟菽所宜，讲求甚悉。归封公，有夋田十亩，夫人既治织纴，躬课耕获。内自刻苦，撙节自蓄，晚岁广田逾十倍。封公故授经，束脩所入，以为恒产，无寸土也。夫人以儒业，家世孝友，其天性也。顾善治生，治生若米盐，至织细矣。乃能通古今，权理要。呜呼！若妇人者，刘向所传，曹大家所颂，按古仁智贤哲之伦，庶几近是。"

冬，章学诚入都，遇张羲年于先生寓所。其时，先生丁内忧，治装欲南归，张羲年为之筹划行事。

《南江文钞》卷四《销寒叠韵诗》序："癸巳冬，招销寒会。越二年，余南归。"

章学诚《章氏遗书》卷一九《庚辛间亡友录·张羲年》："余乙未入都，始识君于邵编修晋涵家。时邵方以内艰，治装且归，君为筹画行事，知其能为人谋，称尽心也。"

冬，先生为汪辉祖母王孺人作墓志铭。

汪辉祖《病榻梦痕录》"乾隆四十年"条："（五月）十六日，得家书，王太宜人于三月二十六日弃养，遂呈报丁忧。因留数日于乡祠治丧，撰考妣行述，乞周海先生作墓表，邵二云先生作墓志铭。”

《南江文钞》卷一一《淇县典史汪公暨配方孺人旌表双节继配王孺人侧室徐孺人合葬墓志铭》：“公讳楷，字南有。汪氏先世出唐越国公华，后自婺源迁于鄞，又自鄞迁萧山之大义村，遂世为萧山人。曾祖造，祖必正，考之瀚，妣沈太孺人。……先是，公娶方孺人，几十年未有子，纳徐孺人为副室。居一年，举男子一人。公贾亦日赢，以资补河南淇县典史。赴淇之三年，方孺人卒于家。其明年，继室以王孺人。王孺人，会稽名族。徐孺人，则家世单寒矣。然而两孺人交相爱也，交相敬也。……公卒广东，为乾隆五年十二月辛亥，生康熙三十四年正月乙亥，年四十有六。孤子辉祖，是年十一岁。徐孺人以乾隆二十七年三月庚戌卒，距生康熙五十一年十二月辛卯，年五十有一。卒后两年，浙江大吏以事上闻，得旨，与王孺人并旌节孝。后四年，太岁在著雍困敦，建双节坊大义村。是年，辉祖举于乡。后七年，辉祖成进士。是年三月癸酉，王孺人卒。距生康熙五十二年十二月癸巳，年六十有三。辉祖自京师奔丧归，以是年十一月乙酉，合葬于山阴县清和里秀山之阡。男子一，即辉祖，湖南宁远县知县。女子四，陈钰、孙世采、陈柔之、沈仁埈，其婿也。孙男五，继坊，乾隆丙午科举人，继墉、继埗、继培、继堉。孙女四。辉祖交于晋涵也久，属为铭。晋涵惧无能彰著潜德，屡易稿未成，而辉祖亟言之不已，乃勉为之。”

冬，宁波汤氏重建家庙落成，汤容煨以碑记谒先生，先生为撰《汤氏家庙碑记》。

《南江文钞》卷五《汤氏家庙碑记》：“宁波汤氏，望族也。故有家庙。乾隆二十三年岁著雍摄提格，不戒于火。逾年重建，益拓其前基，广一楹为五楹，阶深堂邃，黝垩丹雘，焕如翼如。奉住入庙，祀絜神妥。凡汤氏之子孙，群在以时行礼。既，皆喜悦，则称颂曰：‘此兰谷先生副室，何孺人所经营也。’孺人早岁持节，教子容煨有法，乃殷然念先泽，黾勉立庙。既独构庙旁地，鸠工饬材，授板筑，视畚捐，悉中条理。自缔造至落成，无所推诿。四十年冬，病垂没，犹以未见义塾为遗憾，命容煨续成之。是则孺人之功，于汤氏甚大，法宜斵石以纪其成。而容煨以记谒于余，余惟尊祖敬宗之义，莫先立庙。”

高文照公车北上，客死都门，年仅三十九岁。

汪启淑《水曹清暇录》卷五：“高文照，号东井，浙江武康人。甲午孝廉，洽闻强记，青年而著作等身。乙未，公车北上，客寓都门，集遂散失。”

戴璐《吴兴诗话》卷一〇："高孝廉文照，字润中，号东井，植子。自幼随任九江，作怀古诗出语惊人，久游江左，集已裒然。乙酉拔贡，甲午举人，乙未殁于京师，无后。"

法式善《梧门诗话》卷一三："近日浙江词坛以高东井为雄长，诗名与江左黄仲则埒。二君高才早逝，世颇惜之。"

《尔雅正义》稿成，先生自序言是书声音衍变，叙述秩然不混。

《南江文钞》卷五《尔雅正义序》："上古结绳为治，后世圣人易之以书契，百工以乂，万品以察，由是成命百物，序三辰以固民。至于成周，文章大备，训诂日滋，元圣周公始作《尔雅》，以观政辨言。周室既衰，群言淆乱、折衷至圣，六艺以彰，七十子之徒发明章句，增成其义，传《尔雅》三篇。其为书也，重辞累言而意旨同受，依声得义而假借相成。宫器用之度，岁时星辰之行，州野山川之列。草木虫鱼鸟兽之散殊，或因事以为名，或比类以合谊。其事则睹指而可识，其形则随象而可见，通贯六书，发挥六艺，聚类同条，杂而不越。敷绎圣训，则天地万物之情著矣；扬于王廷，则宣教明化之用远矣。

"汉初经始萌芽，《尔雅》尝立博士。厥后五经并立，其业益显，通才达儒，依于《尔雅》，传释典艺；沉潜乎训诂，洞彻其指归，故用日少而畜德多，三十而五经立矣。魏、晋以降，崇尚虚无，说经者务为凿空凭臆，违离道本。《尔雅》之学，殆将废坠。唯郭景纯明于古文，研核小学，择撢群艺，博综旧闻，为《尔雅》作注。援据经传，以明故训之隐滞；旁采谣谚，以通古今之异言。制度则准诸礼经，薮泽则测其地望。诠度物类，多得之目验。故能详其形声，辨其名实，词约而义博，事核而旨远。盖旧时诸家之注，未能或先之也。为之疏者，旧有孙炎、高琏二家，今皆不传。邢氏疏成于宋初，多掇拾《毛诗正义》掩为己说，间采《尚书》《礼记》正义，复多缺略，南宋人已不满其书，后取列诸经之疏，聊取备数而已。

"晋涵少蒙义方，获受《雅》训。长涉诸经，益知《尔雅》为五经之錧辖。而世所传本，文字异同，不免讹舛。郭注亦多脱落。俗说流行，古义寖晦。爰据唐石经及宋椠本及诸书所征引者，审定经文，增校郭注。仿唐人正义，绎其义蕴，彰其隐赜。窃以释经之体，事必择善而从，义非一端可尽。汉人治《尔雅》，若舍人、刘歆、樊光、李巡、孙炎之注，遗文佚句，散见群集。梁有沈旋《集注》，陈有顾野王《音义》，唐有裴瑜《注》，征引所及，仅存数语。或与郭注符合，或与郭义乖违，同者宜得其会通，异者可博其旨趣。今以郭氏为主，无妨兼采诸家，分疏于下，用俟辩章，譬川流而汇其支渎，非木落而离其本根也。郭注体崇矜慎，义有幽隐，或云未详。今考齐、鲁、韩《诗》，马融、郑康成之《易》注、《书》注，以及诸经旧说，会粹群书，尚存梗概，取证雅训，辞意了然。其迹涉疑似，仍缺而不论，确有据者，补所未备。附尺牍于崇邱，勉千虑之一得，所以存古义也。郭氏多引《诗》文为证，陋儒不察，遂谓《尔雅》专用释《诗》。今据《易》《书》《周官》《仪礼》《春秋三传》《大小戴记》，与夫周秦诸子、汉人撰著之书，遐稽约取，用与郭注相证明，俾知训词近正，原于制字之初，成于明备之世，久而不坠，远有端绪，六艺之文，曾无隔阂，所以广古训也。声音递转，文字日孳，声近之字，义存乎声。自隶体变更，韵书割裂，古音渐失，因致古义渐湮。今取声近之字，旁推交通，申明其说，因是以阐扬古训，辨识古文，远可依类以推，近可举隅而反，所以存古音也。草木、虫鱼、鸟兽之名，古今异称，后人辑为专书，语多皮傅。今就灼知副实者，详其形状之殊，辨其沿袭之误。其未得实验者，择从旧说，以近古为征，不敢为亿必之说，犹郭氏志也。

"惟是受性颛愚，识限方域，粗事编辑，固陋是虞。维时盛治右文，翊经惇学，秘简鸿章，汇昭壁府，幸得以管窥锥指之学，观书石室，闻见所资，时有增益。岁在旃蒙协洽，始具简编，舟车南北，恒用自随，意有省会，仍多点窜，十载于兹，未敢自信。而中年意思零落，性多遗忘，耳目所接，时或失焉。抱残守缺，凛凛乎以不克闻过为惧；勉出所业，就正当世俊哲洪秀伟彦之伦。叩其两端，匡厥纷缪，企而望之。"

乾隆四十一年，丙申(1776)，先生三十四岁。

先生为好友山阴陶廷珍母作家传。

《南江文钞》卷九《陶室孙孺人家传》："孺人姓孙氏，山阴阳川里人。祖讳绍曾，康熙中为名御史。考讳书玉，国子监生。母姚以节孝，旌孺人。……年二十二，归陶篁村先生。陶氏故绍兴望族，以讲学能文世其家，二百年仕宦多清白，无一垄之殖以遗子孙。……丙申正月二日卒，年六十有四。子二人，廷珍，辛卯科举人，分发甘肃候补知县；廷琡，辛丑科进士。孙二人，孙女五人。

论曰：晋涵与廷珍、廷琡为昆弟交，廷珍客京师，尝述幼多病善啼，太孺人抱起，夜盘姗行室中，复恐贻章太安人忧，则于帐中跽两膝旋行达旦，语哽咽不成声，至流涕。乙未冬，廷珍闻太孺人疾，仓猝归。晋涵以丁吾母忧南奔，廷珍犹及侍母疾数日，而晋涵抱恨终天，腼颜人世，视廷珍有余愧矣！"

陶廷珍，字效川，号午庄，浙江会稽人。乾隆三十六年举人，官肃州州同。著《午庄赋草》《天目》《远游》《鸡肋》《仇池》《关河》等集。事具阮元《两浙輶轩录》卷三一。

同邑张廷枚辑《国朝姚江诗存》，先生为其访求佚诗，选辑诗作。其中朱舜水之《泊舟稿》系先生从宁波搜录寄给张廷枚，首次见诸于家乡诗集。

张廷枚《国朝姚江诗存》卷四"朱之屿"条案语："朱之屿，字楚屿，有《泊舟稿》。楚屿先生诗已无从访求，邵二云太史自甬上搜寄登之，足窥半豹矣。"

谢宝书《姚江诗录》卷四岑振祖有《郑八逸之购〈姚江诗存〉一册，得见先曾伯祖青严公、曾祖寄亭公、伯祖春江公诸诗皆先子在日录呈邵二云太史入选感而有作》一首。

三月十五日，先生为张廷枚所辑《姚江诗存》撰序。

邵晋涵《国朝姚江诗存》序："吾友张君罗山，世居余姚，诵法先民，而性沉风雅。录本朝余姚诗人诗，搜采幽微，稽其爵系而载之，缀以诗话，编为十二卷。持捻子曰：'自黄先生后康熙六十年，复野倪先生又有《续佚诗》之刻。距今五十年，莫有继者，此后进之责也。国初耆旧者，若吕蓼园、谭曼方、邵得鲁、朱楚屿诸君子，四方士大夫，往往推重其风节，遗文零落，不尽流播。其诗仅有传者，尤不可不亟为著录也。书渐具，子为我叙之。'……罗山为此书，凡阅数年，甚勤，而编次、条理甚得。所录诗多和平敦厚大雅之音，命曰《诗存》者，盖兼取以人存诗，以诗存人之义云尔，大清乾隆四十一年三月望日邵晋涵谨撰。"

夏，先生自京师归，过阳湖访洪稚存，不值。

洪亮吉《卷施阁诗》卷八《送邵秘校晋涵入都补官诗》自注："丙申夏，君奉讳南归，访余于里门，不值。"

夏，先生从振绮堂汪氏钞《归田类稿》，托罗台山携京送周永年。

周永年《重刊元张文忠公〈归田类稿〉》序："及二云以艰归，丙申夏，始从振绮堂汪氏钞一本，托瑞金罗台山携以来。余得之狂喜，缮以副本送馆。"

八、九月，先生同年翰林院编修王增父母先后谢世，先生分别为撰墓铭。

《南江文钞》卷一一《敕封儒林郎翰林院编修王云岩先生墓志铭》："山阴王云岩先生以疾卒于京师寓庐，其子编修增终日伏地哭，瞿瞿梅梅，言不成声。伤先生在时食贫，游四方，未享迎养之乐，遽捐宾客，辄长号不已。既得奉柩归葬，乃具行述属铭于其友邵晋涵。晋涵素以父执事先生，又与编修同举南省，习编修家世，不敢辞也。先生讳武彬，字符震，别字云岩，系出琅琊。

先世随宋南渡，卜居会稽五云乡，迁山阴南枫林。曾祖讳某，祖讳彦瀛，山东平阴县典史。考讳心枚，有学行，以孙贵赠翰林院编修。妣沈氏，赠安人。……乾隆三十九年病卒，年六十二，封翰林院编修。娶朱氏，封安人。子二人：长增，辛卯科进士及第，即编修也；次墠。女一人。……四十一年八月葬于黄莺溇。于古法宜铭，铭曰：视所不取贫为难，以白华养无愧颜。山阴之原隆其阡，潜德弗曜启后贤。"

《南江文钞》卷一一《敕封安人王母朱太安人墓志铭》："乾隆四十一年，同年友编修王君葬其考云岩府君于黄莺溇，晋涵为之铭。逾月，而其妣朱太安人即世，将合葬焉，复具述，寓书属铭于晋涵。按述：太安人朱氏，山阴白洋里人。高祖爕元，明少师兵部尚书总督军务。曾祖兆宁，明锦衣卫指挥。祖路，考份，俱县学生。……卒年六十三。年二十三归府君，三十六年封安人。子女具府君志中。"

王增，字西霞，号巳亭，浙江会稽人。乾隆三十六年一甲二名进士，由编修改官河南祥符知县。著有《迟云书屋诗遗》。事具潘衍桐《两浙輶轩续录》卷一〇。

是年，皇上崇奖忠贞，命赐明代殉节诸臣谥典。张国维赐谥"忠敏"，族孙建张忠敏公祠，先生有诗。

《东阳文史资料选辑》第12辑戴璐《忠敏张公建祠碑记》："乾隆四十有一年，皇上崇奖忠贞，命锡明代殉节诸臣谥典。廷议，生平大节卓然可称，而又艰难自靖，百折不回，应专谥者二十六人。而以东阳督师少傅武英殿大学士张公国维保障岩疆，支撑余烬，心坚抱义，力矢全忠，请谥忠敏。制曰：可。遂命有司崇祀。其后裔愿于祠墓镌立碑石者，听。公族孙遂于冲素祠侧别建祠亭，恭悬御制诗文，以昭圣天子扶植纲常之旷典，而属璐为记。"

张国维《张忠敏公遗集》附录卷五邵晋涵《东阳张忠敏公赐谥建祠作》："便是归来死未迟，五陵佳气忆迷离。一峰天柱浙东蹶，三极星垣箕尾骑。青史江湖留后案，白头松柏老前知(自注：公抚吴，贼犯桐城等县，须发一夕顿白)。只今纶诰颁黄阁，檐角峥嵘转画旗。"

秋，先生为刘宗周撰像赞。

《南江文钞》卷八《刘忠介公像赞(有引)》："乾隆三十八年夏，开《四库全书》馆，四方大吏甄采书籍进呈。上览蕺山刘子遗书，嘉其立朝蹇谔，致命遂志，卓然为一代完人，所撰经说及文集悉著录文渊阁。四十年冬，诏表彰明末殉节诸臣，特赐谥曰'忠介'。晋涵备员纂修官，得先读温谕，具书于册。窃谓公之学本于意诚，诚至则无不格，故能系社稷之重，折佥壬之心，树名义之防，熄佛老之焰，虽遏抑于末季，而百余年后得邀昭代圣主之知。语所云‘躬行有得’者，公实允蹈之矣。晋涵少慕公为人，长而颓废，不克承公之学。今年秋，见公遗像，悲感欷歔！谨识赞语，以伸平时景仰之私，且以警余怠焉。其词曰：夙龄私淑，曰子刘子。今展遗容，与梦见似。公宣道篾，经纶至诚。功操慎独，睟面润身。群小侧目，正色立朝。立诚为干，屹不动摇。居朝日少，居乡教授。古社证人，德言善牖。人谱聿传，绍闻兴起。后公百年，忝公乡里。年逾四十，曾未闻道。对公之容，抚膺自悼。公有定论，乡曲非私，立廉振懦，百世之师。”

七月，陈洪绶有《饮中八仙图》，先生以杜子美《饮中八仙歌》题之。

《白描饮中八仙图》邵晋涵跋：“知章骑马似乘船，眼花落井水底眠。汝阳三斗始朝天，道逢麹车口流涎。恨不移封向酒泉，左相日兴费万钱。饮如长鲸吸百川，衔杯乐称避贤。宗之潇洒美少年，举觞白眼望青天。皎如玉树临风前，苏晋长斋绣佛前。醉中往往爱逃禅，李白一斗诗百篇。长安市上酒家眠，天子呼来不上船。自称臣是酒中仙，张旭三杯草圣传。脱帽露顶王公前，挥毫落纸如云烟。焦遂五斗才卓然，高谈雄辩惊四筵。录杜子美《饮中八仙歌》丙申年秋月，邵晋涵。”

陈洪绶（1599—1652），字章侯，号老莲，甲申（1644）后自号老迟，又称悔迟、弗迟、云门僧、九品莲台主等，浙江诸暨人。书法遒逸，善山水，尤工人物，与崔子忠齐名，号“南陈北崔”。

汪辉祖介先生乞新城鲁九皋撰双节文字。

汪辉祖《病榻梦痕录》“乾隆四十一年”条：“是年，介邵二云，乞新城鲁君絜非仕骥撰双节文字。”

乾隆四十二年，丁酉（1777），先生三十五岁。

夏至，因姻友鲁赞泉之请，先生为《余姚景桥鲁氏宗谱》作序。

民国《余姚景嘉桥鲁氏宗谱》邵晋涵序：“唐人重谱学，郡分其望，官修其书，条贯数千年而秩然有序。五代以降，家为私谱，散出无纪，古人类姓辨族之法亡矣。余少读《新唐书·世系表》、郑樵《氏族略》，颇疑其受姓源流多所传会。后见《元和姓纂》其援引古事，复多与二书牴牾，则知世谱之学在唐人已难得其精核，况于私门撰者之书乎。然私修之谱，亦有胜于官书者，各据见闻，整齐行列，不攀缘贵胄以为华，不胶合远郡以为广，质而实，信而可，征成一家，言斯其善也。

“姻友鲁君赞泉，奉其新修之谱来告余曰：‘此先君子武京公之志也。先世自州判公卜居景桥，是为南宋迁余姚之始祖。绵先泽以鸠厥宗，环桥而居，数里无他姓。其不得已而他适者，不忘宗祏，皆有故居回翔之慕然。家谱之藏传于宋，再修于明，其阙而不续者二百余年于兹矣。先君子惄然虑之，咨询耆旧，厘定规条，未竟厥绪。子既与诸昆弟修缮祖祠，复念谱牒不修无以承先志，详稽旁考，迟久而始具稿本，付诸梓人，用藉手以延永泽，先君子之灵爽实式凭之矣。’

“余因是而知君之承基厚而贻谋远也。周官三族之制，汉儒六亲之说，胥以奠昭穆而别等杀，合族十余世而云仍相嬗，相视如群从，盖亲亲之谊，本于天性然也，岂必官定其制而始相联属哉！余出游四方，喜从故家大族访问遗事，与史书志乘互相参考。其有笃念前猷，叙述家世悱恻动人者，必温良孝惠，克保世而滋大者也。其瞀然莫辨，与夫矫诬臆决不可穷诘者，必浮薄无行检者也。君言行淳笃，好为德于乡，勉承慧命，殷殷以尊祖敬宗为事，殚数年之力，以成此谱。存家言而著族望，垂裕之悠远，其不在斯欤！是为序。乾隆四十二年长至月，赐进士第、特征《四库全书》纂修官、翰林院编修邵晋涵顿首拜撰。”

五月二十七日，戴震卒于京师，年五十有五。

段玉裁《戴东原集》序：“先生卒于乾隆丁酉，年五十有五。”

是年，先生修《杭州府志》，与汪沆遇。

《南江文钞》卷四《槐塘遗集》序：“岁丁酉，杭州有修志之役，晋涵得随先生后，同事编纂，寒暑无间者，一年有余。”

汪沆(1707—1784)，字西灏，号槐塘。浙江钱塘人。早年受学于厉鹗，工诗文，与杭世骏齐名。乾隆十二年举博学鸿词。曾纂修有《浙江通志》《西湖志》等书。著有《盘西纪游集》《槐塘文稿》《槐塘诗稿》《湛华轩杂录》《小眠斋读书日札》等。事具《南江文钞》卷九《征士汪先生家传》。

【注】乾隆《杭州府志·前志原委》卷一七十八，谓《府志》创修于四十三年杭州府知府邵齐然，总修者为钱唐汪沆、会稽王增及先生。实有误，《府志》乃始事于四十二年也。

秋初，章学诚、张羲年同举于顺天乡试。

胡适、姚名达《章实斋先生年谱》“乾隆四十二年”条：“秋初入京，应顺天乡试。榜发，先生中式。先生前此尝七应乡试，凡三中(兼副榜)，一荐一备二落。”

张羲年《啖蔗全集》卷首章学诚《张羲年传》：“丁酉，与君同举于顺天解试。”

先生在杭州期间，得见许氏所藏朱提酒器十余事。

《南江文钞》卷八《书桂未谷家藏寿幢后》："岁丁酉，余在杭州，见许氏所藏朱提酒器十余事，形制古雅，有若容五升之觵者，有若容三升之觵者；有若爵，有若洗；有若时氏所镕素瓷者，有若西江蓝色瓷者。各凿姓名于侧，曰汤斌孔伯，曰徐乾学原一，曰杜臻肇余，曰张英敦复，曰朱阜即山，曰李振裕维饶，曰耿介逸庵，余多知名士。观其器，知其人，测其酒户之大小，以汤文正为最尊。诸公诗酒流连，虽琐事亦可传也。"

乾隆四十三年，戊戌(1778)，先生三十六岁。

正月三十日，钱大昕出为绍兴守，过杭州，访先生等，因留宿宗阳宫。次日同游吴山及七宝山三茅观，先生与同游诸人俱有诗纪游。

钱大昕《竹汀日记》"乾隆四十三年"条："正月三十日，早入城，泊段河头，往拜彭学使芸嵋、邵太守阁谷、邵编修二云与王编修方川，俱以修志寓宗阳宫，要余留宿，因移行李至宗阳宫，谈至夜分方寝(自注：晤汪进士辉祖)。

"二月初一日，金拱辰来，早与二云、方川同登吴山。……陆孝廉筱饮闻予至，来候踪迹，遂同行至七宝山三茅观。"

钱大昕《潜研堂诗续集》卷三《游三茅观同王方川、邵二云、陆筱饮作》："香火三茅旧，楼台七宝传。牒存丞相押，额赐绍兴年。题字苔全蚀，颓垣鼠欲穿。洪厓相挹袂，真有列仙缘。"

先生应余姚知县唐若瀛之聘，回里协纂《余姚县志》，著《学校官田考》一文。

《南江文钞》卷八《学校官田考》："今年，邑人请修志书。余不敏，承乏志事，因为钩稽学田。按之前明《陈冢宰碑记》及今现存档册，实有学田学租名包凿凿可据者，得田三百四亩八分五厘三毫，悉登载志书，以杜欺隐而昭核实。但学田者，学校官田也。今惟县胥收其息。问其赋出，仅公款七十五两有奇。问其赋入，则茫无可稽也。噫！官司失守，刁蠹朋兴，害己去籍之术工，诡寄悬抵之弊作。官田具在，名存实亡，其不为剖分之瓜，即为螬食之李矣，可深嘅也！夫维特邑大夫三原唐君，良有司也，有志兴废举坠。乃移篆钱塘，未获终蒇其事。余故详考之，以竢后之官吾土者。时乾隆戊戌八月望日。"

王昶有致先生书，乞题句《三泖渔庄图》。

朱兰《南江先生年谱初稿》引王昶贻先生书札："昨见那三世兄云，渠已踵门上谒,未审文从何时下榻耶?希为示知,再通悉内其,不略,乞付一借示。即候兴居,不宣。二云老先生。同学弟昶拜白。”

又:“残暑未退,不敢触热走候,比来伏惟起居安善,那三世兄已于前月底往热河引见,须至初十后始回。据称约于中秋左右敬邀文从也,同学弟王昶拜手。”

又:“夜夜未能走候,惟比来起居佳胜,前奉阅之《祇平居士集》,可有古人少知否?窃为方望溪后数十年,无此作矣。仍襄发还并候,不备。二云先生。同学弟昶拜手。”

再:“旧有《三泖渔庄图》自归愚先生后,当代名人皆有题句,更求大笔一题,或如惠松崖征君数语亦可,题诗一本并附览,十日后走取。又启。”

《南江诗钞》卷四《题王述庵少司寇昶三泖渔庄图》:“先生钓游处,旧在泖湖曲。夜雨接鸣榔,畲山晓敷绿。隔浦水云移,低掩鹭丝宿。荇带转笭箵,春江卷斜幅。澄流澹须眉,定钓兹泉玉。勋名勒旗常,撰著溢图录。乡梦落沧江,雕菰及秋熟。烟波泄清怀,云山寄遐瞩。越水邻吴淞,亦有傍溪屋。梔楼晚饭行,读画乡思触。”

钱泳《履园丛话》卷二〇:“三泖渔庄,在青浦县之朱家角,刑部侍郎王兰泉先生所居也,有经训堂、郑学斋、蒲褐山房诸额。”

王昶请人所绘《三泖渔庄图》,非止一幅。同题之作亦甚夥,如严长明的《黄埠舟中题王兰泉〈三泖渔庄图〉即用卷中凌叔子诗韵》诗,钱大昕《题王琴德〈三泖渔庄图〉》诗,蒋士铨《摸鱼儿·王琴德比部〈三泖渔庄〉册子》词,吴省钦《述庵〈三泖渔庄图〉诗,作于三十年图》诗等等。

秋,先生入都补官,朱休度有诗赠先生。

朱休度《小木子诗三刻》《戊戌秋送邵二云太史入都四首》:“书满船舱月满川,秋行如画望如仙。乘风此去扶摇上,游翮蓬莱尺五天。先生经义析纷纭,雠讨遗文补缀勤。郭璞后身有杨子,赵岐今日折朱云(自注:太史著有《尔雅正义》暨《孟子说》)。写来影子有王偁,柯氏新编体未宏。东马南狐谁有笔,千秋著作待君成(自注:太史将有事重辑《宋史》)。昨秋夜夜倾浊醪,煨芋剥栗持蟹螯。此会匆匆后会渺,送行跑踋心煎膏。”

朱休度(1732—1812),字介裴,号梓庐,浙江秀水人。乾隆十八年举人,官嵊县训导。历迁山西广灵知县,多善政。著有《小木子诗》《学海观沤录》《紫荆花下闲钞》《游笔》等,事具《清史列传》卷七二。

先生过杭州别汪沆,沆送以诗。

汪沆《槐塘诗稿》卷一五《送邵二云编修入都》:“结交不厌晚,所贵在知心。君不弃穷老，渡江劳相寻。坐无寒暄语，纵论彻古今。依依不肯去，树阴移堂襟。宛如平生欢，异苔本同岑。

“古杭称首郡，图经旷失修。文献日就湮，邦人抱私忧。召父今太守，续纂急为谋。辟局集群彦，琳宫敞且幽（自注：设局宗阳宫）。裁成两史材（自注：君与王方川编修），椽笔班马俦。八十七年事，洪纤勤讨求。补遗订误舛，腕脱不厌休。惭予蹇劣质，驽马附骅骝。

“君今还朝去，高步白玉堂。恭闻崇儒代，天府罗文昌。宏开四库馆，万轴富琳琅。群集兼秘册，大吏进四方。方汰慎所择，庶副延阁藏。

“古人有陆二（飞），遗荣狎钓艣。幽栖翟教授（灏），家食忘其贫。二子我石交，语默见天真。今获托末契，南村得三人。忽来告我别，孤怀郁不伸。近别长相忆，远别伤我神。男儿结主知，乘时合致身。望云牵乡思，禄养足慰亲。勋名期早树，来结渔樵邻。”

秀水王复有送先生入都诗。

徐世昌《晚晴簃诗汇》卷一〇三王复《送邵二云编修入都》：“论交半载饮芳醇，祖帐新图越水滨。海内才名唐制诰，胶西经术董天人。扁舟安稳图书重，长路寒暄眷属亲。到及六街春色早，编摩藜火夜重陈。”

王复（1738—1788），字敦初，号秋塍。浙江秀水人。王又曾子。援例为国子监生，考授主簿，改捐府知事，为毕沅所知，奏请留陕西试用，又随其至河南任所，署浚县丞及鄢陵、临漳、武陟诸县事，官至偃师知县。著有《树萱堂集》《晚晴轩集》。事具《清史稿》卷四八五、《国朝耆献类征》卷二四五、武亿《偃师县知县王君复行实辑略》。

中表侄慈溪叶燕有《送邵二云表叔北上序》。

叶燕《白湖文稿》卷二《送邵二云表叔北上序》：“昔危太朴与吴文正同郡临川，虞道园谓：‘士有一国之士，有天下之士。以一国之士、天下之士同处一乡，不待去亲戚，远坟墓，而得见之，为太朴幸。’余每读《道园集》至此，掩卷太息不能已，曰：‘嗟乎！士何遽得此乎？抑我又有感焉。’孟子曰：‘一国之善士，斯友一国之善士。天下之善士，斯友天下之善士。’夫既同处乎一乡矣，而以国士天下士称，则我虽有欲见之心，庸讵必彼之能为我见乎？则幸之中又有不幸者在也。故尝以为士之荦荦离世殊俗者，莫不得大贤君子为依归，相与质疑考信，上下其议论，以发其志气学力之所未至，其一时师友渊源之厚，后之人慨慕流连，而要其当日之所以自处者，正非偶然也。然则苟非有以自处，虽一乡有不得见之叹。而士苟不得大贤君子为依归，即又何以尽其志气学力之所至也乎？

“余姚邵二云先生，所谓一国之士天下之士也。慈余接壤，而余所居抵先生之居不终日可至，无异同处乎一乡也。先生于余为中表叔侄，余先世尝有葬其地者，是又不特不去亲戚远坟墓，而固近且就之也。然余自有知即知有先生，怀之二十余年，乃得见之。虽无可以为质疑考信之端，而以道园幸太朴之言观之，则余之所幸多矣。独念太朴得见文正，而文正之书卒未有一言及太朴者，何也？岂非其自处不甚高，虽得见焉，无异于未之见乎？夫以二十余年欲见之人，幸有葭莩之亲，可无不得见之叹，而所以发其志气力学者，茫乎未之有得，则余以得见先生为幸，乌知先生不以未见余为惜乎？于是知所谓幸不幸者，又不在见与不见也。今年春，先生释服入居翰苑，为天子导扬雅化，一世之士所欣幸，而余以病不能送。惧终无以发其志气力学者，感而为此言，冀异日拜先生于上都，有可以质疑考信，上下其议论，后之人溯渊源所自来，幸余得天下士为依归，不仅如道园之幸危太朴也，此则在余之自处而已矣！”

叶燕(1755—1816)，字载之，号白湖，又号次庵，浙江慈溪鸣鹤人。其父叶本，以经营国药起家，为鸣鹤首富。少负异禀，为千言立就。嘉庆三年举人，候选教谕。著有《白湖文稿》《白湖诗稿》。事具光绪《慈溪县志》、光绪十六年《慈溪鸣鹤叶氏宗谱》。

重九，遇罗有高于吴门，有高出周永年贻汪辉祖书，授先生转寄。

汪辉祖《书〈金楼子〉后》：“戊戌重九，二云北上，遇台山于吴门。台山出周太史贻余书，授二云转寄，需葵曾受其书由武林寄余，而余未之得也。是夕遂治装至武林求之。……太史从《永乐大典》辑录《金楼子》六卷，命致鲍君以文者，亦俨然在焉。”

先生为同年金轗撰其从祖《诰封中大夫候选道金公墓志铭》。

《南江文钞》卷一一《诰封中大夫候选道金公墓志铭》：“公讳肇铎，字自白，晚号与斋，先世为休宁望族。祖讳建烈，以明末避乱迁杭州。考讳坤秦，乐贫励志经学，教授里中，为大师公其叔子也。……年八十寿终，生于康熙三十六年九月二十八日，卒于乾隆四十一年十月十五日。娶山阴王氏，继娶钱塘吴氏，早卒，俱赠淑人。副室项氏，赠宜人。子五人：长潮，候选道，加一级；次瀛，议叙即用主簿；次江，未娶殇；次海，议叙即用州同知，加顶带一级，出为仲兄后；次泳，候选布政司理问，加二级。女二：国学生吴秉伦、仁和庠贡生龚澡身，其婿也。孙六人：柯，候选布政司经历；棻，国学生；棫，翰林院孔目；栻、梿、枝，俱业儒。孙女四，曾孙女二。先时潮等葬两淑人于赤岸山，复以公素爱西溪之胜，卜地于九龙沙石人坞。葬以四十三年九月二十九日，项宜人祔。属余为之铭。余未及见公，公从孙澈为余同年生，述公行事甚悉。余又见堇浦杭先生《道古堂文集》，称公俭而让，端静不苟訾笑，引为畏友。是则公之笃行，固征信于乡论矣。”

入都，集王方川所。

《南江文钞》卷六《销寒叠韵诗序》：“越二年，余南归，戊戌入都，则集于王方川所。”

冬，先生获交刘台拱。

《南江文钞》卷七《刘余斋先生六十寿序》：“徒维遏茂之冬，晋涵来京师，获交刘君端临。爱其人渊通而静远，键户治经，造次见儒者矩矱，既谂为前明儒者贞修先生之后，乃知渊源有自，贞修以学行著声东林书院，未竟厥施者也。”

刘台拱(1751—1805)，字端临，号江岑。江苏宝应人。乾隆三十五年举人，屡试礼部不第。时四库馆开，台拱在都与朱筠、程晋芳、戴震、邵晋涵，及同郡任大椿、王念孙等交善，稽经考古，旦夕讨论。著有《刘端临先生文集》《论语骈枝》《礼仪传注》《经传小记》《荀子补注》等诸书。事具《清史稿》卷四八一、《清史列传》卷六八《儒林传》下一、朱彬《刘先生台拱行状》等。

在京师，与王昶、孔广森、孔继涵等常以谭艺过从。

严荣《清王述庵先生昶年谱》“乾隆四十三年”条：“是岁，邵二云庶常、孔众钟庶常广森、荭谷主事继涵、汪剑镡孝廉端光、张芑堂贡生燕昌、王竹所上舍初桐，而门人金云庄主事德舆、徐尚之上舍书受、汪书年上舍大经、杨蓉裳上舍芳灿、及其弟荔裳揆常以谭艺过从。”

孔广森(1753—1787)，字众仲，一字㧑约，号顨轩，山东曲阜人。孔子六十八代孙。乾隆三十六年进士，改翰林院庶吉士，散馆，授检讨。性聪颖，尝从戴震、姚鼐受经学。著有《春秋公羊经传通义》《大戴礼记补注》《仪郑堂文集》《仪郑堂遗稿》等。事具《清史稿》卷四八一、《清史列传》卷六八、阮元《孔广森传》等。

是年，章学诚成进士。门人大兴吴裕德成进士，授庶吉士。

胡适、姚名达《章实斋先生年谱》“乾隆四十三年”条：“先生旋成进士，归部待铨。自以迂疏，不敢入仕。”

朱兰《南江先生年谱初稿》：“门人大兴吴裕德成进士，授庶吉士。”

张羲年报罢，用特奏名，得一体殿试。俄羲年疾作，不获与试而卒，《四库全书》正总裁阿桂、总纂修官纪昀均有挽联。

张羲年《瞰蔗全集》卷首章学诚《张羲年传》：“明年会试下第，而君于馆阁修书积有成劳，馆臣特奏君名，诏许一体殿试。于是向知君者而为君惜者，以君两次当应民社竟用馆阁修书，度其声望当与翰林中书相等，而大比之年尤不免櫜笔筐饵。……君亦自喜遭逢旷典，谓予曰：'吾少孤，家有老母，实能体先子意，以规以范训植小子，以至于今，今年七十矣。初度称觞，欲得吾子为文，以志生平，他日将附家乘，垂久远也。'予诺之。是时方逼殿试，未详询之。无何君疾遽作，未及与试，然予日再问之，君沉困中犹询制策所问何等？廷唱前一日，犹问一甲三人姓名，喟然曰：'半生奢志，徒成虚愿。'嚎啕大哭，予为诡辞以别之，及予赴胪传，同年进士有知君者，谓君于夜半死矣。"

光绪《余姚张氏宗谱》卷八《翰墨》："阿桂挽联云：'特诏广搜罗，彤墀许展刘蕡策；奇才多著述，碧落催成李贺文。'纪昀挽语曰：'事竟败垂成，临到头时偏不得文章报国；变真生意外，最伤心处是正逢君相怜才。'"

张羲年著有诗文集十六卷，及《周官随笔》《丧礼详考》等书，其稿皆存先生家。先生拟为刊刻，未果；后经钱大昕、陈以纲评辑，至光绪十九年，始由其曾孙锡恩勉力付印，然《丧礼》《周官》原稿，已残缺不全矣。

章学诚《瞰蔗全集》卷首《张羲年传》："君遗文存邵君晋涵家，邵君且为之付刻。"

乾隆四十四年，己亥(1779)，先生三十七岁。

正月，因吴裕德之请，先生为其祖吴鸿基撰墓铭。

《南江文钞》卷一一《诰赠奉直大夫内阁侍读吴先生墓志铭》："维吴氏远有端绪，先世自徽州迁浙，又迁金陵，著籍上元，代为清门。其自上元移居京师，自封侍读岸舫先生始。……先生讳鸿基，字孟遴，岸舫其号也。祖讳尚忠，国子监生。考讳之琏，赠奉直大夫。妣龚氏，赠宜人。先生少开敏，嗜学，通经史，为上元学生，治举子业有声，屡擢高等。……著有《岸舫斋集》若干卷，皆客中寄意之作。……乾隆九年三月十八日卒于京邸，距生康熙三年九月十一日，年八十有一。以子贵赠奉直大夫内阁侍读。初娶于汪，继以何，俱早世。继娶顾宜人于京师，有妇德，娴诗书，持门整肃，使先生无内顾忧。生于康熙二十九年八月十一日，卒于乾隆二十三年九月十八日，年六十有九。子肇元，以大兴籍登乾隆辛未进士，内阁侍读，学者所称百药先生也。孙六人：裕昆，候选州同知；裕德，翰林院庶吉士；裕仁，丁酉举人；裕义，候选县丞；裕信，监生；裕智，诸生。孙女五人。晋涵与裕德为同年生，得以假馆，数奉教于侍读，闻先生行谊甚详。侍读每言居燕非先生初志。谋奉柩归葬上元，会疾作，不果。四十四年正月二十日葬于安定门外某坊。属晋涵为之铭。”

五月，先生代人作《兴州石鼓诗》并序。

《南江文钞》卷三《兴州石鼓诗》：“周室石鼓，相传为文王、成王、宣王时作，未有定论，要为有周盛时法器，后遂存太学门。皇上盛德神功，特命于兴州建学。四十四年五月，文庙成，行释奠礼，典至肃焉，泽至优焉。臣敬择唐人庙堂缺碑，去其重文，集领一十二章，幸奉圣谨，式观盛典，不敢怠礼。”

汪辉祖镌成《双节堂赠言集》，先生为之序。

汪辉祖《病榻梦痕录》：“是年，镌《双节堂赠言集》二十八卷成，附录一卷，王宜人传志也。自丙申，推两母遗志，征绍兴节孝事实，至是得山阴、会稽、萧山、诸暨、余姚、嵊县凡三百五人，呈藩司国公，转饬各县备案扁表。”

《南江文钞》卷六《双节堂赠言集序》：“吾友汪君辉祖，萧山人也。少孤，继母王、生母徐同心持节，鞠之极艰。比长，树志治三代古文，而兼通当世之务。于是胪两母之义告大吏，大吏上其事于朝。制旌曰‘双节’，建坊萧山大义村。而辉祖畜念两母，备荼苦不释。朋友燕间道说两母，辄涕泗交颐，跽拜哽咽，请文章。四方宾士大夫接辉祖，即未尝不感动叹息两母之贤。改容为敬，为属文，惟惧不切雅，以虚辉祖之求，或辗转为代请，期必得。故致交至富，诸体备，多事辞相称之言，偶有不工者，而无害于古人不苟毁誉之恉。盖辉祖乞言之心，诚于中，信于人人，其博矣。既辉祖涂塈先人之旧庐，而名曰‘双节之堂’，而复编次所受歌诗、杂文梓布之，命曰《双节堂赠言集》，以其序属晋涵。”

冬，童钰自河南寄书，与先生约会京师，未果。

《南江文钞》卷一〇《祭童二树二十八兄祭文》：“往岁己亥，余方北行。君书来约，自豫泝京。西山雪磴，树断溪横。踏冰拭雾，并吸云英。前期息壤，鉴曲耦耕。良觌何时，迟君三载。君滞天中，余留人海。”

在京师，先生于四库馆中裒集《永乐大典》所载张镃诗词，编定为《南湖集》十卷，仁和朱文藻正客京师，于是年仲冬从先生假副本携归虎坊寓斋，校勘一过。

朱文藻《书〈南湖集〉后》：“己亥仲冬，藻客京师，从邵太史二云得见四库全书馆中裒集《永乐大典》中所载张镃诗词，编定为《南湖集》十卷，传抄副本携归虎坊寓斋，粗校一过。”

先生为刘台拱父刘余斋先生作六十寿序。

《南江文钞》卷七《刘余斋先生六十寿序》:“徒维遏茂之冬,晋涵来京师,获交刘君端临。……逾年,端临以世父余斋先生六十寿辰,属晋涵为屏风题辞,因得悉其家世,益其叹贞修能贻儒业,其垂效固以远矣。余斋先生为贞修来孙,通经术,教授四方,多所成就。”

乾隆四十五年,庚子(1780),先生三十八岁。

正月末,先生有书致毕沅,毕沅有复先生札。

朱兰《南江先生年谱初稿》引毕沅贻先生书札:“正月杪,接展手书,得悉文祺绥吉,动定罄宜为慰。寄来《迎詹项册集》,用经语妙若天成,体裁亦古雅可观,随即缮定睿赏矣。闻石经馆定以明岁告成,校雠参考,深籍鸿裁,际右文之治,得以躬襄盛典,为之欣羡无已。《通鉴》抄本,闻舛讹之处甚多,史守出都时能托伊寄来固妙,否则亦不必亟亟,唯以详细阅定为主耳。端此布达,即候近好,不宣。友生毕沅顿首。”

上虞王汾原先生煦,已亥举人,是科春闱报罢,受业门下。

朱兰《南江先生年谱初稿》:“汾原先生有《小尔雅疏》《国语释文》《说文五翼》《文选七笺》等书,兵后板散失,惟《七笺》尚存,其于《尔雅正义》亦有校正七百余条。文孙小钱,拔贡,以残稿见示,则惟释木、释虫、释鱼、释马四卷,余为另录于本,举原稿还之。据小钱云,汾原先生原拟作《尔雅疏》,因南江有作,乃改疏《小尔雅》。小钱,名铿,道光己酉拔贡,现膺邑尊陶晴初云升之聘,课其公子在署。”

王煦,字汾原,上虞人。乾隆四十四年举人,官甘肃通渭知县,著有《空桐子诗草》。事具潘衍桐《两浙輶轩续录》卷一二。

先生与翁覃溪、桂未谷等常相过往。五月,书桂未谷曾祖述庵先生寿幛后。

《南江文钞》卷八《书桂未谷曾祖述庵先生寿幛后》:“曲阜桂君未谷携其曾祖述庵先生寿幛出示同志,皆康熙初名人赠言也。中如李文贞、杜肇余、田山姜诸作,皆情辞相称,虽献酬之作,要非率尔操觚,可想见盛时士大夫之风雅矣。……庚子五月,未谷招饮于翁覃溪学士斋中,偶征此事,学士曰:‘有寿幛,不可无侑觞之具,子盍记之。’因牵连书于后。”

桂馥(1733—1802),字冬卉,号未谷,山东曲阜人。乾隆五十五年进士,官云南永平知县。卒于官。精小学,工篆刻。著有《说文解字义证》《缪篆分韵》《晚学集》等。事具《清史稿》卷二六八、道光《济南府志》卷三八等。

是年，先生出为广西乡试正考官，副考官检讨钱沣，得士四十五人，副榜九人。

《南江文钞》卷五《广西乡试录序》："乾隆四十五年庚子，乡试届期，礼臣以广西考官请，特命臣晋涵偕检讨臣钱沣往司其事，伏念臣浙东下士，学识谫陋。自三十六年成进士，需次归里。三十八年春，蒙恩召自田间，充《四库全书》纂修官，补选庶吉士。散馆授职编修，仍纂校四库全书，兼辑三通，循分编摩，未有涓埃报称，兹复畀以衡文之任，弥深感悚。谨与臣沣如期抵境，监临、提调、监试、内监试各官肃清纲纪，董率有方，爰进学臣所录士二千三百有奇，扃闱三试之。臣晋涵、臣沣率同考官虚心校阅，中式者四十五人，副榜九人，谨录其言之雅者二十篇进呈御览，臣例得飏言简端。"

黄崇兰《国朝贡举考略》"庚子科广西乡试"："试题：敢问其次至乡党称弟焉，文武之政二句，孙叔敖举二句，南中荣橘柚得时字。解元梁世喆。"

《南江文钞》卷八《庚子科广西乡试策问》："问：治经必通训诂，博稽制度，进求义理，以达诸躬行。汉儒传注，远有端绪，名物象数，考核精详。唐人疏以阐注，加辅而行。孔颖达撰《五经正义》，《毛诗》《礼记》最善，《易》《书》次之，惟《左传疏》引证太略，何欤？贾公彦《周礼疏》融洽，先郑后郑之言，间示折衷，能得礼意，而《仪礼疏》前后牵合，转有失康成注意者，何欤？夫纂自一时，编自一手，而其书目分高下，岂所得有浅深？抑其援据六朝旧说，详略不可搜罗，有未备去取，有未当也？徐彦《公羊疏》多引图纬，杨士勋《谷梁疏》好为辨，难堪与孔贾并称欤？至宋初，所辑《论语》《孝经》《尔雅疏》及《孟子疏》，果可肩随于唐人欤？程朱以明体达用之学，发明经义析理之精，远胜汉唐因言考事，殆所谓身体而力行者欤？

"方今圣朝昌明经学，造就多方。诸生服习经言，将由本以该末，式训以禔躬讲求有素，其对以所闻。

"问：史家体例，刘知几分《史记》《汉书》为二家，《史记》为通史，《汉书》断代为书，法《汉书》者，《后汉书》《三国志》以下诸史是也。司马迁受《春秋》之学于董仲舒，易编年之体为纪、表、书、世家、传，网罗放失成一家言，后李延寿《南北史》、欧阳修《五代史》合数代为一书，体近通史。然较之《史记》，名似而实殊，能发明其义例欤？司马光《通鉴》易纪传为编年，补遗辨误，条理秩然，勒成考鉴资治之书，较《史记》体殊而义合，能旁推交通，伸明其说欤？郑樵有志于通史，用《史记》体撰《二十略》以广八书，纪传世家取诸旧史，而省其重复，将以囊括古今经纬终始，去偏党之私，成条贯之学，其命意甚伟，然卷帙浩繁，前后舛误不可枚举，能言其得失所由然欤？至于前人史评史论又孰有可采者?

“伏读钦定纲目三编,微言大义灿于日星,衮钺所垂,昭信万世。士人读书论古,仰承圣训,奉为遵循久矣。各述所知者,著于篇。

“问:《大戴礼记》言五帝之德,南至交阯,则广西在唐虞以前已属中土,《通典》谓两广在禹迹九州岛之外,然《禹贡》东渐西被,各书所至,唯朔南不为之限,知其声教所暨者广,通典所云殆不足,据《尔雅·释地》多述殷制,其言四极,曰南至于濮铅,郭璞谓濮铅之内为北户,郦道元《水经注》北户在交州,则广西固在四极之内。秦汉以后,郡县之分合,州道之改更,备载史志,能缕悉其沿革,分数其疆域欤?山峙水环,钟为郡会,山则五岭得其三,水则三江汇于一,山名屡易,水道屡迁,寻其脉络,穷其源流,究以何说为定?外此若句漏列于图箓,灵渠关于水利,缔造何代、创始何人、形胜之雄秀能言其大概否?述广西风土物产者,如《桂海虞衡志》《岭外代答》诸书皆远方侨客所纪载,或传闻失实,或沿袭承讹,以今证古,有可抉摘其误者,能举其一二欤?生长其地,善言土风,详悉具陈以为。当宁献。

“问:士习淳醨为风俗所肇端,敦朴之区易于倡导。汉文翁化蜀遣高才生东受七经,创兴文学,风教大行。唐韩愈在潮州择赵德为师,遂变岭南之俗,垂芳史册,代有明征。广西风气朴茂,士多秀异,自陈钦陈元以左氏之学显于东汉,士燮兄弟以治《尚书》著于吴,伟人杰士卓荦相望,乡先生遗教犹有存者。景行前哲,流播风徽,能备举之否也?柳宗元在柳州,士以宗元为师者,其文皆有法度可观,而教化所被,至于民业有经,公无负租,出相弟长,入相慈孝,岂非其教易行,而其政易成欤?则夫顺良有司之教,束躬砥行,为四民之倡,可不思自奋勉欤?朱子《静江府学记》,因学校兴废推言风俗盛衰,其指归何在?张栻《三先生祠记》,宗先觉而求实践,期望于桂人者至矣。三先生之绪言,牖世觉明,可约举数条共相勉励欤?

“圣天子久道化成,宣昭雅治,校士衡文,先觇器识,平日蕴负,盍详渐言之。

“问:积贮昉于周制。《汉书·食货志》始言常平仓,其后义仓社仓因时变通,与民调剂,何者为最善?夫沃土易委藉,瘠土少盖藏,消息盈虚,岁功递转,先事储备,裁度宜民,所云‘谷贱增价而籴,谷贵减价而粜’者,洵不易之良法欤?以粤西言之,唐李渤有《奏桂管常平义仓状》,则岭外之置常平,其来已久。山田硗洿,溪田复苦垫涝,农民不知远计,遇丰岁则习为故常,至岁歉而仰食官吏。昔人所虑,有不仅藉常平之贮者,岂不在农民之自为豫备欤?义田行于梧州,义仓行于怀远,因其敦谊之俗,筹其经费,定其规条,图其永久，又在长民者加之意欤？我皇上仁恩普被，春泽覃敷，寿宇延淇，同臻乐利，诏蠲正赋，藏富于民，广西黎庶咸含哺鼓腹，歌咏太平矣。诸生将学古入官，裕民之源，当求实用，剀切言之毋隐。”

史致光有诗二首赠先生典试广西。

朱兰《南江先生年谱初稿》引史致光诗：“奉送夫子大人典试粤西二律：文教幸敷象郡通，抡材常特命宗工。正难丝度金针底，岂有珠遗铁网中。湘水一条供煮茗，衡云九面快推篷。不妨小补清羸体，句漏丹砂贮菜笼。物博千门世尽惊，学追汉魏冠西清。暂离虎观辞雠校，重遣难林识姓名。文向柳州寻法度，事搜桂海读虞衡。归装分乞呈华稿，问字年来逐倍倾。受业史步云。”

史致光(1752—1828)，原名步云，字青路，号渔村，葆甫，浙江会稽人。乾隆五十二年丁未科状元，授翰林院修撰，五十四年任湖北正考官。后以京官出守大理，旋调云南知府。嘉庆年间擢贵州按察使，历贵州布政使，云南巡抚，云贵总督。道光三年，召还京师，授都察院左御史。未几，以病求假，辞官归乡。

翁方纲亦有诗送先生典试广西。

翁方纲《复初斋诗集》卷二一秘阁集七《送邵二云典试广西》：“感旧炎洲十载心，美人兰茝伫盈襟。西江渡口应相讯，南涧题名不可寻。风急三湘泉漱玉，秋高八树粟抽金。四愁谁识张平子，惆怅琅轩满桂林。”

翁方纲(1733—1815)，字正三，又字叙彝，号覃溪，又号苏斋，北京大兴人。乾隆十七年进士。历官广东、江西、山西学政、内阁学士兼礼部侍郎。为诗尚苏、黄，精于金石书法。著有《复初斋诗集》七十卷、《集外诗》二十四卷、《文集》三十五卷、《两汉金石记》二十二卷、《粤东金石略》十二卷、《经义考补正》等。事具《清史列传》卷六八、《清史稿》卷四八五等。

后钱沣有诗寄怀先生。

钱沣《钱南园遗集》卷二《寄怀邵二云先生》：“地经三宿(时宿遂平)岂忘清，伏枕窗鸡正乱鸣。候杂秋冬霜未苦，境交申许路仍平。酬恩万一知何日，失学空疏已半生。可得频呼将伯助，风流如在桂林城。”

先生使粤曾有诗一卷，后仅存《蒲圻道中杂咏》六首、《浯溪磨厓碑》一首。

《南江诗钞》卷末附邵秉华跋语：“庚子年使粤，往返得诗一卷，今惟存《蒲圻道中杂咏》六首，《浯溪磨厓碑》一首，余俱无存。”

《南江诗钞》卷四《蒲圻道中杂咏》：“陆木西流故道存，惊波如箭旧沙痕。

虚传赤壁周郎渡，谁识金城陆涣屯。峰腰曲抱丹心树，云表微分白面洲。揽辔不须频问道，马鞍山近见交流。鸣泉修竹绕精庐，觞咏风流叹久虚。犹有洼樽留古篆，熙宁癸丑暮春初。山田风软卷轻岚，近水林峦滴嫩蓝。鱼若空行应可数，鸬燕何处下澄潭。莼菜塘西送神讴，蒲花开过玉湾头。刀环江口如相望，飞镜凌空又及秋。北牖迎凉暑气苏，山程水驲讯前驱。轻轺明发长洋港，三楚旧陵展旧图。"

《南江诗钞》卷四《题浯溪磨厓碑》："唐中兴颂磨厓碑，碑字照耀浯溪湄。扶藜客过重题句，掉臂欲与元颜齐。大书深刻左右列，特立壁垒蟠新奇。天宝肇乱有本末，儒议过激徒尔为。延秋门上乌夜啼，宗社失守乘舆西。常山脊断凝碧冷，河北义士嗟畸依。储皇拥立保灵武，神尧国命凭于斯。贞观内禅有家法，矧值丧乱乘前基。涤瑕荡垢与更始，白日高照天王旗。指麾李郭扫河洛，激厉张许屏江淮。义声四合群力并，安捧鹤籞还京师。鸡鸣问膳若尽孝，仓猝举事夫何讥。孤臣望治老文学，忠厚犹得诗人遗。二圣重欢获底豫，事虽难觏情庶几。特书太子重即位，继体授受明无私。仅循故事守监国，进难禀命退丧威。坐纵逆贼贻国蹙，小孝翻恐隳鸿规。奈何中道制嬖宦，南内控马成惊危。天火下摧武乙震，灾异千载犹传疑。连昌竹碎杜鹃血，忠臣哽咽难为辞。前朝事往苔藓古，史家定论知何时。暮秋持节过溪曲，鲁公大笔瞻淋漓。试翻新论诘涪叟，道州或许心相知。"

是年，先生以宋刻《离骚草木疏》相示鲍廷博，鲍廷博刻吴仁杰《两汉刊误补遗》成，九月上旬，鲍廷博刻先生所藏宋本《离骚草木疏》。

鲍廷博《离骚草木疏》跋："刻斗南先生《两汉刊误补遗》既竣，姚江邵太史晋涵以宋雕《离骚草木疏》相示，复为校而刊之。乾隆庚子九月上浣。"

圣驾五巡江浙，先生作《集唐项并序》。

朱兰《南江先生年谱初稿》："圣驾五巡江浙，作《集唐项并序》。"

乾隆四十六年，辛丑(1781)，先生三十九岁。

同邑翁元圻是年成进士，其读《困学纪闻》时，曾向先生请教。

翁鉴明《余姚东门翁氏宗谱》卷九《士籍》："(翁元圻)乾隆甲午解元，辛丑进士。由礼部主事历仕致湖南布政使，特旨护理巡抚，内补太常寺少卿加四级，晋资政大夫致仕。"

翁元圻《困学纪闻注序》："元圻幼嗜此书，通籍后，备官礼曹(翁辛丑进士，故属之是年)，尝质难于中表邵二云先生。"

六月二十六日，朱筠卒于京师。年五十有三。

姚名达《朱筠年谱》“辛丑年”条：“六月二十一日夜，先生忽得痰疾。翌日，渐瘳。二十六日疾复作，夜四鼓，遂卒。（朱珪《竹君朱公神道碑》）”

七月，先生为家乡同善堂施材会撰碑记。

光绪《余姚县志》卷一三《义举》：“同善堂在东北隅六府庙右。乾隆三十五年里人励景康、吕天奇创为施材会，置田二十九亩有奇，楼屋二间。”

光绪《余姚县志》卷一三《义举》邵晋涵《施材碑记》：“舍材亦仁道之一端。吾姚此举久废，复之自乾隆三十五年间，城北励君景康、吕君天奇二君始。二君之言曰：‘噫，吾尝过市而有毙丐焉，挨户合货棺殓，炎雪辄迁延，数日不得棺，或敝席裹埋尸，陀林其免犬掊啮者难。又过尸陀林，见棺坏骸骨暴露如乱麻。思若辈生前受诸苦烦恼，死后惨又如此，吾辈之心悯焉，然而不能独为善也。’

“于是景、奇合捐先办舍材二十具，贮东门外六府庙，以备急贫无告者，亦稍稍来取。因亟向两城铺户劝助，俟给去舍材一口，即赴愿助者每家取钱拾文，计乐助者共一百数十余家。其钱除仍备领去材费外，所余之资，至年终汇计出存生息，陆续置产。不十年，其置得露羽两字号田二十八亩有奇，又置东城下楼房两间，嗣后舍材得常继应。每冬至前后，雇工往各义冢数十处督理，将好棺盖茅，露骨拾塔，然则是役也。

“二君一念之善推之人，又推之人人，身不辞劳瘁，历数十年寒暑而不倦，而其事遂善始而善后，可谓难矣。我以为不可不勒诸石，以劝后之继者。赐进士出身、翰林院编修、文渊阁校理、四库馆总纂、庚子科广西正考官加三级邵晋涵撰，乾隆四十六年岁在重光赤奋若相月谷旦。”

九月下旬，先生代人作《吴学山先生七十寿序》两篇。

《南江文钞》卷七《吴学山先生七十寿序（代）》：“戊戌之春，某等与吴君衣园同举南省试，因得从过庭以谒见学山先生。先生以名德重中外者垂四十年，比某等得见，则容貌才如五十馀。人接通家后，进粹然蔼然，和翼以宽博。……某等既得与衣园为兄弟之好。今年九月，适遇先生七旬介寿之辰，相率谋，所以祝嘏。”

《南江文钞》卷七《吴学山先生七十寿序（代作）》：“乾隆辛丑秋九月下浣，为吴学山先生七十寿辰，四方贤士大夫相率为诗歌，介觞上寿。某等夙奉先生之教，与仲君衣园为婚姻兄弟之好，情之亲当知之切，有不能已于言者。”

十月初三日，章学诚有致先生书，告之近况。

章学诚《文史通义》外篇三《与邵与桐书》:"学诚顿首与桐五兄足下:相别半载,积思万千,足下尔日眠食何如?晴兴颇复佳耶?弟以蹇运,所如辄蹶,颠倒狼狈,竟至不可复支,以海度之素交,而刻薄无情,迥出意计之外,所谓病寒而益之冰雪也。言之可为交道中作一鉴戒,亦弟之劣命有以致之也。羁栖肥乡,忽忽半载,羝羊藩触,进退斯难。天津一席,既为竖子所欺,莲池又复再成画饼,从兹以往,非第谋事多难,即当事荐牍,亦更难启齿矣。夏间接读手示,以关中一席,毕中丞覆以缓商,不识中丞覆意如何。倘淡漠无意,则无可投矣。若犹有平原旧意,或未得坐拥皋比,即从事编摩术业,不无少有所获。惟足下斟酌为之,度其不可。则竟不须饶舌,如在可否之间,则再以一牍讯问,应侯有言,疑则少尝之,此类是也。但不为则已,果其为之。不妨少假羽毛,高抗其说,意谓中丞爱才如性命,慕贤如饥渴,而兰苕翡翠,无不处之上林,碧海长鲸,几不免于沟壑,当亦仁人君子所不忍闻,往者竹君先生泛爱及众,有所举于中丞,皆一时之选。然亦有拯悯饥寒,仅就尺短寸长,使之有以自效,中丞雅善衡量,亦既随其器之大小,有以满其剂量,以是人称中丞能得士矣。而斯人亦出竹君先生门下,袖手冷笑,独谓人世不必更求知音,倔强自喜,不复顾屑,以至于今,故困穷转出藩篱鴳雀下也。某属公门下,辱知为深,当此相须殷而相遇甚疏之际,苟不为公一言。则负知遇之恩莫斯为大,如中丞试一接之,使之进其所长,果有一言出于中丞,先后延纳之士同所见及者,某便为欺谩大君子,不宜在门下籍。昔退之为孟郊致书张建封,子瞻为董傅左致书欧阳子,俱是其人已死,乞当道有力者为之恤其后人,葬其遗骸,而辞旨斐恻,神气激昂,千载而下,诵之犹足令人兴起,何况当日身亲其事者耶!

"惟足下酌采其意,修饰其词而润色之,使不乖今人之视听。而不掩鄙人之所长,抑亦可谓善矣,其成与不成天也,又何尤焉。如待既转沟壑之后,而后有如退之、子瞻之所请焉,抑其晚矣!然亦今世必无之事也,比日肥乡、永年二县,亦此议修志事。然扰扰数月,竟无定局,盖畿辅州县,多困差繇,当事者憔悴拮据,虽有雅意,而实力难副,肥乡主人,于弟有厚,故一时未得舍去,非此间竟有安身处也。连接儿子来书,竹君先生竟作古人,竹厂、文子又先后逝去,师友之间,零落多故,既悲宿草,行自念也。儿子又以西监事例,得旨停科,此实君父隆恩,曲贷成全,不可不勉思称副。十年之内,既免科场扰乱心曲,熔经铸史,华实兼修,例限满后。譬如引弓者之持满而发,较彼三年一次,徒搔无益之首,仰问无臭之天,忽忽亦复十年,其间孰得孰失,不待愚夫而辨之矣。所虑为日太宽,心懈力弛,则是不能仰副朝廷教养人材至意，此等无根之草，即使岁岁观场，何益之有？惟愿足下时时悚惕，使其从兹以往，读书作文，勉学励行，不懈益虔，则停科之益，较之特开恩科，其得为尤重也。风便草草，语不宣心，惟足下赐之教言，幸甚幸甚。十月初三日。”

是年，为张力行的家世旧闻集《张氏垂范录》作序。

《南江文钞》卷六《张氏垂范集序》：“湘潭张氏，故望族。代有清德，绳笃祉以昌后，方光显于时。顾堂司马惧先训之散见故书，不及时裒集，无以昭后人法守也。乃述家世旧闻，曰追远录，曰表节录，曰阐孝录，曰先训录，曰寿萱录，合为《张氏垂范录》十一卷，属余为序。曩余以奉使过湘潭，适县有修志之役，里中贤士大夫辄为余道张孝子轶事及孝子母马孺人贞节状。余肃然整容，憬然心动，欲访拜其墓道。以行役有程期不果。及读斯集，乃知顾堂即孝子之孙也。”

张力行，字顾堂，号柏庐，清湘潭人。历官海盐、平湖知县、东海防同知，擢山西宁武府知府，调汾州府知府。因亏欠库款，与子情田同罹重典。著有《雪鸿集》。生卒不详。

乾隆四十七年，壬寅(1782)，先生四十岁。

春，河南青龙岗黄河漫口合龙未成，帝派乾清门侍卫阿弥达前去青海，寻找河源告祭。阿弥达将所见绘图进献朝廷。帝命四库馆总裁纪昀等人据此与康熙及以前诸家河源说加以辨正，编成《钦定河源纪略》。先生参与其事，得见阿弥达河源图，有《题阿少司空奉使探河源图》诗。

《南江诗钞》卷四《题阿少司空奉使探河源图》：“昔从石室校图录，记远得见河源书。伟欤盛治辟疆寰，于阗葱岭成通涂。寻源特命世臣往，核实还奏承帝俞。勒成巨编贮秘阁，流传芳迹存遗图。”

二月，先生为同年歙县洪素人父洪筱洲先生撰六十寿序。

《南江文钞》卷七《洪筱洲先生六十寿序》：“世或以歙县三洪比诸宋鄱阳三洪，以我友素人及其仲季相继以召试高等，入薇省，与景伯、景严、景庐并以词科起家，先后有同揆也。晋涵与素人为齐年生，因得尽交其仲季。又从姚姬川郎中见其《题筱洲先生课经图》，知先生之训迪三子者甚严，其期待者甚远。而素人昆季复善承意旨，僶僶翼翼，劝学修身，务著其儒效。然则本庭训以推见端末，树志闳远之业，岂必援前人之迹以相拟哉！岁壬寅二月，先生行年六十。年家子之在京师者，谋举近世所为生日献寿之仪，属晋涵为序。”

是年，编纂《四库全书》告成。《四库全书》第一分缮成，藏庋文渊阁，其三分藏文溯阁、文津阁、文源阁。先生有诗。

《南江诗钞》卷四《恭和御制经筵毕文渊阁赐宴以〈四库全书〉第一部告成庋阁内用幸翰林院例得近体四律首章即叠去岁诗韵原韵》："诏自讲筵临秘阁，春旗晓共彩云移。承光许及然藜向，摛藻真惭受锦迟。万轴琅函瞻富有，十年兰馆被恩私。文渊即睹源津接，首蔀成编勉副期。排签讵数汉唐哉，碧海瑶林荟萃来。三万六千编叙整，丙丁甲乙部分该。分列儒臣叨锡宴，仙韶调律静莲筹。忆从前史承恩者，曾与频年异数不？"

《南江诗钞》卷四《恭和御制仲春经筵有述原韵》："迎和律转摄提春，讲幄䌷书重阐循。仁且智兼符孔性，哲而惠协厌尧民。还将延泰持恒意，仍勉时几日赞身。寿宇即今昭雅化，欣闻睿论语诠真。"

十月初三，童钰卒，先生有祭文。

袁枚《小仓山房文集》卷二六《童二树先生墓志铭》："山阴有隐君子曰童二树先生，余耳其名，不相识也。今春二月，先生修志扬州，渡江见访，适余游天台，未由领衿。亡何，诗人周蓉衣来言先生好余，秋间将再至，余以即往扬州，故寄声阑之，且约之。及登程，屡为他事滞留，十月十三日裁至扬，而先生已病亡十日矣。"

《南江文钞》卷九《祭童二树二十八兄祭文》："呜呼！往岁己亥，余方北行。君书来约，自豫溯京。西山雪磴，树断溪横。踏冰拭雾，并吸云英。前期息壤，鉴曲耦耕。良觌何时，迟君三载。君滞天中，余留人海。闻君南还，洛舟维解。失喜故山，清阴不改。暂系邗江，遄归有待。客秋凉夕，庭乌哑哑。有客传言，君抱沉疴。巷盈走问，医谢按摩。宵寤而遌，辰起而嗟。沉绵旅次，信耶否耶。逾时恶耗，骤闻疑伪。遗音重展，有涕滂沱。冬春鸿杳，江湖水多。不及亲诀，我怀伊何。"

童擅画梅，先生曾为之题诗，翁方纲亦有题童二树山人画梅诗。

翁方纲《复初斋诗集》卷二六《秘阁直庐集》下《为邵二云编修题童二树山人画梅二首》："金石平生契，杈枒老干存。怀人临野水，斜月挂孤村。白石兰亭问，青藤瓦券论。山阴风雪路，窗影又黄昏。二云思二树，花作古人看。古镜圆泉谱，春流曲水湍。性情难写照，骨骼本高寒。欲访遗文录，东风费倚栏。"

秋，平原董寄庐先生东归，先生与众师友相和为歌，为之送别。

翁方纲《复初斋文集》卷一二《送董曲江归平原诗集序》："壬寅秋，平原董寄庐先生将东归，其同年友大兴翁方纲与其乡人历城方昂坳堂为茗蔬于城南东湖柳村之崇效僧舍。于是献县纪茶星昀、宛平张晴溪模、铅山蒋定甫士铨、新安程蕺园晋芳、历城周林汲永年、余姚邵二云晋涵、歙洪素人朴、汪讱庵启淑、桐城吴华川诒丰、湖口周载轩厚辕、钱塘吴谷人锡麒，或以旧侣，或以新知皆相与恋别述怀，徙倚蕉桐之荫，欢言竟日而不能去。……于是诸君子相和为歌，诗以记之，而方纲为之序。”

《南江诗钞》卷一《送别》：“斜阳古道接通津，残柳残杨不当春。送别重经携手处，感怀原在赏花辰。只怜芳草迷前渡，合写青山赠远人。还与梨云留后约，明年相望曲江滨。”

甘泉令山阴陈太初议修县志，黄文旸应陈氏之聘，参与修纂。后复延二云先生主之。时有不合其议者，未果。

黄文旸《扫垢山房诗钞》卷三《余伯符重过扬州，感赋四律，并哭令弟少云》：“方志何堪分史席，时予与邵二云先生有邑乘之役，吴俞欠只合供歌筵，予年来受鹾使之聘，校改元明及国朝各杂剧传奇进呈。”

光绪《增修甘泉县志》卷二十《丛缀》：“乾隆壬寅、癸卯间，山阴陈君太初为甘泉令，议修邑志，延童山人鲸至扬，将开局而童卒。复延邵太史晋涵主之。二君皆籍绍兴，欲得土著者佽助，询知黄秀才文邑名诸生，素留心乡邦故事，咸订与共理，其后中辍不果。……今又积三十年，黄君久客游，老不任排纂，所录尽散佚，勉卒此编，能无疏舛之惧。”

李斗《扬州画舫录》卷一〇：“二云以甘泉自雍正间始分，志书宜从此起，而未分县以前，皆入江都县。时有不合其议者，遂未果。”

【注】嘉庆十四年春，《甘泉县续志》为配合《扬州府志》而重修，历半年事竣，即于八九月间完稿，是时文仍存世，惟以年老而“不任排纂”。

黄文旸（1736—?），字时若，号秋平，江苏甘泉人，出身扬州破落盐商家庭，家境窘困，屡试不第，终以贡生。乾隆四十六年，总裁扬州词曲局进呈词曲，晚年游历齐鲁吴越间，颇受阮元等名。著有《扫垢山房诗钞》十二卷。妻张因，自号“净因道人”，亦工诗，著有《绿秋书屋诗》一卷、遗集一卷。子金，字小秋，诸生，夙承家学，并以诗名。事具同治《续纂扬州府志》卷一三。

乾隆四十八年，癸卯（1783），先生四十一岁。

二月，先生为倪时庆父倪承宽作墓志铭。

《南江文钞》卷一一《诰授光禄大夫太常寺卿倪公墓志铭》：“钱唐倪公由翰林侍皇子讲读二十余年，尝洊历容台，总稽粮储，回翔卿寺。然始终以文学结主，知其诚悫详慎之忱，又足以孚其学。倚升方殷，乃遽以乾隆四十八年二月庚寅卒于位。孤子时庆将扶柩归葬，谒余请铭。余交公久，雅知公谊，无可辞。按状公讳承宽，字余疆，号敬堂，先世从青州迁于杭。雍正十三年，举于乡。乾隆七年，考取内阁中书。……十九年，成进士，以一甲第三人授翰林编修。……今年正月，斋宿中寒，寝疾沉绵，竟至不起，斯则朝野同为惋惜者矣。……生于康熙五十一年十月乙卯，其殁也，年七十有二。元配项夫人，早卒。继配章夫人，附贡生本仁女。……男子子二：时庆，分发江苏候补县丞；新吉，公七十岁所生也。女子子五：长适国子监生马植基；次适国子监生陈玉绳；次适候补从九品黄骏；次适进士庄述祖；次字沈某。孙一：寿鹤。孙女一。某年月日合葬于某原。"

倪承宽，字余疆，号敬堂，仁和人。雍正十三年举人，乾隆十九年第三人及第，由编修历官礼部侍郎、总督、仓场侍郎。著有《春及堂诗集》。事具阮元《两浙輶轩录》卷二二。

春，章实斋卧病京旅，先生载至家，延医治之，论修《宋史》。

章学诚《章氏遗书》卷一八《邵与桐别传》："乾隆癸卯之春，余卧病京旅，君载予其家，之正医治之。余沉困中，辄喜与君论学，每至夜分，君恐余惫，余气益壮也。因与君论修《宋史》，谓竢君书成后，余更以意为之，略如《后汉》《晋史》之各自为家，听抉择于后人。君因询予方略，余谓当取名数事实，先作比类长编，卷帙盈千可也。至撰集为书，不过五十万言，视始之百倍其书者，大义当显也。君曰：'如子所约，则吾不能，然亦不过叁倍于君，不至骛博而失专家之体也。'学诚因请先生立言宗旨，先生曰：'宋人门户之习，语录庸陋之风，诚可鄙也。然其立身制行，出于伦常日用，何可废耶！士大夫博学工文，雄出当世，而于辞受取予出处进退之间，不能无箪豆万钟之择，本心既失，其它又何议焉！此著《宋史》之宗旨也。'"

江藩《国朝汉学师承记》："竹汀间论《宋史》纪传，南渡后不如东都之有法，宁宗以后又不如前三朝之粗备，微特事述不详，即褒贬亦失其实。君闻而善之，取熊克、李焘、李心传、陈均、刘时举所撰之书，及宋人笔记，撰《南都事略》，以续王偁之书，词简事增，正史不及也。"

章学诚《章氏遗书》卷一八《邵与桐别传》章贻选按语："先生以《宋史》自南渡以后，尤为荒谬，东都有王偁《事略》故也。故先辑《南都事略》，欲使前后条贯粗具，然后出其心裁，更撰赵宋一代全书。其标题则称《宋志》而不称《宋史》，亦见先生有微意焉。"

【黄云眉按】此二书，章贻选皆谓未卒业。按李详《窳记》称："《南都事略》，王益吾言马端敏督两江日，有人持此稿以献，将付局刊行，会端敏遽卒，未果，稿亦不知为何人所得，今闻藏洪琴西后人所。”

李慈铭《越缦堂日记》：“邵二云《南都事略》（《日记》都作渡，又作宋）戊辰（同治七年）以前，已在江宁书局，曾文正将刻之，以移督直隶而止。”是先生《南都事略》虽未刊行，稿固尚存。又据谭献《复堂日记》：“海宁唐端甫，钱警石先生之弟子也。熟精目录，刻志校雠，为余言邵二云《南都事略》，曾见活字印本，有缺卷耳。似人间必有传本，志之以俟。”则其稿又似刊行矣。

又此书，钱大听谓《南都事略》篇目悉依王氏之例，词简事增，过正史远甚。（见钱大昕《邵君墓志铭》及《十驾斋养新录》）意大昕必见其书。其《儒学》《文艺》《隐逸》三传目录，即大昕所拟定。先生卒后，大昕索其稿不能得，因载三传目录于《养新余录》，致其痛惜。兹转录于此，以见先生此书之一斑。

《儒学》一

杨时　尹惇　胡安国（寅、宏、宁）　朱震　范冲　罗从彦　李侗　朱熹　黄干

李燔　张洽　陈淳　李方子　黄颢　蔡元定（沉）　张栻　吕祖谦　真德秀　魏了翁

《儒学》二

邵伯温　喻樗　洪兴祖　高闶　林之奇　林光朝　杨万里　陆九龄（九韶、九渊）

陈傅良　薛季宣　叶适　戴溪　杨简　袁燮（甫）　李舜臣（道传、心传、性传）

蔡幼学　杨泰之　程迥　刘清之　廖德明　汤汉　何基　王柏　叶味道　王应麟　黄震

《文艺》

汪藻　陈与义　叶梦得　程俱　曾几　张嵲　韩驹　朱敦儒　徐俯　葛胜仲

熊克　陆游　范成大　郑樵　尤袤　陈亮　徐梦莘　刘克庄　张即之

《隐逸》

徐庭筠　苏云卿　谯定　王忠民　刘勉之　胡宪　郭雍　刘愚　魏掞之　安世通

八月，恭遇圣寿七十三岁令节，先生代人撰《生民未有赋（谨序）》。

《南江文钞》卷一《生民未有赋（谨序）》：“癸卯秋八月，恭遇圣寿七十三岁令节。嘉祥备致，九有胪欢。臣敬撰《生民未有赋》一篇，用彰一揆同符，

以发扬万古稀之盛于奕祀。”

九月乙巳，先生父封公冶南先生卒，年七十有二。抱经先生有《封儒林郎翰林院编修邵君墓志铭》。

卢文弨《抱经堂文集》卷三三《封儒林郎翰林院编修邵君墓志铭》：“呜呼！士有续学砥行以没其世，而不能自致身青云之上，所蕴不得以大发舒于时，此交游知识之所为重太息也。虽然屈伸显晦之理，犹夫阴阳昼夜之代嬗，终郁不耀，理固无之。既不于其身，必于其后人。吾以此验诸人世，往往而合。今吾乡邵太史请吾铭其先君子之墓，因得以悉行履之详，亦吾言之一征也。

“君讳佳鈗，字籥安。自宋南渡来，世为绍兴府余姚人。曾祖琳，前明进士，山西洪洞知县。祖炳，县学生，赠修职郎。考讳向荣，由举人会试中式。内阁中书改知县，终镇海县学教谕，赠文林郎、翰林院编修。前母陈氏，母蒋氏。俱赠孺人。教谕君年过四十，未有子，祷于神，梦神自书丛中绸片纸授之，已而举君。占者曰：‘书种也。’祖母张钟爱特甚，比就传，不程以所业。少长会季父征士坡自京师归，教里中，君谛听其旁，即能为人演说。因试之文，振笔立就，家人咸讶其何遽能是也，自是从季父学，学日进。继随教谕君于镇海，镇海之士，咸推服焉。君于文不随俗好，识者以为在明江右五家中，与章罗酷相似，亦尝以诸生试高等，宜可以食气矣。愿缺出早晚无一定，卒不与相值，仅补增广生。乡试屡绌，而君志气卒不少挫。居贫，所守益峻。其天性之笃也，尝待严亲疾，不解带者五阅月。夜则究岐黄家言，遂通其旨。剂量医所处方，饮之愈。

“季父客会稽而病。君在镇海闻之，疾驰往，奉以归。会稽至余姚仅二百里，而舟不能径达，中隔以曹娥江，舆轿登陆，肢体不得展舒。渡江再易舟，又过两坝。牵挽上下，始达于姚江，病者苦烦。闻邪许之声，不堪尤甚，君于陆行舁以凉状，施幕其上，风日不侵，过坝则约滴为号，以齐众力。辘轳无声，而舟已进，其用意体贴入微若此。教谕君既告归，君事二亲曲尽其欢，疏小圃以娱之，日求所嗜以进之，以亲居北方久，溲面效北人为馎饦，亲食之甘。于论著之散见者，皆为缉宗成帙。与季父遗书并藏之唯谨。邑有介士徐君，义不受人之周。母病，君托言负其家金厚遗之，后其母死，又鬻田以为赙。其勇于义率此类，虽家人未尽知也。

“晚年喜沾易，诗文偶一为之，多出人意表。以乾隆四十八年九月乙巳卒。年七十有二，及见其子贵。受封文林郎，晋封儒林郎，如其子官。妻袁氏封安人。子三人：履涵，早世；晋涵，乾隆三十六年举礼部试第一人成进士，官翰林院编修；鼎涵，国子监生。生女二人，适名族。孙六人：秉恒、秉仁、秉华、秉理、秉章、秉瑞。以卒之明年十二月某日葬于邑文山之南。

"原铭曰：吉梦神告，诞生文人。谁之不如，而郁湮不伸。其行可式，又进于文。孝乎惟孝，而醇乎惟醇。尝药知医，巧变入微。泆而为义，欲人莫知。是曰隐德，天其知之。及身食报，有子而才。有子而才，众推班扬。领袖南宫，润色玉堂。锡以清资，方来未艾。泷冈之文，将毋有待。见托下走，作此铭诗。虽曰不文，庶无愧辞。"

九月，先生为四库馆检讨何思钧之兄何思温作墓志铭。

《南江文钞》卷一一《敕授承德郎户部福建司主事何君墓志铭》："同馆何检讨思钧过余，述厥兄承德君遗事，貌甚戚，辞哽咽不成声，因出行状，请余为诞道之文。君尝宦于吾浙江，余夙闻君善政。及读状，乃知孝友睦渊之德，始终无忝古人。实应铭法，矧重以检讨之请，谊无可辞。按状君讳思温，字圣容，号石峰。先世自河南迁居山西之灵石县，遂为灵石人。……生于雍正五年二月丙寅，卒于乾隆四十二年八月甲寅，年五十有一。娶吴氏，赠安人。继娶王氏，封安人。子三：道榜，国学生，军功议叙六品顶带；道模，附贡生；道范。女五：长适候选兵马司指挥乔元斌；次适中书科中书杨谭；次适候选理问杨溪；次适王某，次适陈某。四十八年九月丙午，葬于郭壁原。"

是年，先生为同里洪耀作七十寿叙。

光绪《余姚洪氏宗谱》贻编卷二《镜斋公七十寿叙》："余友周书昌欲补撰《宋宰相世系表》，钩稽故家谱牒，尝与余论南宋名臣曰：'自忠宣公持大节启后昆，而文惠为贤相，景卢、景严鸿文丽藻，颉起相望，当时所称鄱阳三洪也。由鄱阳而迁于徽，盛于浙，姓以望著，子能省识之乎？'余曰：'浙中之洪，若平斋、若忠惠，焜耀史册，耆旧称宁海，文学称吴兴，更仆难悉数。其居我余姚者，世为望族。晋山先生以绩学为县中耆旧，怡亭先生继之，文章传于世，子所知也。居官有惠政，山阳人至今思之。其摄金匮县篆也，人比诸借寇。廉操仁泽，所谓以实行昌所学者，克承厥绪，为镜斋先生。'书昌曰：'我先世居余姚水阁，故与洪氏有连。怡亭先生之文夙所习也，今乃知其惠政。夫缔新者本先德，念旧者操土风。前史称我乡崇让敦睦，兴孝推慈，为有虞氏遗风。当必代有淳古君子维持其间，请问镜斋先生所以承厥绪者？'余曰：'家世与洪氏交亲，童时抠衣趋隅，闻先生议论慷慨，辄心向往之。稍长，益知其德行。连岁北游，乡人自南来者，每称道。先生不置，先生盖孝友恺人也。守先世遗书，束躬准于礼，抚从子有恩义。俾克树立，性笃友谊。竭诚为排解，或以缓急告，推与无难色，亦无德色。岁壬申，饥沴指囷，为乐施倡事，闻恩予议叙，今行七十矣。好行其德，懋修而推广之。人或不尽知，先生亦不求人知也，然称颂者无异辞。余尝登先生之堂，庭除秩如翼翼焉，雍雍焉。退而问趋庭之训，辟咡之传，皆本于忠信，翼以诗书。昌黎所云鸾渟鹄峙，兰茁其芽者。先生躬构其盛，而弥形谦挹。是即忠宣之佩德励芳，不自满假也，是即盘州之实事求是也，是即埜处之固本启华之义也。'书昌曰：'固也。我闻懋德必延奕世，我惜欧阳子之《唐书宰相世系表》语焉而弗详也。名德之传，必有懿行，必食厚报。《传》曰：公侯之子孙，必复其始。其在斯乎？其在斯乎？'语未竟，适同里诸亲串属为先生寿日屏帐题词，遂叙京邸会语，寄归为称觞之祝侑。"

洪燿(1714—1794)，义荆次子，初名焯，字鉴公，一字镜斋，太学生。乾隆三十七年捐赈议叙，候选主薄。敕授登士郎，貤赠奉直大夫。黄璋有《洪君镜斋传》。事具光绪《余姚洪氏宗谱》。

乾隆四十九年，甲辰(1784)，先生四十二岁。

奉父讳南旋。稚存入都访先生，先生先三日奉讳南下，不及见。

洪亮吉《卷施阁诗集》卷八《送邵秘校晋涵入都补官》自注："及甲辰春入都访君，又于三日前奉太公讳南下，不及见也。"

闰三月二日，平湖孝廉徐春田志鼎仿古兰亭故事，修禊于东湖，先生为雨所阻，题诗以寄。

李调元《雨村诗话》卷一三《题平湖徐春田孝廉志鼎东湖春禊图》："乾隆甲辰闰三月二日，日在丁巳，平湖孝廉徐春田志鼎仿古兰亭故事，于此日邀同修禊于东湖，南瞻九峰，北迎三泖，胜概毕萃于弄珠一楼，因自制小舟，名曰'水马'。坐中有宋愚者，善笛，倚檝而吹，顾而乐之，遂绘以志。时余姚邵侍讲晋涵亦在里，以邀东湖，为雨所阻，寄题云：'招邀烟艇惜缘悭，老屋枯藤雨掩关。赢得晓窗开画帧，湖光浮作砚前山。亚桃毡柳两行齐，苹漾轻桡转画堤。认取湖光夜珠照，九烟鬟近女墙西。'"

徐志鼎，字调元，一字春田，浙江平湖人。乾隆四十年进士，官四川南溪知县，著《吉云堂集》。事具阮元《两浙輶轩录补遗》卷六。

五月，洪亮吉著《汉魏音》四卷成。其书钩贯群集，剌取汉魏古音，如读若裔近者，多至数千百条，以《说文》旧部，类聚区分。其止于魏者，以反语之作，始于孙炎，而古音之亡，亦由于是，故以此为断焉。先生为之序。

《南江文钞》卷五《汉魏音序》："声音宣而文字著焉，字日滋而声亦渐转。

得其声始，则屡转而不离其宗。由是审音以定义，昭于制字之原，则互训反训，辗转相训，亦屡变而不失其恉。去古日远，袭舛承讹，私智凿空，诂训茫昧，班孟坚云：古文应读《尔雅》，曾谓鄙别之音，读三代古文，而能通其义，识其指归哉？

"古音至汉而一变。郑康成注《诗》《礼》，多述古文古音。言古者，正以见当时之异读。推之于孟喜、京房《易》章句，齐、鲁、韩三家《诗》传，《春秋》三传，后先著竹帛，文字异同，皆音之递转。不仅如刘熹、韦昭所释，辨车声之如居近舍，为从汉以来之声转也。

"汉人治经有师法，长言短句，开唇合唇，音相转而不为一定，要不离乎声始，故义相贯通。至孙叔然制反语，则音有所拘，驯至义有所窒。薛综注张平子赋已有反语，则知叔然之说，在当时已属盛行，不复推求古训。沿至六朝，遂分四声之韵，迭相祖述。韵书日益日歧而古音微矣。

"阳湖洪君稚存，服习故训，精核六书之学，裒集遗经旧注，厘以《说文》部分，撰《汉魏音》四卷。其言曰：'求汉魏人之训诂，而不先求其声音，是谓舍本事末。此书之作，欲为守汉魏诸儒训诂之学者设也。'余尝病夫后儒说经昧于古音，而使古人之训诂不明，读洪君撰集之书，略为申绎其义焉：

"佳部引《文选注》云'雉、夷声相近'，服虔之说也。考《左传正义》引服虔、樊光曰'雉，夷也'，是声相近者即其义。证以康成《仪礼注》：'夷之言尸也。《礼记》：尸，陈也。'明乎雉、夷、尸之声相转，则可晓然于《尔雅》'雉，陈也'之训矣。

"又《尔雅》'翦，勤也'，郭注未详。陆农师《新义》以'剂翦之勤'为说，近人又引《诗》'实始翦商'以释之，皆强事皮傅，非其正义。足部引康成《书序注》云：'践读为翦。'证以《礼记・玉藻》：'弗身践也。'郑注亦云：'践当为翦。'是翦、践古字相通。《左传》'践修旧好'，正指勤修其礼而言。非古音末由通《雅》训矣。

"《说文》谐声之字，徐楚金偷近从俗，疑为非声，徐鼎臣校定《说文》，辄删声字。即如卷端元字，从一兀声，今本作从一从兀，盖疑元之不可以就兀得声也。此书引高诱《淮南注》曰：'元读常山人谓伯为穴之穴。'则《说文》作兀声，确有依据，俗儒之大惑不解者，亦当憬然而悟。其它互相证明，未易更仆而数也。

"韩子曰：'沉潜乎训诂，反复乎句读。'训诂者，文字之本；音声者，训诂之原。学者由汉魏之音求声始，以穷其转，斯能知三百篇之比音协句，本于自然。后世袭舛承伪，亦有所由致。匡后世之舛伪，通古人之训诂，则六艺九家之传，皆文从字顺，而无诎屈之言。成学治古文，其亦有取乎此也。”

【黄云眉按】读此序，可略见先生对于古音学之研究。自顾炎武著《音学五论》后，诸经师多知重视此学，往往以考证古音之故，而得卓绝之创获。先生虽无音学专书，然其著《尔雅正义》，谓古音渐失，则古义渐湮，因取声近之字，旁推交通，申明其说，以存古音。其云声近之字，义存乎声，正与此序声相近者即其义之意同。《尔雅》缘音训义者本少，先生能应用此法以治《尔雅》，则固非深有得于此学者不能矣。

陶元藻招先生、王方川等泊鸥山房雅集，同泛舟湖上。

陶元藻《泊鸥山房集》卷三七《夏云峰·招夏更生广文邵二云王方川两编修黄华陔孝廉宴集泊鸥庄即同泛舟湖上》：“麂眼篱疏，鱼鳞径曲，空谷足音相接。斫荒圃、鲜烹犊角，汲幽涧、香浮雀舌。醉如泥射覆藏图，各各斗、量才聪明冰雪。喜星聚茆堂，屦盈蓬户，都是过江人物。　　新涨重湖烟水阔。漫回头万壑，思归东越。绿杨岸、棹随飞鹭，红药坞、坐听啼鴂。艳阳天、一咏一觞，这裙屐风流。宁输老铁。消夏应佳，订兰舟，莫负藕红时节。”

陶元藻，字龙溪，号篁村，晚号凫亭，浙江会稽人。诸生。著有《泊鸥山房集》。《家传》略曰：“元藻家世能诗，自为师友，少负俊才，久困场屋。襟怀超旷，不问生业，典衣卖文，晏如也。尝游京师，题诗良乡旅壁，袁简斋太史见而赏之，为撰《篁村题壁记》。倦归乡里，于西湖筑泊鸥庄，以撰述自娱。”有《全浙诗话》六十卷、《凫亭诗话》二卷、《越彦遗编考》五卷、《越画见闻》三卷、《香影词》四卷。事具阮元《两浙輶轩录》卷二二。

九月，汪沆去世，先生撰《征士汪先生家传》。

《南江文钞》卷六《槐塘遗集序》：“是时汪沆年逾八十，病目不能作书，常招先生燕坐，商榷今古，至日晡犹不听去。”

《南江文钞》卷九《征士汪先生家传》：“先生讳沆，字西颢，钱塘人，系出唐越国公华后。先世居徽州歙县之槐塘村，因自号槐塘。……当是时，杭州才彦云集，先生以淳古渊茂之才为时标准，与杭先生世骏、王先生曾祥、符先生之恒、张先生熷有‘松里五子’之目。总督李敏达公聘修《浙江通志》及《西湖志》。乾隆元年，举博学鸿词。廷试，额溢报罢。游天津，客查氏水西庄。……乾隆四十九年九月卒，年八十有一。有《盘西纪游集》《沽上题襟集》《津门杂事诗》《青囊解惑》行世。《槐塘文稿》四卷、《槐塘诗稿》十六卷、《论语集注剩义》一卷、《湛华轩杂录》四卷、《小眠斋读书日札》四卷、《诗话》二卷、《全闽采风录》二卷、《蒙古氏族略》一卷、《汪氏文献录》十四卷、《新安纪程》一卷、《槐塘识小录》一卷、《泉亭瑣事》一卷、《说疟》一卷稿藏于家。配吴氏，子三人：长彭寿，即为兄后者也；介寿，早殁；恭寿，为弟后。孙四人，曾孙五人。”

十月，馆臣请仿刘昫《旧唐书》之例，将《旧五代史》列于二十三史，刊布学官。

陈尚君《旧五代史新辑会证》《请照殿版各史例刊刻〈旧五代史〉奏章》：“清纪昀谨奏：伏查《永乐大典》散片内所有薛居正等《五代史》一书，宋开宝中奉诏撰述，在欧阳修《五代史》之前，文笔虽不及欧之严谨，而叙事颇为详核，其是非亦不诡于正，司马光《通鉴》多采用之。当时称为《旧五代史》与欧阳修之本并行。自金章宗泰和间，始专以《欧史》列之学官，而《薛史》遂渐就湮没。兹者恭逢圣主，稽古右文，网罗遗佚，获于零缣断简之中，搜辑完备，实为此书之万幸。至此纪载该备，足资参考，于读史者尤有裨益，自宜与刘昫《旧唐书》并传，拟仍昔时之称，标为《旧五代史》，俾附二十三史之列，以垂久远。谨将全书五十八本、校勘、发凡，一并装订，恭呈御览，伏候训示。前经臣王际华面奏，此书列之史册，洵足嘉惠艺林，请照殿版各史例刊刻，颁行海内，荷蒙圣恩俞鉴，恭候钦定发下，即交武英殿遵照办理。再查诸史前俱有原进表文，此书原表久佚，谨另拟奏折一通，随书呈进，俟奉旨允准，即敬谨恭录，并奏折同刊卷首，以符体式。再现在缮本，因系采葺成书，于每段下附注原书卷目，以便稽考。但各史俱无此例，刊刻时拟将各注悉行删去，俾与诸史画一。其有必应核订者，酌加案语，照各史例附考证于本卷之后，合并声明。谨奉奏。乾隆四十九年十月恭校上。总纂官臣纪昀、臣陆锡熊、臣孙士毅，总校官臣陆费墀。”

是年，续修杭州志，先生复司其事。十一月付梓。

《南江文钞》卷六《槐塘遗集序》：“甲辰，续修杭州志。晋涵复司其事。”

乾隆《杭州府志》卷一七八《前志原委》：“由知府邵齐然聘先生等编纂，稿本略具。时巡抚王亶望以贪黩著，知府王燧觊觎杭守，夤缘亶望，乃黜齐然而任王燧。聘钱献之、王文治校订。四十四年十二月付梓，冒为己辑，并不述邵之始事，及助纂诸人姓名。又不尽从王、钱二氏校定之本。至是知府郑沄乃复以邵稿续请先生修正。先生依据原本，详加考核，增所未备。十一月付梓。篇帙既富，体例尤精，世称善本。而王刻板片，往往羼入其中。然郑志出而王志废，印本亦仅有存者矣。”

先生以张廷枚所刻《栲栳山人诗集》赠卢文弨。

卢文弨《抱经堂文集》卷一二《题抄本〈栲栳山人诗集〉后》：“此本余抄之邵二云氏。乾隆甲辰，二云复贻余以罗山张氏所刻本，因取以校此本，补正十数字。张本七律多于此本二十八首,此本《赠危太朴》二首顾缺焉。"

卢文弨《抱经堂文集》卷一二《题张氏所刻〈栲栳山人诗集〉后》:"乾隆庚寅,见今太史邵二云于京师,访乡前辈遗书,得元岑静能先生诗集三卷,录而藏之。阅一周星,而张罗山氏得邵本并汪本、岑氏后裔所藏本,合校而贞诸梓,校余所录本,增多七律二十八首,然有二首录本有而此本反无者。(《赠危太朴》)"

岑安卿《栲栳山人诗集》张廷枚序:"曩邵二云编修出视《栲栳山人诗集》,武林鲍君以文又以寄振绮堂藏本,皆宋庸庵先生所编。乾隆壬寅春分后三日,同邑后学罗山张廷枚谨识。"

十二月,先生葬封公佳銧于邑文山之南原。

都中浙绍乡祠规地狭隘,又值倾圮。好义者倡厥谋,乡之人踊跃相继。崧镇何铨捐数千金,又不惮其劳,力成其事。先生作《重修京师浙绍乡祠记》。

《南江文钞》卷五《重修浙绍乡祠记》:"都城由宣武门而东,过虎坊桥数十武,有屋数十楹,为绍兴人士游处都中者岁时会集之所,人称之曰浙绍乡祠。创始自康熙十九年,至乾隆五年重修之,三十年再修之,前后俱有碑记。其于缔造经度之功,与夫次第缮理之,克继其事详哉。……岁在甲辰,乡祠之老成董事者,士大夫之习复往来者,以时会宴相顾,曰:'自乡祠之修,越今二十年,不亟图缮治,后难为功。'于是好义者倡厥谋,乡之人踊跃相继,庀材程功,无怠益勉。阅数月而竣,相与落成,则宲廇楄楠之蚀剥者,瓴甋之泐陊者,墙垣涂朽之漫漶失鲜者,焕然厘饬,复其旧观,夫即乡祠之屡事缮治,常有人为之营度,其端末辉映于后先,殷殷于有后弗弃,基以鸠联其乡党,则夫惇睦性成之教,固于斯见焉。而乡先生之孝弟礼让,垂范于后昆者,所愿式承而弗替者也。至于乡祠后隙地,新为庐舍,以待公车之计偕北上者,别有记兹。就乡祠之率钱重修者,列其姓名为后来者劝焉。"

民国《上虞崧镇何氏宗谱》卷二张敦培《平严公家传》:"何公讳铨,字俊衡,平严其别号也。家世清贫,有志读书而未遂,随伯父伯声公赴商丘任所,继复往来京师,慨然有志功名,会逢朝议开三通馆,因赴考,充供事员,议叙州同职。乾隆五十四年,报捐知府职衔,恭祝八旬万寿,奉旨特加一级,寻由州同出为山东司马,历任临清、沂州、兖州,所至皆卓卓有声。年六十二卒于严州任所。当公之未遇也,曾为崇署榷吏,例有内廷供奉差使事最烦剧。公性精敏,总理裕如,为当朝大人所器,而两浙翰苑如陈公嗣龙、陈公淦、邵公晋涵辈尤乐与游焉。时浙绍会馆规地狭隘,又值倾圮。公捐数千金,倡为改造，遂扩其基址，高其闬闳，一切庀材鸠工，不惮其劳，俾阛郡公车出入者咸嘉赖之，其勇于为义类如此。"

乾隆五十年，乙巳(1785)，先生四十三岁。

正月，作《兰风五车堰沈氏重修家谱序》。

朱兰《南江先生年谱初稿》邵晋涵《兰风五车堰沈氏重修家谱序》："《周官》合族之制，以奠世系。太史公述得姓受氏源流，多据《世本》。汉儒若王符、应劭，胥能囊括姓氏，条著篇目。厥后私家之谱迭兴，以门第相矜尚，寖失古意。然谱牒犹相沿不废，迄唐末五季而诸家之谱尽失，于是古人辨姓类族之法荡然矣。自宋以后，私家之谱，眉山苏氏为最著。至明而著姓莫不有谱，然维昆山顾氏之谱、甬上万氏之谱，为时人所称道。近则河间纪氏谱，最称简而有法。私家纪载，寖寖乎合古人述作之意矣。

余以为谱以纪一家之事，征远者蕲于确而屏绝皮傅，语近者宜于详而勿涉夸张，则其书可以型家，可以匡俗，可以传信，不徒取其文采之焜耀也。今四方州县修志，恒苦于文献无征。诚令家修其谱，生卒、迁徙、秩位具于书，祠宇、冢墓具于书，碑铭、行状、传赞具于书，遗闻、轶事、嘉言懿行具于书，事必核实，语无舛漏，则备一家之文献，合而为一方之文献，推而广之，天下之文献足征矣。况夫谱牒既定，讨论祖训以孝友姻睦相勖勉，施恩由近溯本，引源雝然緦然，亹亹于保世而滋大。所谓人人亲其亲、长其长而天下平者，不端在是哉。

余同县兰风沈氏，故著姓，以诗书孝友世其家，其旧谱修于明嘉靖中，乡先哲为之序曰：'沈以世居湖州，宋时有讳思者，卜居龙舌，是为迁居之始祖。其后叔庄公创修家谱，文龙公复修之，俱以迁居之祖为始，而不攀援通显以诬其先，附会疑似以欺其后。'盖沈氏旧谱征远之确如此。今踵而辑之，世更代易，旷隔已久。其间类多残缺失次，使稍涉攀援附会，补缀成帙，夫谁知之而谁议之。延族之贤者询谋佥同，一以旧章是率，无忝厥祖，用征孝睦之验焉。余读其谱，视旧较增，而必据见闻之核实者，崇本笃后之思，溢于简策，是所谓语详而征确者也，所谓可以型家匡俗而传信者也。于以扶翼圣朝广仁修让之俗，砥行昌文，风俗懋美，追踪于古昔合族奠系之风，岂不伟哉？是为序。"

二月，毕沅由陕西巡抚调任河南巡抚。先生受毕沅之请，赴开封，助修《续资治通鉴》。

章学诚《章氏遗书》卷一八《为毕制军与钱辛楣宫詹论续鉴书》:“邵与桐校订颇勤,然商定书名,则请姑标《宋元事鉴》,言《说文》史训记事,又《孟子》赵注,亦以天子之事,为天子之史,见古人即事即史之意。”

孙星衍《澄清堂稿》卷上《中州送邵太史晋涵入都》:“去年客游梁,主者韩昌黎(谓弇山中丞)。好贤苦饥渴,赏我以不羁。招君载书来,著作于官司。编年仿司马,当废薛应旂(君为毕中丞撰《宋元通鉴》)。

【注】邵晋涵次年入都补官,孙星衍有《中州送邵太史晋涵入都》诗。

秋,撰《孝义家庙记》。

光绪《余姚邵氏宗谱》贻编卷七《孝义家庙记》:“粤惟我邵氏自洛阳迁浙,相厥基于临安会稽,靡有定所,逮我远祖千八公定居余姚清风里,敦德好修,用肇系绪,演庆承庥,遂为县中望族。其由县迁居孝义乡,则权舆于亚一公,实为千八公之孟房,推而上之,实为洛阳邵氏之宗子也。亚一公潜德人不尽知,而故老传述乡之得名由于公,则公之行修于宗族乡党者可见。云仍袭祉,昌衍蕃滋,于戏!岂不有祖德之贻哉?县中故有家庙,宅第爽垲,规制亦整秩,环孝义乡而居者,自履端祇谒,而外限于城乡,辄不得岁时展礼为憾,《礼》不云乎:“以三为五,以五为九,别子为宗,古之制也。”乾隆十六年,在明公俶举其议,独仔肩其事,创建孝义乡家庙一所,基初经而公殁,垣墉丹雘,未竟所施。五十年秋,裒辑。宗人踊跃从事,于是庭除庑舍,井湢胥备振繝,宧奥有苾其馨,圭撰谷旦,奉主入祠,灵佑所依,冯冯翼翼,穆穆跄跄,凡有事于堂阶者,莫不致其恪恭专肃,退而雁叙,雝然勰然,诚归一体,远近同源,僾见质旁,谡兴睦顺,猗欤非家庙之建,曷以鸠吾本支,而懋昭前业欤夫?孝义其本义也。绵诗书之泽,广仁让之风,由一乡而推之县中,由县中而推之于洛阳,上溯宋世大儒之学,绎圣训以牖世,必自敦本始,子若孙传于世,世尚其笃念哉?”

三四易稿,著《尔雅正义》二十卷成。此书系先生反复讲求、殚思十年而成,章学诚称其“可与郭璞先后发明,嘉惠后学”。

章学诚《章氏遗书》卷一八《邵与桐别传》:“大兴朱先生则曰:‘经训之义荒久矣。《雅》疏尤芜陋不治。以君之奥博,宜与郭景纯氏先后发明,庶几嘉惠后学。君由是殚思十年,乃得卒也,今所传《尔雅正义》是也。’”

洪亮吉《卷施阁文甲集》卷九《邵学士家传》:“君一字未定,必反复讲求,不归于至当不止。”

章学诚《章氏遗书》卷一八《邵与桐别传》章贻选按语:“《尔雅正义》既成,自谓此书苦心,不难博证,而难于别择之中,能割所爱耳。”

【黄云眉按】如《释地》第九“九府”:“南方之美者,有梁山之犀象焉。”郭注:“犀牛皮角象牙骨。”先生《正义》云:“《职方》:‘荆州,其山镇曰衡山,其利丹银齿革。’《尔雅》作梁山者。《淮南·主术训》‘桥直植立而不动’,高诱注:‘桥,桔橰上衡也。’《太平御览》引《符子》云:‘令衡官桥而量之,折十桥。’衡谓之桥,桥亦谓之梁,是衡与梁义相通也。衡与横通,强梁语转作强横,是衡与梁声相近也。郑康成《周礼》注云‘衡山在湘南’,高诱《淮南》注云‘梁山在会稽长沙湘南’,会稽二字承上文而衍,云在长沙湘南,是梁山即衡山之明证矣。”(下疏郭注不录)

又如《释山》第十一“霍山为南岳”。郭注:“在衡阳湘南县南。今在庐江灊县西。即天柱山潇水所出也。汉武帝以衡山辽旷,因谶纬皆以霍山为南岳,故移其神于此。今其土俗人皆呼之为南岳。本自以两山得名,非从近也。而学者多以霍山不得为南岳。又言从汉武帝始乃名之。如此言,为汉武在《尔雅》前乎!斯不然矣。”

先生《正义》云:“郭云在衡阳湘南县者,《汉书·地理志》‘长沙国湘南县’,《禹贡》‘衡山在东南荆州山’,《晋书·地理志》‘衡阳郡湘南县’,县名仍汉旧,衡阳郡为长沙郡所分置也。衡山在县南,古今所谓南岳也。今衡山在衡州府衡山县西。郭云今在庐江灊县西者,《汉书·地理志》‘庐江郡灊县’,天柱山在南有祠。晋仍汉制,今灊山在安庆府灊山县西北。’郭云即天柱山灊水所出者,《广雅》云,霍山谓之天柱,今谓之皖公山,皖水出焉,别流曰灊水,合流入于江。郭云汉武帝移其神于此者,《史记·封禅书》云,上巡南郡至江陵,而东登礼灊之天柱山,号曰南岳。太史公意以天柱山本非南岳,武帝强号曰南岳尔。《太平御览》引徐灵期《南岳记》云,衡山者,五岳之南岳也。其来尚矣。至于轩辕,乃以灊、霍之山为副焉。故《尔雅》曰霍山为南岳,盖因其副焉。至汉武南巡,又以衡山辽远,道隔江汉,于是乃徙南岳之祭于庐江灊山,亦承轩辕副义也。按轩辕以灊、霍为副,于古籍无征。此海上怪迂之士,妄引黄帝,不足为信。汉武所据谶纬,大率类此矣。郭云南岳本自以两山为名,非从近者,郭意以衡、霍为一山也。

《尚书大传》有中祀霍山及莫南方霍山之文,《大传》为后人裒集,不尽可据。应劭谓衡一名霍,傅会汉制,实则衡之与霍,自为两山。《通典》引《三礼义宗》云,唐虞以衡山为南岳,周氏以霍山为南岳,此见《尔雅》前后异文,求其故而不得,强为之词。然未尝不以衡山、霍山为二山也。《水经》释《禹贡》山水泽地云,霍山为南岳,在庐江灊县西南,衡山在长沙湘南县南,是亦以霍山、衡山为二山也。

以《尔雅》前后核之,《释地》所云梁山,即为衡山,此由于声之转也。《释山》上云,江南衡,下云霍山为南岳,即使衡山别名霍山,不得一篇之中,互举其名。

况夫霍之为义,由于大山宫小山也。今天柱山中峰小,而四围有大山以宫绕之。衡州之衡山,则中峰独高,而前后左右诸山,皆在其下。揆诸《雅》训,则天柱可名之曰霍,衡山不得名之曰霍。此可以目验而知也。

然则《尔雅》此文,何以云霍山为南岳?盖汉武以后诸儒所窜易也。汉初儒者,增益五岳之名于《释山》篇末,与《封禅书》同。武帝以后,复改衡为霍,以附合时制。郭氏不晤其为窜别,遂迁就而为之词曰,学者以霍山为岳始于汉武,将汉武在《尔雅》前乎!夫《尔雅》固在汉武以前,但郭氏所据之本,果即汉武以前相传之《尔雅》乎!斯不得过信今本,转疑古训也。

合经传而总核之:冀州之霍山与泰、衡、华、恒,唐虞之五岳也。华、岳、泰、恒、衡,周之五岳也。泰、衡、华、恒、嵩高,汉初相传之五岳也。泰、华、霍、恒、嵩高,武帝所定之五岳也。知汉以前五岳无定名,则不惑于群说之胶膈矣。

或谓世所传本,定为汉儒增易,得毋勇于疑经乎?斯又不然:《礼记》或素或青,杂以秦语;《左传》其处者为刘氏,明为汉儒窜入:则知汉儒增益经文,正不必为之掩护。信古善述者,断不以一端之失而疑及全经尔。"

读此二条,一定梁山为即今衡山,一定霍山为南岳,为汉儒所窜易,援引博而断制明,知先生治经,在实事求是,不胶执,不盲从,故能会通古义古音,撷取诸说菁华,而自抒新解。

汪辉祖推两母遗志,自乾隆四十一年来即征绍兴府三百五人节孝事迹,于四十五年纂《越女表微录》五卷。是年,续采上虞、新昌,及山阴、萧山县节孝七十四人,呈督学窦公行各县扁表,并纂续表,《微录》一卷附前录后。先生作序。

《南江文钞》卷六《越女表微录序》:"《越女表微录》者,余友萧山汪君焕曾承节母之训,著为录,以表章同府贞节妇之微隐者也。先是,焕曾奉两节母,家居微甚,两节母闵勉劬肄,处之泰然,焕曾益自感奋,渐以学行著于时。具两节母事状白大吏以闻,诏建双节坊于里,而焕曾亦成进士,光显矣。向者,节母微时,尝偻述里中节妇志行,其茹苦大致相埒,用自慰,焕曾耳熟焉。既建坊节母,又悲诸妇之同处忧患,而终于泯泯莫有闻也。焕曾缘母意,先据所知者白于县,具册以俟纂载县志。既而推广之,及于同府,得贞节妇之隐晦者,山阴、会稽、萧山、余姚、诸暨、嵊六县,合计之约三百余人,白于院司，许为旌其门。久之，复征诸上虞、新昌，又得若干人。条系件记，阅八九年而始克成书。”

乾隆五十一年，丙午(1786)，先生四十四岁。

二月，洪亮吉自里中偕钱维乔买舟至浙江，省舅氏榕庵。先生与其同游月余。

林逸《清洪北江先生亮吉年谱》“乾隆五十一年”条：“二月，偕钱大令维乔买舟至浙江，省舅氏榕庵。曙斋先生以事至杭。连舫十数，遍游锡山、虎溪，复至玄墓、灵岩、龄井、天竺、灵隐、净慈诸名胜，与邵编修晋涵、杨孝廉、蒋上舍、崔公子，吟咏常至彻夜。留月余复归里。”

二月二十九日，先生族兄邵升陛卒，邵瑛请铭于朱珪。

朱珪《知足斋文集》卷四《封儒林郎邵翁墓志铭》：“编修邵君瑛将奔其封翁景载先生之丧，持所为行述泣示珪而请为铭。珪辞不获，且知先生之勤学教子者，不可没也。先生讳升陛，字默林，一字景载，浙之余姚人。曾祖以文，祖吁俊，本生祖三俊，父思慈，世为县学生，思慈能文，年逾四十而卒，时先生甫四十日。初，先生之娠也，生母张梦月入怀，及是母于暨张两嫠，抱数旬之孤，承两世之重，不绝如发。比长，受业同邑黄敬庵之门，本洛闽学，而节之以经义史志，所读书必经手录，而识各家疏解于上方旁行皆遍。年二十三入学为诸生，旋丁嫡母忧，屡不就试。岁丙子，举于乡，不肯违生母养，尝一上公车，不第，归遂授经于里。……于是恭遇乾隆五十年覃恩，瑛请以己官貤赠祖考阶儒林郎，妣于，生妣张，皆安人。先生善其事母张太安人，年八十有八，有孺子之慕。生平俭于己，而嗜义者若渴，族有孀妇某，贫而有志，周之二十余年，以成其节。

“先生生于康熙五十五年丙申十一月十八日戌时，卒于乾隆五十一年丙午二月二十九日亥时，年七十有一。丙子科举人，敕封儒林郎、翰林院编修加一级，配朱安人，先卒，继室俞安人。子二人：瑛，庚子科举人，甲辰科进士及第，翰林院编修加一级，三通馆纂修官，娶俞氏；玢，贡生，娶方氏。女子二，适望族。孙六：器之、习之、用之，瑛出；牧之、柬之、立之，玢出。女孙四。丙午十月葬于南乡之翠邬。”

三月，先生再赴开封，洪亮吉亦往。

《南江诗钞》卷四《留别毕弇山中丞沅一百韵》：“大梁运逡躔，联珠映奎宿。璧河萃光晶，才彦并辐辏。恩知被独先，招邀趋敢后。淮涡驾轻舟，一叶卷层溜。驱车古河壖，土拆火轮蹂。瞻拜铃阁前，尘汗旅衣透。先时河豫间，郁炯感频复。炎官扬赤旗，搏沙刷狂飍。雾狖曙更冥，风禽晨失昼。强槛连阡畤，呰窳废犁轴。掘栟氏亦焦，髡树根从仆。况复河漫流，金堤防蚁漏。改道筑新渠，昨冬功始就。辰念勤天中，旌麾移陕右。……今兹荏河洛，焦原成福宙。只在转移间，即睹盈宁候。阊阖凉风来，闲阶碾茸菽。行馆辟嵩阳，缥湘列文囿。版探宛委藏，册辨龙威守。两揄究经遗，三豕匡传谬。图尔夏鼎镌，录集秦碑镂。九流逮墨鲋，六艺溯苍籀。圜图勉周轮，方志定横繇。鉴澄涑水书，绪接龙门胄。世系待续编，音响若相酬。"

林逸《清洪北江先生亮吉年谱》"乾隆五十一年"条："三月，重赴开封节署。"

《南江文钞》卷六《劳氏宗谱序》："余少读余山先生遗书，窃拟诸宋儒张子正蒙，近过大梁书院，其堂额为须友堂，余山先生故居之堂名也。"

春，先生赴开封途中，过苏州，访同年夏邑胡世铨于苏州府署。先生为其先父胡晓山遗著题跋。

《南江文钞》卷一一《诰赠中宪大夫福建分巡兴泉永海防兵备道岁贡生候选训导胡公墓志铭》："岁丙午，晋涵过苏州，同年胡君世铨知府事。政成将报最，留余府廨，出示厥考晓山先生遗文，因得窥见先生之学。……先生讳和，字时雍，号晓山。先世由江南徙居河南夏邑。先生生于康熙五十年二月某甲子，卒于乾隆三十年八月某甲子。累赠奉直大夫、刑部陕西司主事、朝议大夫、刑部陕西司员外郎、苏州府知府、中宪大夫、福建兴泉永海防兵备道。男子子三人：长即世铨，乾隆二十六年进士，分巡福建兴泉永兵备道署按察司使；次世函，殇；次世钟，国学生，早世。"

《南江文钞》卷八《书胡封公遗卷后》："夏邑胡晓山先生履素含章，敷赞经训，河洛间奉为祭酒。屡受知于学使者，尤为大学士漳浦蔡公所推许。顾数奇，终踬棘闱，郁采潜耀，式启后昆。今苏州知府鉴泉使君承庭告绸遗书，昌煜世学，用能惇化翊猷，蔚宣治效，光显于前施。是则先生经世之学，虽晻唈一时乎，其苞蕴所贻，融耀演舒，固迥且永矣。余与鉴泉为同年生，丙午春访之于苏州官署，获读先生遗文暨漳浦蔡公题识，益信环章真赏，历久弥彰，若符冥契，并以见鉴泉之永思不匮，为足风也。卷轴藏弆，迭系于云仍，尚其笃念哉！"

四月，先生和卢文弨分别为汪沆遗集作序。

《南江文钞》卷六《槐塘遗集序》："晋涵始就傅，即闻杭州西湖吟社之盛。厉征君樊榭、杭编修堇浦实为职志。比来杭州，则樊榭征君已殁，堇浦编修教授四方，旋亦逝世。诸老零落殆尽，独于征君槐塘先生过从最久。先生尝问业于樊榭征君，早岁与堇浦编修齐名，所称‘松里五子’之一也。……《樊榭文集》暨编修《道古堂集》俱为审定开雕，其它师友遗著，次第表彰。……先生壮岁有《津门杂事诗》一卷、《盘西纪游集》一卷传诵四方，今据晚年删定本合为诗若干卷、文若干卷。呜呼！读其书，可以知学以缮性矣。”

汪沆《槐塘诗稿》卷首卢文弨《槐塘诗集序》：“先生与吾先人同举大科，及文弨倖获一第而归，始以通家子谒见先生于里中。……静夫，故先生子也。先生命为兄后，克以孝友，继其家风，出先生所为诗若文而整比之，而寿诸梓，属文弨为之序。……既不辞而序其端，请以质世之读先生之集者。乾隆五十有一年孟夏月吉。同里、年家子卢文弨拜题于钟山书院。”

夏，先生入都补官，孙星衍、洪亮吉以诗送之。

洪亮吉《卷施阁诗》卷八《送邵秘校晋涵入都补官》：“君行不得行，一尺大梁雨。流潦冲夷门，街泥积如许。大梁雨足欣有秋，君虽不行我夷犹。廿年三度与君别，被酒历历追前游。逢君乃研经，逢君乃注史。当时苦说两少年，只借黄郎前已死（谓黄景仁）。骑龙弄凤戏里间，斩蛟射虎节不拘。性情至此忽一束，细校科斗笺虫鱼。读书识字居然异，长句犹能矫奇气。大龙山下别君时，千六百言君倘记。壬辰三月上巳筵，江水一楼诗一篇。我歌白袷方咏月，君著宫锦行朝天。长安米贵居偏易，蓬观为君著书地。宣南坊外三斗尘，一客入门惊故人。故人久别仪容野，日倚陈编与倾泻。已看贵纸写《南都》，尚少筑台名《尔雅》。十年哀乐事亦同，往往相左红尘中。梁园握手亦意外，浊浪饱吸餐炎风。河流拍枕朝难醒，官烛烧残夜忘永。蠹鱼窥客客不知，双鬓都垂二毛影。盘盘万卷纵堆窗，只觉逢君气早降。礼堂若写群经定，君署南江我北江。”

孙星衍《澄清堂稿》卷上《中州送邵太史晋涵入都》：“平生慕两贤，非友而若师。束修好经籍，往往梦见之。其一钱少詹，识我弱冠时。注书抉渊原，辨字求据依。前贤谬称许，谓云戴可追（辛眉先生初致星衍有“东原替人”之语）。东原真天人，我闻恧且疑。一为校理君，时征入天扉。点窜四部书，校录三通碑（君著《舆地金石碑目》）。我方走江介，离隔如云泥。长裾曳朱门，渐蒙孤陋讥。遭逢得良友，与我门识知。汪狂而钱倨，更有洪君奇（谓容甫、献之、稚存）。其学乃精绝，独到一世希。孤蓬生于麻，白沙人以缁。千年枕经籍，自以元朗期。欲撰《续释文》，此事茫无涯。先抽《尔雅》篇，虫鸟苦究推。削其偏旁加，古是而今非。广摭郭（舍人）樊孙，高（诱）郑（康成）乃其枝。参军小龃龉，叔重吾纲维。蹉跎未终成，行役以自携。侧闻校理君，著此二十稘。声音训诂间，质证《书》《易》《诗》。经经自相勘，所失无毫厘。征信汉魏儒，缺疑不自欺。措言又平准，未肯参军随。亦取正义名，冲远讵等夷。陆佃郑樵辈，芜秽不足资。君书若行世，焚砚亦不辞。后儒苦参订，唯恐微言微。浮名本浮云，岂以恤己私。前年走京阙，谒君叩门篱。握手喜欲狂，礼意不及施。千言累胸臆，有若丝不治。又若大泽云，四起无端倪。徐徐辨涯涘，渐渐如醇醨。是时君念我，恐有方朔饥。俾修石渠书，议功以入赀(时予欲得《职官表》誊录，阁校乃纪总宪，陆廷尉过爱，谓当以纂修荐，遂致不就)。所计亦未成，感激肝胆披。逡巡逐秋风，匆卒走路歧。君书不曾见，回首以恨滋。去年客游梁，主者韩昌黎(谓弇山中丞)。好贤苦饥渴，赏我以不羁。招君载书来，著作于官司。编年仿司马，当废薛应旂(君为毕中丞撰《宋元通鉴》)。君谈始深接，君学方深窥。暇日出我书，折衷而拾遗。十言九合辙，闭户法在兹。微嫌我惊俗，改字搜根基。我言证佐明，例不避谤诽。君书列学官，刑昺不敢睎。眇然当世间，所待言者谁。吾终望中丞，功业今皋夔。圣人重文治，入告必颔颐。石经最宜奏，次者两庑祠。光光许叔重，学行纯无疵。景纯自忠烈，黉舍诵厥词。奈何小说家，缘饰至诋訾。中郎比康成，术业无参差。三贤配游夏，后世颂不衰。立言古人敦，献可良臣为。翰林近言官，君位清不卑。有时得迁除，亦合陈丹墀。狂夫及刍荛，惟君择从违。俗流但因循，谗者曰詅痴。我今如愚公，用志山可移。赠言愧无文，继之以歌骊。踟躇惜将别，且复倾千卮。丈夫恋日月，苦乏名誉垂。交朋重知己，谓有乐石规。心酸勿挥涕，为其近女儿。同术而同方，天涯若堂闱。努力研遗经，暇即长相思。"

七月一日，先生致书洪亮吉，洪亮吉有复先生手札墨迹二通。

朱兰《南江先生年谱初稿》引洪亮吉贻先生书札："洪亮吉顿首二云先生执事：奉到七月初一手书，知文从已抵都中，日来想眷属亦当到寓，惟动定安和，谭府万福是祝，舍甥汪生未识已来受业否？祈切实教之是感！来人怔忪，附问兴居，不宣。亮吉再顿首。

又一通，上页似失去："如在冬杪，则亮吉亦由汴入都之局，此间岑寂无事，笺《左传》日可得数条，惜师资在远，不及一二，觅之为歉也。舍甥谅时来问业，幸切实诲之，并问起居，不宣。洪亮吉顿首启，又七月廿六日。"

据两札语气，北江与先生上年实同在汴中，此时北江尚未离汴，故属是年。又七月一札尚待查考。

汪辉祖约先生，谒纪晓岚先生。

汪辉祖《病榻梦痕录》"乾隆五十一年"条："左都御史、今兵部尚书、河间晓岚先生(昀),余乞双节,言久矣,往返未见,见《越女表微录》,甚契,属邵二云约日来候,余因走谒,蒙赠五言古诗一首,相赏笃至。”

八月,汪辉祖签掣湖南永州府宁远县知县,先生有赠序。先生送辉祖彰义门外,泫然分手。

《南江文钞》卷六《送汪焕曾之官宁远县序》:“吾友汪君焕曾娴习经训,以家贫谋养,治法家言,议论依于仁慈。佐州县治,引三礼以断疑狱,远近称平允。性廉介,严取予,异乎俗所云幕宾者。今以进士谒铨,得湖南之宁远县,夫以焕曾之明律而通于礼,本之以仁,持之以廉,吾见焕曾之道之行,而豫为宁远之人贺也!……余与焕曾交,屡以文字相切磋。兹行也,同学之士多为歌诗以送之,余隐括为序以赠其行。何以处我,焕曾独无意哉!”

汪辉祖《梦痕录余》“嘉庆丙辰”条:“丙午,送余彰义门外,余曰:‘此行幸邀封典,即作归计,未必再入此门。脱不幸,铭幽之文,责在吾子。’泫然分手。方余告病获督。二三故人为余惋惜,二云曰:‘诸君勿尔,龙庄当泰然也。’因诵余留别诗,‘最好官箴双节录,无多宦味五年心’句,叹为素志不欺。”

阮元《揅经室二集》卷三《循吏汪辉祖传》:“辉祖既至县,鄙塞之俗,翕然丕变,政声大播。”

夏秋之交,先生曾赴陈留寻访北宋石经,后将拓片送给彭元瑞,元瑞有记。

彭元瑞《知圣道斋读书跋》卷二《北宋石经》:“北宋石经,向来记石刻者不之及,即《河南志·古迹》,有《翟母碑》而无宋石经,亦可慨也。近始出土中,邵学士晋涵拓以贻予。”

《南江诗钞》卷四《北宋石经歌次彭芸楣司空元瑞韵》:“汉构经廊失檐宁,突兀唐碑镇关辅。蜀璧全销玉垒云,天水浮珉亦非故。续书不数临安都,天圣下诏崇泗洙。当时结撰不草草,征材远逮金陵胡。两体双排分篆隶,古文虞鲁通形意。戈法仍沿秘监书,露痕间仿中郎字。石鼓旋移天会年,谁知断竭犹留传。河翻汴郁沉三版,珉勒周京证六官。闻得羲爻仍失考,十二幅字余探讨。即今审定邀宗工,鸿笔摛词等球宝。题箑颁来火未流,敷宣经训应蒙求。忆向陈留访碑去,岁华丙午月临秋。”

九月,翁方纲为邵晋涵所藏童二树写生册题诗四首。

翁方纲《复初斋诗集》卷三二晋观稿五《题邵二云所藏童二树写生册四首》:“如此兰亭始逼真,生香交翠墨池春。山阴雪意谁曾见,童道人今树道人。墨梅底用追黄冕,泉谱还闻辨顾烜。容易残缣自裒辑,一枝巢影写凉喧。亦有江翁善写生，天涯金石几兰盟。箧中古币归何处，邗上新碑怅望情。老友姚江手一编，画梅诗画又三年。从来臭味论千载，多在知音淡处传。”

秋，王瑶峰续举销寒会。

《南江文钞》卷六《销寒叠韵诗序》：“丙午秋，复入都，则王瑶峰仍举前会。”

王尔烈(1727—1801)，字君武，又字仲方，号瑶峰，盛京辽阳人。祖籍河南，生于累世官宦之家。乾隆三十年中举人，逾六年举进士。历官陕西司郎中、刑部主事、甘州府知府、翰林院编修、四库全书处纂修官、三通馆纂修、陕西道监察御使，累迁内阁侍读学士。嘉庆四年，以大理少卿辞官归故里，掌教沈阳书院，两年后病逝。被誉为辽东以“词翰书法著名当世者，清代第一人”。所著诗文多散佚，仅存《瑶峰集》行世。事具《辽阳县志》等。

十一月十九日，阮元入都，后得见先生，时有请问，多有所得。

张鉴《雷塘庵主弟子记》卷一“乾隆五十一年”条：“(阮元)十一月十九日，抵京师，寓前门内西城根，因得见余姚邵二云、高邮王怀祖、兴化任子田三先生。”

《南江文钞》卷首阮元《南江邵氏遗书序》：“乾隆丙午，元出入京师，时前辈讲学者高邮王怀祖、兴化任子田，暨邵二云三先生，元咸随事请问，捧手有所授焉。”

十一月七日，刘台拱亦有手札致先生。

朱兰《南江先生年谱初稿》引刘台拱贻先生书札：“刘台拱谨再拜二云先生执事：拜递左右，复已七年，顾瞻龙门，如在天上。舍弟七月出京，九月抵润，询悉动静万福，甚慰企仰之私。《南宋事略》当次第告竣，又闻家有骊珠，能续谈、彪之业，此尤可喜也。台拱近况琐琐，无足多道。无闻三年，倏焉已及。骐骥有千里之程，而驽骀惜十驾之力，相去日远，所固然已。表生昔依函丈曲被陶甄，今赴京师，仍欲执经门下，因附此。恭叩近安，伏惟照察，余不备及，台拱谨再拜，十一月七日。”【朱兰按】先生已亥年有寿刘余斋先生寿言，彼时端临在京。札云：“拜递左右，复已七年。”

秋，先生为江南守巡道淮安府知府郑君撰墓志铭。

《南江文钞》卷一一《诰授中宪大夫升授江南守巡道淮安府知府郑君墓志铭》：“乾隆三十八年春，余游江南之凤阳，司正阳书院讲席。时寿州知州郑君方奉台檄，将摄六安州篆，闻余至，为具宾主礼。君赴六安，时时念余不置。余旋奉召入都，编校四库书，君亦累擢直隶州知府，岁时音问，一如在六安时。未几，闻君卒于位。君殁后五年，会子应元与余为同官，屡得闻君遗事。今年秋，应元乞假归葬其亲，请余志墓。”

是年获交海宁周广业，为其《意林注》作序，致详于诸子之支与流裔。

《南江文钞》卷五《周耕崖意林注序》:“班固叙列诸子，凡百八十九家，四千三百二十四篇，以为合其要归，亦六经之支与流裔。汉世大儒注经，皆慎取诸子之言为六经之辅佐。魏晋而降，崇尚空言，为说经之一变，而诸子亦渐微。然唐人及宋初聚类之书，征引诸子尚夥。至南宋后，而子书之存者益稀矣。唐马总《意林》抄撮诸子，多近世所未经见者。嗜古者胥宝爱之，顾行世无善本。

“岁在庚子，余从京师友人所见海宁周君耕崖所校注，引证详瞻，亟为借抄。越七年，余复至京师，获交周君。因出示其复位本，则较前曩时所见者加精审焉。周君曰：‘此书行世者，旧只廖御史自显本，刻于明嘉靖中，近已鲜，传抄本多舛互，今据道藏本与诸本相参定。其中篇册纷糅，如《庄子》割属《王孙子》,《新序》并归《说苑》,《中论》杂入《物理论》,此不可不为厘正也。马氏祖述庚仲容《子钞》，当得百有七家，今目七十有一，是阙三十六家。而《鹖冠》《王孙子》已有录无书，今取诸书所引《意林》为今本所无者，汇为《意林逸文》。洪容斋《续笔》诸书所载《意林》子目，遗文佚句，散存群籍，裒集为《意林佚篇》，共得十有八篇，而究莫能尽复其旧也。’余读其书，叹其用心之密，至其辨章同异，持论衷于和平，其深识尤有过人者。

“近时嗜古者表彰子书，悉心校勘，其意诚善。然或过有偏主，务申其说，几几乎欲引诸子与六经相诘难，斯非好奇之过欤？

“夫子书有蔽短正更，不必为之掩讳。舍短取长，掇其精要，乃可羽翼乎六经。然则马氏之为是书，庶几其善读诸子者。而周君之扶微阐隐，又岂特为马氏之功臣而已哉？周君著述甚富，于经史多有发明，兹特其一种云。”

【黄云眉按】是序所言，即班固“合其要归，亦六经之支与流裔”之意。南宋以还，子学不绝如线，至是始有董理之者。顾亦仅视为经学附庸，以余力从事校勘，未暇为学说上之研究。其表彰子书，如先生所谓几几乎欲引诸子与六经相诘难者，正未易多觏。然诸子头角，由是稍露矣。

周广业(1730—1798),字勤圃，号耕厓，浙江海宁人。清乾隆四十八年举人。早年丧父，靠教授生徒以奉母养弟。好学不倦，精通经典，善于论史。编纂《四库全书》时，参与其事的名流学者，争相聘其担任校勘。后受荐主讲安徽广德书院，兼修州志。广业生性耿介，不随流俗，后归家著述以终。著有《孟子四考》《蓬庐文钞》《读易纂言》《石经纪略》《经史避名汇考》等。事具阮元《两浙輶轩录》卷三三。

是年,先生为同邑世交朱汝颖父朱镜作八十寿序。

《南江文钞》卷七《朱明怀封翁八十寿序》:"吾乡旧族,世通姻好,衣冠诗书之泽泽绵诸奕者,每互相砥砺,而耆旧之矩行规言,恒足为后进所师法。明怀封翁,晋涵所事为父执者也。自髫龀得随杖履,即荷奖借,盛有所期待。翁旋移居武林,晋涵过会垣,辄登堂敬问起居,所以训迪而翊进之者无不至。数为述先世交游与夫曩哲之懿微,诚有味乎其言之也。翁行年八十,姻好相与举近世所为捧觞上寿之仪。晋涵以远在京师,不获与其列。顾念久从翁游,又与令子晓溪为昆弟交,习知言行,实有可为后进师法者。请随乐筵之致语而质言之。"

朱镜,朱大武继子,字明怀,国学生,寓住杭州,享年八十有六。子汝颖,字孝基,号晓溪,中丙午科浙江乡试第五十九名举人,授内阁中书。详见朱元树民国《余姚朱氏宗谱》卷一三。

是年,徐联奎自江西来都,请先生为其时文稿作序。

《南江文钞》卷六《徐薛堂时艺叙》:"立心勿恒,《易》之所戒也。言为心声,声之善者,为文非久于其业,笃嗜而勤治之,则其文必不能工,独怪夫惊时以为文者,剽窃陈言,袭他人之形,貌若未尝营度于心,而篇幅已具时。或幸获弃旧业,如土苴漫不为意。惘惘焉又别有所从事,见异辄迁,其立心之勿恒也。孰甚我友徐君薛堂,自江西来都,以手订时文稿示余。薛堂课试之文,思沉而力锐,久为侪辈所推许。今读其全稿,则自宦游江西,遇乡会试题多有拟作,其嗜之也。笃其治之也勤,固宜其业之益工,久而愈可爱慕。昔人之论文者,比诸荣华之飘风,好者之遇耳,其不可恃也若此。余以为荣华好音,只视一时之好,尚供人世间听睹之欢娱。不逾时而萎谢焉,消沉焉,亦奚足怪。士君子修身立言,亦蕲为可久而已。独念余与薛堂同领乡荐,至今几二十余年,中间离别合并,踪迹不可悉数。薛堂宦迹著于江西,而余学殖日益荒落,及把臂京师,伸款道故,犹不忘鉴曲西泠染翰题襟之夙好,则友朋之可称久要者,洵莫如薛堂。《易》不云乎:'君子以言有物而行有恒。'薛堂亦念此二十年中人事之变迁何限,惟此久治之业,不为一时好尚所移。内以信于心,外可共证于友,然则有志于立言者,必其行之有恒,斯能言之有物。读薛堂之文可以得其人矣。"

徐联奎,字薛堂(一作璧堂),号讷斋,浙江山阴人。乾隆三十一年进士,官至南昌府同知。归田后,浙江巡抚阮元聘为幕僚。著有《筠心堂诗古文》《西江政略》。事具《国朝耆献类征》卷二四〇《徐联奎》。

是年，先生受友之托，撰余姚劳氏宗谱序。

《南江文钞》卷六《劳氏宗谱序》："余姚劳氏始于宋南渡，其定居孝义乡则为德赐公醇德启后，子姓日蕃，海滨弦诵，有横经负来遗风。近时余山先生更以儒学显。余友献其尚志节，砥砺问学，勉勉于余山先生之传，示余续修家谱，以德赐公为始祖，而不敢远有援引，盖慎之又慎矣。"

孙星衍是年中式第八十七名举人。

张绍南《孙渊如先生年谱》"乾隆五十一年"条："君中式第八十七名举人。"

孙星衍(1753—1818)，字伯渊，又字渊如，号季仇(仇又作逑)，江苏阳湖人。曾为毕沅幕客，助修书多种，曾与先生一起复审毕沅的《续资治通鉴》。乾隆五十二年进士，授翰林院编修，历官刑部直隶司主事、广东司郎中、山东兖沂曹济道督粮道。著有《芳茂山人诗录》《问字堂文稿》《岱南阁文稿》《周易集解》《寰宇访碑录》等。事具阮元《揅经室二集》卷三《山东粮道孙君渊如传》。

乾隆五十二年，丁未(1787)，先生四十五岁。

二月，以原衔充文渊阁校理，在圆明园校勘文源阁书籍。

张书才《纂修四库全书档案》"一一八八翰林院典簿厅为知照奉旨庄通敏等充文渊阁校理事致内阁典籍厅移会(附黏单)"："翰林院典簿厅为移会事。照得本院于本月初九日具奏文渊阁校理一折，本日奉旨：庄通敏，邵晋涵、戴衢亨、德昌俱著以原衔充文渊阁校理；恭泰、王燕绪俱著以原衔署文渊阁校理；汪学金、戴均元、王春煦、关槐、罗修源、徐鉴、胡荣、李潢、章宗瀛、朱攸俱著记名，俟有缺出挨次充补；吴敬舆、曹城、祝堃不必记名。余依议。钦此。钦遵。"

(附黏单)《翰林院奏请将庄通敏等充文渊阁校理伏候钦定折》："谨奏：为请充文渊阁校理事。查文渊阁校理，额设十六员，以由内班出身满汉庶子、侍读、侍讲、洗马、中允、赞善、编修、检讨等官兼充。如各员中有出差等事，仍衣(依)日讲官例，请旨简员署理。臣等于乾隆四十五年拣选得拟备校理十六员，带领引见，请旨作为记名，遇有缺出，挨次充补，无庸再行引见。等因，具奏在案。

"今查充文渊阁校理侍讲季学锦、洗马黄轩俱补放道员，编修汪如藻补放知府，编修李镕、中允吴寿昌、编修刘种之俱奉派学政。所遗实缺四缺，署缺二缺，臣等请将原充校理之赞善庄通敏并上次奉旨记名校理之编修邵晋涵、修撰戴衢亨充补实缺三缺。其应充一缺、应署二缺，现在记名人员俱已用完，臣等谨遵原奏，于四库馆行走之提调、分校各员内拣选十六员，开列名单，缮写绿头签，带领引见，恭候皇上简充一员、简署二员，其余十三员可否请旨作为记名，将来俟有缺出即将此项人员挨次奏请充补，毋庸再行引见。伏候钦定。谨奏。”

《纂修四库全书档案》“一二〇六质郡王永瑢等奏现办覆校文渊文源两阁书籍事宜摺(附清单二)”：“五月二十三日，臣永瑢、臣阿桂谨奏：窃臣等奉旨校勘文渊、文源两阁书籍，业将酌定章程，恭折具奏在案。现据各该衙门将派出看书人员开送前来，臣等遵旨将在城、在园各员，酌为分派。除臣永瑢、臣阿桂各阅看书籍，并天文、乐律、医书专派各该衙门人员阅看外，其余每处各一百二十四员，业经金简、伊龄阿等将应用桌凳纸张及挖补匠役人等，妥为预备，即于本月二十七日开局校勘。臣现将办理章程及每日看出错误挖改添补等事，通行传知办书各员，一体遵照，并分设循环簿，将签出各条登记。如有字句违碍、书写庙讳，及篇页错误过多，未经签明，将来别经看出者，将详校官分别议处；其业经签出而总核之员办理不当者，将彭元瑞、纪昀二员议处，以专责成。

“至在城、在园两处书籍浩繁，一切挖补换页等事，必须分员经理，方可无误。查从前续办三分四库书，提调共八员，应请将原派之编修罗修源、胡荣，降调侍讲恭泰，笔帖式阿林四员，派令承办文渊阁书籍，学士玉保、编修吴敬舆、检讨徐鉴、员外郎苏保四员，派令承办文源阁书籍。其一切匠役人等，俱系武英殿派拨，亦须专员管束，总司查催收发等事，查有现充该处提调及曾任提调共四员，应请将编修朱攸、降调编修吴裕德二员分派在城，编修关槐、检讨彭元琓二员分派在园，以资督率。

“再，查提调内恭泰、吴裕德二员，虽经降调，俱系候补人员，办书尚属熟手，是以一并酌派。合并陈明，伏乞皇上睿鉴。谨奏。

“(清单之一)在园校勘文源阁书籍翰詹官员五十员：侍读学士叶观国、王懿修，侍读白麟，编修陈嗣龙，检讨温常绶，编修秦泉、黄瀛元，检讨萧九成，编修邵晋涵、严福、李光云、戴心亨、程昌期、祝堃、初彭龄、甘立猷、戴联奎、王受、秦承业、蔡善述，检讨万承风，编修邵玉清、陈昌齐、吴绍濂、吴方培、崔景仪、周兆基、陈万全、程嘉谟、李骥元、蒋攸铦，检讨张曾羽、倪思淳、蔡共武、邓再馨，修撰史致光，编修孙星衍、董教增，庶吉士王观、秦恩复、任衔蕙、何泌、王祖武、陈士雅、顾钰、潘绍经、尹英图，詹事府庶子茅元铭，洗马萨提，赞善郑际唐。”

七月，李赓芸有致先生信札。

朱兰《南江先生年谱初稿》引李赓芸贻先生书札：“晚生李赓芸顿首，奉书二云太史大人阁下：赓芸夙仰斗山，幸亲光霁，图蒙先生饮食教诲，广为延誉。下第南归，更荷华槭汲引，加意吹嘘，感戢戢于铭诸心版，比惟玉堂清暇，台候梦福。赓芸别后因途次雨阻，直至六月望后始抵江村，宫詹夫子于二月间挈大世兄赴四明修志，闻即日可归，委寄信物已送交二世兄收入。西庄先生未遑修谒，闻杖履如常。献之半刺已于夏仲入秦，补官苏松两郡，詹当俟深秋往谒也。赓芸早孤失学，二十余才稍知读书，而质钝善忘，又为贫所累，迄今终无成就。六书于联体、声音，及通省假借之道，稍窥藩篱，而诂训则究心殊识，史书仅能略通前汉故实，间有考订，亦复浅陋，有志算术，而乘除开方尚未习熟，时过后学，勤苦难成，又不克时时亲炙。大君子之诲言，恐其终归暴弃也。顷叶羽便，虔具寸函，敬请钧安，仰希丙鉴。蓟门秋蚤，动止珍重，南人有优，幸画德音，赓芸再拜。七月五日。两世长兄附候文礼，实斋先生并希叱候，谨告。”

【朱兰按】钱修《鄞志》，有乾隆丁未知鄞县事钱维乔序，谓“岁在乙巳，爰延家詹事晓征主纂修之任”。又云“中间予偕计吏北行，局遂辍，丁未，踵行前后计一稔余，乃蒇事”云云。先生乙巳客汴，丁未无会试，揆之情事，定属丁未岁得许斋书也。

秋，应淮安府知府郑基之子郑应元之请，先生为郑基撰墓铭。

《南江文钞》卷一一《诰授中宪大夫升授江南守巡道淮安府知府郑君墓志铭》：“乾隆三十八年春，余游江南之凤阳，司正阳书院讲席。时寿州知州郑君方奉台檄，将摄六安州篆，闻余至，为具宾主礼，居数日益洽。……君殁后五年，公子应元与余为同官，屡得闻君遗事。今年秋，应元乞假归葬其亲，请余志墓，于是追溯余相从游处之，时已十有四年。……君讳基，字筑年，号定堂，广州香山人。先世居浙江之浦江，曾祖一岳，明进士，累官吏部验封司主事，殉国难。祖考标，县学生。考懿，贡生。祖考、考俱以君贵赠奉直大夫。君少孤力学，为诸生，以诗文著声。数踬乡闱，由例贡就铨授凤台知县，调定远知县，卓异擢寿州知州，擢知六安州，迁泗州知州，升淮安府知府。四十一年四月诏以巡道补用，君先得疾，闻恩命感激呜咽。越八日而卒，距生康熙六十年二月甲子，年五十有六。娶何氏，继娶李氏，俱赠恭人。男子子三人，应元，翰林院庶吉士，今为内阁中书。应卓，应翰。女子子二人，长适国子监生李咸钦，次适国子监生郭灿。应元等于某年月日葬君于某乡。”

郑基，字筑平。广东香山人。诸生，捐纳为知县，乾隆中，历任安徽凤台县、寿州至泗州直隶州知州，江苏淮安知府，江南守巡道。以兴水利著名，浚治凤台黑濠、湿泥、裔沟三河；浚淮安城东涧市河，开渔滨山字河，开护城河。又兴寿州蚕桑，赈泗州水灾。乾隆四十一年卒。郑应元(1754—1809)，字文川，乾隆四十六年辛丑科进士。由庶吉士授内阁中书，充三通馆纂修官兼总校官。后引病归里。嘉庆十四年病故，终年五十五岁。

秋末，先生拜谒座师庄存与。

《南江文钞》卷一〇《庄养恬先生祭文》："呜呼！感知纪遇，自昔铭恩。所尤幸者，巨儒之门。重光单遏，春闱集试。列侍门墙，获谐夙志。……前年秋暮，拜送国门。谒庐请益，远愿攸存。"【注】庄存与乾隆五十四年卒，当属是年拜访。

是年，翁元圻始注《困学纪闻》。元圻自谓注此书之动机，实由先生发之。

翁元圻《困学纪闻注》自序："幼嗜此书，通籍后，备官礼曹，尝质疑于中表邵二云先生。先生教之曰：'阎、何、全之评注，略举大意，引而不发，子盍详注之，使览者不必翻阅四库书，而瞭然于胸中乎？'余对曰：'此非尽读厚斋所读之书者不能也。以元圻之浅陋，曷足以任此！'先生曰：'子姑详其所可详；其未详者，安知不有好学者更详之乎！'余诺之，而未敢必其成也。丁未之冬，拣发云南，从此移黔移楚，未尝不携此书自随，偶有所得，即细书于简端。"

翁元圻《困学纪闻注》胡敬序："辑阎、何、全诸家之说，益以己所心得为之注。……为文凡八十五万言，可谓集大成矣。……凡厚斋所引之书与其人，靡不触类引申，核其本文，详其贯履。于书之已佚、姓氏之就湮者，则博采坠简零篇，力索冥搜，期于必获，于诸说之不全不备、舛驳抵牾者，则下己意补之正之。"

同里黄璋刻《大俞山房诗稿》十卷成，为先生尊辈，与先生曾有书札往来，谈及彼此之著作。

黄璋《大俞山房诗稿》附录："奉到大集，雒诵再四，掉臂清新，而不涉江西宗派，要非洗伐功深者，无从道其只字也。闻文集亦次第开雕，何时赐读，俾奉范模，祷切祷切！入春来，食履安和，伏惟万福。楚中之游，未知果否？传闻荆襄光景远不如中州，而制府届秋拟往摄湖南抚篆，则俶装似可稍缓。倘行有定期，祈先示知为望。谨此顺请近安，不戬。"

又："秋初接奉教函，远荷存注。敬悉食履绥和，门庭多庆，欣忭弥增。

闻大集已付开雕，传世之业，及早赐读为望。晋涵近刻《尔雅正义》，略仿唐人体裁，而学术不逮古人远甚，刻成复核，自愧疏漏。今寄呈一部，伏祈大加诲削，俾不至终身不闻大道，幸甚幸甚！《孟子正义》粗具稿本，尚须删改，道远末由就正，时用怅然耳。寄陆定兄札已为面付矣。耑此顺请近安，适有俗冗，不及缅缕。”

又：“久未奉书，依溯弥挚。二表弟抵都，接读教言。敬悉福履冲和，名山之业日新富有，易义阐绎家传，当较查他山之导扬师说远为过之。《宋元学案》，贯彻古今学术源流，不仅备两朝掌故，双韭续纂未竟，今乃得观厥成，异时流布通都，洵四方学人之幸也。侄牵率应酬，记诵日落，迩来更觉匆忙，精神颓废。南望经帷，神驰左右，长者何以教之。一切光景，谅二表弟自能面陈。顺请近安，不戬。”

冬，保定莲池书院失馆，章学诚一度暂居京师。此间，曾与先生小聚，年底出都。

章学诚《章氏遗书》卷一八《书宋考女》：“五十二年冬，余在京师，寓同年友刑部金君光悌家。”

章学诚《章氏遗书》卷一六《改仃史苍言所撰会稽陈君墓碣并铭》：“乾隆五十二年，复聚于邵编修家。”

章学诚《章氏遗书》卷二二《与周次列举人论刻先集》：“丁未残腊出都。”

章学诚岁暮至河南见毕沅，既任编辑《史籍考》事。其书包经而兼采子集，尝与先生商订体例，且令先生弟子章宗源别辑《逸史》一书，以辅《史考》，如《经解钩沉》与《经义考》之同功异用也。

章学诚《章氏遗书》卷二八《丁巳岁暮书怀投赠宾谷转运因以志别诗》：“丁未又困京洛尘，选部有官不敢徇。晏岁仓皇走梁宋，才拙岂可辞贱贫。镇洋太保人伦望，寒士闻名气先壮。戟门长揖不知惭，奋书自荐无谦让。”

章学诚《章氏遗书》卷四《与邵二云书》：“自到河南，三度致书，想俱邀鉴矣。所商《史籍考》事，亦有所以教正之耶？”

章学诚《章氏遗书》卷四《报孙渊如书》：“承询《史籍考》事，取多用宏，包经而兼采子集，不特如所问地理之类已也。前有条例与邵二云，求其相助。如足下从事校雠，其于古今载籍，耳目所及，幸有以指示之也。至义例所定有应采者，邵君处已有大凡，可就询之。”

章宗源(1752—1800)，字逢之，浙江会稽人。以宛平籍中式乾隆丙午科举人，为清代有数之辑佚家。所辑甚夥。章宗源所传有《隋书经籍志考证》十三卷，凡隋以前乙部诸佚书，采摭略尽，盖即与学诚《史籍考》最有关系之书。(余书不传,传者亦经孙星衍、严可均、洪颐煊等之补订,非复章辑之旧)先生于辑佚既多致力,宗源则承先生之教,而毕生从事于此等工作。阮元《茆辑十种古逸书序》称:"昔元二十岁外,入京谒邵二云先生,先生门徒甚多,各授以业。有会稽章孝廉逢源(源当作之)者,元见先生教以辑古书,开目令辑,至今犹记其目中有《三辅决录》《万毕术》等书。章孝廉力其业,不数年成书盈尺。惜孝廉病卒,书不知零落何处"云云,可知其渊源所自矣。

冬,招辛卯同年为销寒会。

《南江文钞》卷六《销寒叠韵诗序》:"岁丁未冬,招辛卯同年为销寒之会。雪峤首创四韵,和者寥寥,而雪峤每会,必有诗叠前韵,积至二十余首,意惬而语真,色淡而味永,气静而音和,信乎其善以诗鸣也!"

四月,孙星衍以一甲第二名,赐进士及第,授翰林院编修。

张绍南《孙渊如先生年谱》"乾隆五十二年"条:"殿试阅卷官为阿文成公桂、嵇文恭公璜、彭文勤公元瑞、纪文达公昀诸人,为置第二进呈,上已改第一,阅卷中误书耕九余三为耕三余九,仍以一甲第二名,赐进士及第,授翰林院编修。"

是年,先生为是科教习庶吉士。

章学诚《章氏遗书》卷一八《邵与桐别传》:"丁未,教习庶吉士。"

乾隆五十三年,戊申(1788),先生四十六岁。

春,同年闵思诚卒,先生为之撰祭文。

《南江文钞》卷一〇《闵读山同年祭文》:"呜呼!重光单阏之春,同举南省者号曰多才。……甫及春而闻君抱疾兮,沉绵数月,遽欲遐举于星阶。君岂无所系恋兮,曷不留连俯仰,竟长逝而不回。"

闵思诚,字中孚,一字读山,号义亭,鹗元子,浙江湖州人。乾隆三十六年进士,授编修,后官至刑部主事。参与编修《四库》《三通》。工诗,著有《读山楼小草》。事具《湖州府志》和《清代朱卷集成》。

二月,钱沣之父钱拙史先生八十寿辰,先生有序。

《南江文钞》卷七《钱拙史先生八十寿序》:"云南钱君南园,视学湖南,阅三年,当受代。天子知君善于其职,复留三年。湖南之人服习君之教,相勖勉以惇行学古,既乃知明。岁著雍涒滩二月,为封公拙史先生八十寿辰,群欲以夙昔服习于君者,进而称祝于先生。君素奉先生庭训,严于律己,峻却之。惟是都中故旧偕南园举南省试者,久习于南园,因得备闻先生之教,情不能已于言也。爰效近时所为屏幛者，而属晋涵为之序。”

二月，銮舆巡津淀，先生代人作《圣驾巡幸津淀赋（谨序）》

《南江文钞》卷一《圣驾巡幸津淀赋（谨序）》：“岁在戊申二月，恭迓銮舆巡津淀，省民观俗。”

三月，先生为钱大昭撰《补续汉书艺文志序》。

朱兰《南江先生年谱初稿》附录邵晋涵《补续汉书艺文志序》：“班孟坚《汉书》因刘子骏《七略》作《艺文志》，西京书籍，略见其梗概矣。后代史家，递相祖述，《隋书》《旧唐书》《文献通考》作《经籍》，宋孝王《关东风俗传》作《坟籍》，其名不同，其书一也。

“范氏《后汉书》本未及撰志，司马彪《续汉书》有《律历》《礼仪》《祭祀》《天文》《五行》《郡国》《百官》《舆服》八志，而不及《艺文》，东京诸儒撰述，泯焉无闻，良可深惜！

“嘉定钱可庐先生精通经史，其说经之书，实事求是，得未曾有。其于两汉三国，有《辨疑》一书，王光禄称赏不止，以为突过三刘，今考有《补续汉书艺文志》二卷。余受而读之，盖取蔚宗本史所载，及书之见存于今代，引证于古书，著录于别史，暨藏书家所录者，辑为此编，以补司马氏之阙漏，部分条析，悉依前书，于一代著述，固已搜采无遗，洋洋美备矣。

“不登上古之书者，依刘知几之说，断代为史，例不当载古人；且东汉时古书之存亡，亦非几千百年以下所能审知也。乾隆五十三年三月余姚邵晋涵序。”

春，先生同年吴震起贻书先生，请为其母董恭人撰墓铭。

《南江文钞》卷一一《诰封恭人吴室董恭人墓志铭》：“乾隆五十三年春，国史馆撰进故都御史吴公涵列传，晋涵得与编校之列，因得考见。公之清操亮节，为吾浙所引重。又旧与公曾孙震起同举礼部试，知公名德裕后，世为清门。会震起自浙贻书请为妣恭人志墓，备闻内政，益以信世家之遗泽远矣。恭人董氏，考讳浩，康熙五十九年举人。……卒于乾隆四十九年五月某甲子，距生康熙四十五年六月某甲子，年七十有九。三遇覃恩，由安人、宜人晋封恭人。子二人：长震起，辛卯科进士，改庶吉士，历吏部稽勋司郎中；次震达，廪膳生，早卒。女三人：长适国子监生张宗源；次适国子监生徐景汤；季适汾州府知府雷汪度。孙男五人，孙女一人。”

吴震起，字省吾，一字初恬，石门人。乾隆三十六年进士，官吏部郎中。事具阮元《两浙輶轩录补遗》卷六。

八月，《尔雅正义》刻成，钱大昭赞“其书之精博”。

钱大昭《尔雅释文补》自序:"予旧有志作《尔雅疏》一书。参取众说,择善而从,期折衷至当,尽心者积有年所,然终未底于成也。岁戊申之仲秋,余姚邵太史晋涵《尔雅正义》刻成,邮寄示余,叹其书之精博,不特与邢氏优劣,判若天渊,即较之唐人《诗》《礼》正义,亦有过之而无不及,盖爰乎莫尚已。余旧时所留心识记者,邵书大半已有,此昔人所谓'杼轴于怀,他人我先'者也。"

翁元圻自云南三致书先生,告知近况,并索《尔雅正义》。

朱兰《南江先生年谱初稿》引翁元圻贻先生书札:"圻到滇后三拜书于左右,恐因鳞羽浮沉,未能上达,私心洄溯,如何可言?比想动定佳安,日与诸名士考订古今,发为文章,登之简册,篇秩之富,议论之精,固当前无古人,不屑与时流较尺寸也。圻于去秋署篆嵩明,旋即题授,迎候之劳与需索之扰,实非吾辈所堪。近得改署征江府事,稍得清净,复因委办积案,长住省城,酬应纷如,兼且薪水无资,弥形竭蹶,心绪恶劣,未可以言语形容,惟有仰屋而叹耳。乐园二雷竟未获隽,想必日近门墙,鄙意人生能得一二著作,是供数百年雌黄,较之挂名题名录中,使人熟视而无睹者,实有霄壤之别。不知乐园二雷以为然否?《尔雅正义》闻已刻成,千万惠寄一部,圻现在并未能读,室初印也。如滇中乏便,乞寄交家兄收贮。同乡诸先辈及相好诸公拟欲为致一函,以谮垂念,苦无佳境可告,遂尔阁笔,希先生为道罪过。端此,俙候近祉,并问世兄辈近好。二云先生阁下,愚表弟翁元圻顿首。"

章学诚从河南有致先生书札三通,对不学无术之徒抄袭别人著作言论的行为和当时考据之风提出批评。

章学诚《文史通义》外篇三《与邵二云论文书》:"《顾文子传书后》,当寄永清附刻《亡友传》后,内序顾父善画,顾母通经,教子课孙,亦藉以稍慰文子请撰家传之志尔。但中有'小李将军画法'一语,本之李君所开节略,小李将军画名,亦耳熟之。其为何代何官,及何名字,仆性村劣,实未识也。一时无书可考,姑仍原文,然于古文之法不合,幸足下为改正之。

"自六朝以来,《诗品》《文心》,书评画断,角出鼎峙,相与雌黄文府,鉴赏艺林,盖出古人所未有矣。而浮靡之朝,文体破碎,称人不拘名姓,俚言游语,皆入品评。佐以叠韵双声,取适观美,此种文字,列于文史之末,听其自为一家之言可也。近代为古文辞者,往往袭而用之,且谓其来有自;此其为病,又在昔人所论小说语录诸弊之外矣。《郎通议墓志书后》,则《通义》之外篇也,族籍名字书法之难,本文论之详矣。

"仆无争名之心,平日为人撰文,其人自以意改,盖亦多矣。初未尝与校也，每谓欧阳公《辨尹师鲁志铭》，辨俗人之妄议，犹嫌急于自暴，其意亦可谅矣；此则实于文字义例，必当有发明尔，庸妄者流，涂窜文字，如醉如梦，何必有理可诘哉！惟思我辈平日亦尝为人正定文字，往往未见其人，而文有不惬，亦复以意改之；人心不同，正恐彼我易观，交讥目睫，亦可儆也。忆昔朱先生与嘉定钱晓微詹事，以学问文章互相推重。仆方学古文辞于朱先生，值先生为蒋渔村编修墓志，蒋君归葬有期，而先生又逼福建典试之役，倚装具草，意不自惬，临行属仆与晓微詹事更参定之。后仆如命以诣詹事，詹事略商数语，俾仆持择，不肯涉笔，仆固请之，则曰：'如其面订，则笔削无嫌，今既行矣。君自当得其意，涉笔无嫌，他人不宜轻改窜也。'仆乃仿佛其意，为之改定，朱先生归，未尝以为非也。仆彼时尝疑詹事远嫌过甚，今知前辈自有深意，盖不见其人，速改其人文字，正恐所改虽工，未必即其本意，况未必工乎！詹事推仆著笔，盖谓弟子面承师说，转可无嫌。谅哉，深知文字之要害也！杜陵云'晚节渐于诗律细'，仆则以为文律亦然，阅历既多，不特知文字甘苦，且并所以处此文字之情理，亦不可不知也。"

章学诚《文史通义》外篇三《与邵二云论学》："闻足下之刻《尔雅正义》，剧有苦心，婉转屈曲，避人先剿之于口说而转谓笔于书者反袭之于彼也。足下素慎于言，雅学又博奥而难竟，然犹燕谈所及，多为拾牙慧者假借不归，乃知风气之偎，正复何所不有，是知影止一而罔两居二三也。鄙性浅率，生平所得，无不见于言谈，至笔之于书，亦多新奇可喜。其间游士袭其谈锋，经生资为策括，足下亦既知之，斯其浅焉者也。近则遨游南北，目见耳闻，自命专门著述者，率多阴用其言，阳更其貌；且有明翻其说，暗剿其意，几于李义山之敝缊，身无完肤，杜子美之残膏，人多沾丐，才非先哲而涉境略同，言之可惭，亦可慨也！鄙昔著《言公》篇，久有谢名之意，良以立言垂后，无非欲世道之阐明。今既著有文辞，何必名出于我，后见王怀祖氏，自言所得精义，不暇著书，欲求善属辞者，承其指授而自著为书，不必人知所著本于王氏，乃知王君与仆有同志也。然而有其志而不能遂其事者，则以承指授而属辞，遂能达其心之曲折，千万人中不能得一二也；且使果具此才，亦可不藉荣于王氏矣。然则专心指授，犹不敢望人达其曲折，况剿袭言辞，安能不谬其初指乎！故学无心得而但袭人言，未有可恃者也。是以不得不别白而存其真也。顾宁人云：'良工不示人以璞，恐其以未成之器误人。'我辈书未出，而微言要旨，往往先见言论，遂使人得掩为似是之非；虽曰士风之浇，而轻露其璞以误人，我辈不得不职其咎矣。"

章学诚《文史通义》外篇三《与邵二云书》："自到河南，三度致书，想俱邀鉴矣。春气渐舒，足下比日作何消遣？所商《史籍考》事，亦有所以教正之耶？望不吝也。朱少白前已有札致之，近日常过从论文否？家正甫孝廉所为《后海御寇始末》，其文亦曾举示足下否？后起之士，能为古文词者，绝无其人，则竹头木屑之伪学误之也。然吾辈引人为文，而不免使之轻视学问，则与前数十年时文名士同其弊矣。故以学问为铜，文章为釜，而要知炊黍芼羹之用，所谓道也。风尚所趋，但知聚铜，不解铸釜；其下焉者，则沙砾粪土，亦曰聚之而已。故俗士难与庄语，吾党如余村、逢之、正甫暨朱少白，不可不时时策之。"

十月，先生座师庄存与卒，先生有祭文。

章开沅《清通鉴》卷一四五："(十月)是月，庄存与卒。"

《南江文钞》卷一〇《庄养恬先生祭文》："呜呼！感知纪遇，自昔铭恩。所尤幸者，巨儒之门。重光单遏，春闱集试。列侍门墙，获谐夙志。……前年秋暮，拜送国门。谒庐请益，远愿攸存。曾不再稘，遽闻哀赴。悲哭寝门，行云莫溯。"

是年，为仁和吴长元著《宸垣识略》作序。

《南江文钞》卷六《宸垣识略序》："仁和吴君太初，久客都下，雅才洽闻。公卿士大夫争招致雠校艺文，益充拓其识。博观而约取，以身所涉历，融洽前言，编纂成书，题目《宸垣识略》。其叙载必有依据，语尚雅训，见者嘉其用心之密。"

吴长元，字太初，号丽煌，仁和人。杨振镐曰："丽煌寓刘石庵阁学所，与王述庵司寇交善。著有《宸垣识略》，盛传于世。"事具潘衍桐《两浙輶轩续录》卷三。

乾隆五十四年，己酉(1789)，先生四十七岁。

正月，先生为同郡章锦麟撰家传。

《南江文钞》卷九《诰封奉政大夫章公家传》："公讳锦麟，字玉书，号石亭，会稽人。……五十四年正月，殁于邸寝，年七十有六。原配陈宜人、继配陈宜人，有妇德。子六人：宗濂，甘肃玉门县典史；次即宗瀛，四十年乙未科进士，文渊阁校理、翰林院编修；宗源，五十一年丙午科举人；宗海、宗潢，俱国子监生；宗溥。孙男七人。曾孙五人。"

同邑朱文治入都谒先生，时毕沅以瓦当图寄先生，先生即属文治题之。

朱文治《绕竹山房诗稿》卷九《感恩知己诗·邵丈二云学士》："我作诸生时，一寒常彻骨。每念三世交，劝学示津筏。己酉上公车，邸寓初晋谒。公为解行李，延留逾两月。长安不易居，志之敢忘忽。"

朱文治《绕竹山房诗稿》卷一一《邵丈二云学士〈南江诗钞〉题词》:“忆昔都门乍卸装,世交谊重饭家常(先生之祖东葵公与先曾祖亦中公至交,乾隆己酉,余初入京,因留寓邸第)。图悬四壁皆秦汉,促我篝灯咏瓦当(时秋帆毕公以瓦当图寄先生,即属余题)。”

明年二月为文治父朱金铎六十寿辰。八月,文治乞序于先生,先生有《储封文林郎警寰朱先生六十寿序》。

朱兰《南江先生年谱初稿》附录邵晋涵《储封文林郎警寰朱先生六十寿序》:“朱子诗南以才名著于京师。秋八月,将作吴淞之游,过余言别,知明年二月为封翁举六十寿觞,属余为题词,先寄归以书于屏障。余自丙午夏北游,浮湛馆局,荏苒五年,故乡山水,与夫亲串往来之踪迹时萦绕于怀。若翁者,余尤所敬事,而乐为称述者也。

“先是康熙中,吾里多笃学饬修之士,有所谓姚江大社者,合契题襟几尽一县之秀,其间性情趣向各有指归,先大夫东葵公与亦中先生相得尤靡间,风雨过从,老而弥笃,名义之挈摩,志节之砥砺,诗文之酬答,盖有合于《伐木》诗人之义,而不仅如后世所云胶漆之交也。余逮事大父,犹及见乡村耆宿为大父行者,聆其诸言蕲自远于绕薄,又获交其后嗣,修累世通家之好。

“翁为亦中公之孙,余垂髫时所见事也。翁所居去余家仅一衣带水之隔,思波渡口,古驿祠前,皆余童稚嬉游之所,古树晴洲,苍茫极目。翁长于余十岁有余,夙敦古道,顾乐与余言,时有奖借,然必以古人行谊相期勉,余敬受其言。独念余自丙戌出游,踪迹几及万里,所过通都大邑,不乏托臂言欢流连款切之友,然自二十年来所交者,与年俱新,而升沉变化亦与年而俱改,惟故乡旧雨,性情志趣差相投合,可以久要而不忘。而树德之茂,食报之丰,亦久而可以相信。

“翁年六十,以淳德著于乡间,亲见其令子之升华,扬朱为当世羽仪,非得诸天者独厚欤?翁少承祖父之教,束躬于模范,修门内之政。母夫人年跻耋耄,膝前作孺子之娱,能颐其志,久而思慕不衰。女儿嫠居,请归养于家,调护而慰藉之,俾忘其老。自以身为家督,为诸弟次第授室,各任以事,勖季弟以诗书,尤为厘意。诸弟俱祗奉伯兄之教,游其庭者,雍雍如,翼翼如也。与人交有例始,词无雕饰,称心而言,闻者感其诚。翁不事表襮,而宗族乡党称之,无间者若此。然则食报之丰,实系翁树德之茂有以致之,岂偶然哉?

“余喜观诗南之词翰,叹为隽才,暨领乡荐游京师,所诣艺日进,辇毂士大夫咸许为彤廷著作之选。诗南尝为余言,曾大夫亦中先生诗集久藏箧衍,将次第编香,寿诸枣梨,是其志不在一时之声华,而孜孜于敦本之图,知翁之垂训者远矣。方今寿世寿民,翔和演庆,达人瑞之坊者二百余家,若翁之康强逢吉,承裕方来,斯可定其积时而媲美者乎?是为序。翰林院侍读学士加一级教习庶吉士充国史馆纂修官、愚弟邵晋涵顿首拜撰。”

朱金铎(1731—1794),字警寰,号倚亭。配赵氏大孝公女,生二子,文治、文浩。继配陈氏,庠生锡功公孙女,巽园公女,生二女,长适慈溪国学生姚朝翙,次适宛平嘉庆壬戌进士、山西知县韩保万。事具朱元树民国《余姚朱氏宗谱》。

秋,先生作《题俞敬堂遗照》。

《南江诗钞》卷四《题同邑俞敬堂遗照诗序》:“君以己丑冬过余京师寓斋,话别南归,闻君居家课子,志节弥励,不数年旋卒。今年己酉秋,展君遗容,则昔时游处之迹,宴洽之欢,历历若在目云。君貌清古,衣冠简朴,不苟笑訾,造次依于儒者,好经术,于声音文字,辨之特严,教子有法,断断于古人所谓诵数以贯之、思索以通之者。遭歉岁,家居键户,相对往诵不辍,忘其贫。君卒后数年,令子汝金以治经有闻于时,追为此图,所以志也。余家故与君有连,自君之曾祖石嵋先生与余先世定文字交,君年长于余几,信以姻党得联兄弟之好,童稚追随,荷以读书行谊相勖勉,及同客京师,往来尤数。每叹君泊于仕进,孜孜以传经为业,其志节有不可及者,俯仰曩游,渺不可得,聊载短什,以抒余怀。”

八月,刘墉有致先生信札二通,乞先生教诲侄子学业。

朱兰《南江先生年谱初稿》引刘墉贻先生书札:“弟于明日往保定,文驾光临,已饬舍侄敬候,祈世长老先生发其茅塞,感切之至,应阅之卷,别作料理矣。此启不尽。二云老先生,弟墉再拜首。”

又一札:“敬问二云世老先生近好,节近天气清朗,定兴诸良多,著作日富耶?舍侄学业虽艰进益,然屡承诲言,亦似渐开茅塞,冀有顺理成章之候耳!馆书奉上,二十日早领兼仪空金极为愧赧,幸鉴入不怀是荷,余再启不具,世弟刘墉拜启,八月初八书。”

章学诚有书致先生,谈论文学评论,提出“文人之心,随世变为转移”的论断。

章学诚《文史通义》外篇三《与邵二云论文》:“去冬为次儿改所代撰谱传,遂觉作文少而改文多。文不加工,而于体裁、法度、义例,殆于杜陵所谓“晚节渐于诗律细”也。不知者以谓文贵抒己所欲言,岂可以成法而律文心?殊不知规矩方圆,输般实有所不得已,即曰神明变化,初不外乎此也。昔汪钝翁谓不习制义,不能作古文辞,今稍知学古者,皆知笑之。仆向亦曰马、班、韩、欧何尝学为制义，今悔言之不致思也。汪氏所见，未得古太深处。且其说亦有所本，王秋涧《玉堂佳话》尝引鹿庵先生言曰：'作文当从制科中来，不然，汗漫披猖，出人不由户也。'其说尚健主理义，至汪氏则直论文法，为见卑耳。然马、班、韩、欧未为制义之说，实不足以折服汪氏。盖文人之心，随世变为转移，古今文体升降，非人力所能为也。古人未开之境，后人渐开而不觉，殆如山径蹊间，介然用之而成路也。方其未开，固不能豫显其象；及其既霭开，文人之心，即随之而曲折相赴，苟于既开之境而心不入，是桃李不艳于春而兰菊不芳于秋也。盖人之学古，当自其所处之境而入，古人亦犹是也。譬冀、赵之人诣京都，自不须渡洪河；陈、许之人诣京都，亦不必涉大江，非不能渡江、河也，所处之地然也。今处吴、会之间，欲诣京都，问程而得江、河，则曰彼冀、赵、陈、许之人，未尝不至京都。吾何取于江、河，则亦可谓不知言矣。

"凡学古而得其貌同心异，皆但知有古而忘己所处境者也。古文之于制义，犹试律之与古诗也；近体之与古风，犹骈丽之与散行也，学者各有擅长，不能易地则诚然矣。苟于所得既深，而谓其中甘苦不能相喻，则无是理也。夫艺业虽有高卑，而万物之情各有其至。苟能心知其意，则体制虽殊，其中曲折无不可共喻也。每见工时文者则曰不解古文，擅古文者则曰不解时文；如曰不能为此，无足怪耳。并其所为之理而不能解，则其所谓工与擅者，亦未必其得之深也。仆于时文甚浅，近因改古文，而转有窥于时文之奥，乃知天下理可通也。虽然，汪氏之言，信有征矣，而谓其见卑，何耶？盖汪氏多取时文法度以论古文，殆于用舟车之尺寸度栋宇也。故其教人作合传之文互相详略，谓如制义截搭题文之相映带，可谓陋矣！必若王秋洞之所引，乃名言耳，惜王氏引之而未足以知其大也。王氏尝谓《汉书》列传，加以铭辞，便是绝佳碑志，此以《文选》见解，测量《史》《汉》，亦陋甚矣！所引鹿庵先生之言'作文当从制科中来，否则汗漫披猖，是出人不由户也'，其言甚大，恐王氏见解未足以及此也。

"盖今人论文，无不宗仰西汉。西汉人文，原本经术，与三代典、谟相去未远，而其立言，莫不各有家法，出于博士经师，承学之士笔于书者，终身守其师说而不敢变，后代制科所自仿也。鹿庵元人，条未见明人制义，而其所云制科，乃元代学校所习经义策问耳。虽制度前代各殊，而一朝之兴，必立科举学校，定著功令，以范围才俊之思耳目，一也，必若律度量衡之出于一，所以谓同文之治也。夫学校必宗先圣，先圣之言，具于六艺，作文当从制科中来，犹云立言折衷于六艺也。太史公曰：'载籍极博，犹考信于六艺。'又曰:'言六艺者,折衷于夫子。'又曰:'总之不离古文者近是。'太史公尝问古文于孔安国,而安国实传《古文尚书》,故百三十篇多古文说。孝武表章六经,孔氏古文虽不立于学官,当时实有师授,一则曰'余读功令',再则曰'余闻之董生',是则马迁作史,犹不能不自制科中来;今人动曰发愤著书,遂可惟意所欲,岂知古人之谨严乎! 孔子曰:'郁郁乎文哉! 吾从周。'又曰:'吾学周礼,今用之。'又曰:'愚而好自用,贱而好自专,生乎今之世,反古之道,灾及其身者也。'春秋之时,故无制科。然由夫子之言观之,则其所为删述六经,皆尊时制,不异后世之由制科也。夫立言于不朽之三,苟大义不在君父,推阐不为世教,则虽斐如贝锦,绚若朝霞,亦何取乎! 人知诽谤妖言之禁起于后世,岂知言伪而辨,为王法之所诛,辨言之乱旧章,为圣世之所绝欤! 故读书知崇功令,文字当依制科。则文境醇而心术正,特不可如汪氏之直以时文而言古文尔。夫不由规矩绳尺,即无以为大匠,至于神而明之,则固存乎其人,学者慎毋私智穿凿,妄谓别有名山著述在庙堂律令之外也。臆! 斯言也,鹿庵先生未必推论及此,然学者不容不知其理也。"

【黄云眉按】章学诚在太平,著《文史通义》内外二十三篇。其十二篇,附存旧稿一篇,合十三篇,皆推原道术,以为文史缘起者,统题为《姑孰夏课甲编》。自序云:"余仅能议文史耳,非知道者。然议文史而自拒文史于道外,则文史亦不成其为文史矣。"

先生因论其《原道篇》云:"是篇初出,传稿京师,同人素爱章氏文者,皆不满意,谓蹈宋人语录习气,不免陈腐取憎,与其平日为文不类,至有移书相规戒者。余谛审之,谓朱少白曰:'此乃明其《通义》所著,一切创言别论,皆出自然,无矫强耳。语虽浑成,意多精湛,未可议也。'"(《文史通义》《原道下》先生之评语)

洪亮吉有诗寄先生。

洪亮吉《卷施阁诗》卷一〇《有入都者偶占五篇寄友·邵校理晋涵》:"自君居京华,令我懒著书。一义偶有疑,搜箧复发厨。不然在君旁,理蕴已毕抒。问一必答三,背诵若贯珠。君疏《尔雅》篇,订正五大儒。使我心上疑,一日顿扫除。君师钱少詹(大昕),精识世所无。吴门及钱唐,复有王(鸣盛)与卢(文弨)。皆言此书传,远胜唐义疏。卢为校三匝,误字一一锄。惟嫌体清羸,力疾广授徒。《谷梁》疏倘成,《孟子》义定乎? 别君居三年,我书不盈尺。以此厚怨君,君行亦当识。"

洪亮吉《卷施阁诗》卷一一《山房与邵侍讲晋涵话旧兼呈曹侍御锡龄刘检讨锡五张运判道渥》:"忆昨从君游,青山谢公宅。五更摇梦醒,君行苦不得。出门残月尚在墙，照见四野黄花黄。傍花前行衣袂香，绿鬓欲与花争光。看山百度花千度，镜里朱颜已非故。五岳虽成污漫游，一春每被风光误。洪厓仙人宁足夸，君亦懒种青门瓜。云山无意忽相合，且拾山果烹溪茶。对床七辈今谁似？可惜三人已前死（壬辰三月，同游青山七人，今朱竹君先生、张上舍方海、黄二尹仲则并下世）。学士才名上舍诗，还余李峤真才子。今日张颠有替人，曹刘联辔出风尘。青松白石谈遥夜，艳李夭桃订好春（时约明岁三月重游）。"

十二月十四日，汪辉祖六十寿，先生撰《汪龙庄先生六十寿序》。

邵晋涵《汪辉祖行述》卷二《汪龙庄先生六十寿序》："吾友汪君龙庄谒选得湖南之宁远县，初至，上官知其才，欲留之会垣，龙庄固谢。既为治，有声，上官欲与量移，龙庄复固谢。龙庄岂有恋于宁远耶？宁远于湖南为偏壤县之南、北、西三面皆有猺，地瘠而俗偷，号难治，前此知县事者率以速迁为幸，龙庄独安其土，暨于今四年矣。顷诒余书，自言政拙，将以秋冬告归，然则龙庄岂有不乐于宁远耶？

"夫地无丰俭，视所养；俗无厚薄，视所教。谓龙庄有所恋与有所不乐，举不足以知龙庄也。父母之爱其子也，以长以育，不遗于纤，悉必计其久长，业成而授其子焉。父母不自以为功。州县之官胥于民，有父母之责矣。顾或视其官如传舍，环眂旁郡，择善地而营求之，既得则据为已私，逞其攫索。嗟乎！其人之贤、不肖观其意趣可知也。

"龙庄初至县，凌然于众母之义题楹柱以自警。安其俗，申其教化，思蒸民于俗，以变其俗。县多惰农，秋后皆旷土，则劝其相原隰沃衍所宜，广其种植，山乡之田，以火耨，耨毕，尽决其水。而望夏秋之间，雨集旱潦，无备则修水防之法，令其备塘堰，多潴蓄，岁比有秋。县远于省会，士惮于试，久之锢蔽其闻见，课业日衰，乃董振而导率之，校核其文蓺，翊以学古，士皆自奋励，连岁有领乡荐者。民染于猺俗，昏祭诸礼，歌呶亵狎，踔跃号呼，沿习不克改，乃告以律文，所劝惩者，申明礼，意绳以防闲，激发其廉耻，旋且子孝妇顺，业安讼简，熙熙然从所指示而相勉为善。龙庄诚顾而乐之。

"然龙庄起孤童，奉两节母之教，艰苦自树立孺慕，终身不衰。泊于营利，惟故山邱陇梦寐系之，政成而扁舟往返，龙庄又奚所恋哉？宁远人游京师者，时为余述龙庄之善政，且曰公行年六十，神明如少壮。公固无所恋于兹土，而县中乐得父母为依恃，窃愿其久留而不去也。愿以跻堂之椵祝申卧辙之讴思，其见许乎？余曰：'是在龙庄之行其志，虽然民与官相维系，劝其事者，不自为功，而被泽者至缠绵笃念，而不能自释俗，善治和用，以翊扶圣朝纯懋融熙之雅化，是可书也。请即以是为乐筵之致语焉。时乾隆五十有四年，岁在屠维作噩月在圉涂十有四日。'"

十二月，卢文弨有寄先生信札。

朱兰《南江先生年谱初稿》引卢文弨贻先生书札："参有公车出使，泐函奉候，并顺《尔雅正义》校毕，其君山一条，弟亦考之不得，向来暨阳只知有江阴之君山滨大江耳。今乃知宜兴自有君山，名同而地异，老先生可再审覆之，余悉前札，忽忽不悉。制至文弨顿首，上二云老馆丈侍史，十二月吉日。"

先生在京师。

陈鳣《简庄文钞》卷首段玉裁《简庄文钞序》："余于乾隆己酉至都门，时邵二云、王怀祖皆在焉。"

门人诸城刘镮之成进士，授庶吉士。

刘镮之(？—1821)，刘统勋次子堪之子也，山东诸城人。乾隆四十四年进士。自检讨累迁至户部尚书、吏部尚书，加太子少保。道光元年卒，谥文恭。

金坛孙尔准受业于先生门下。

钱仪吉《碑传集》卷一三〇陈寿祺《太子太保兵部尚书闽浙总督金匮孙尔准墓志铭》："弱冠，从王述庵侍郎、邵二云学士受业。"

孙尔准《泰云堂集》诗集卷八《八月初十夜闱中寄邵子峰秉华》："此夕文昌景最真，中宵孤坐默怀人。一家自制新翻锦，两浙群推老斫轮。学问成原在迟莫，功名得莫压艰辛。烛边正叙珠来去，想见花开笔有神。"

孙尔准《泰云堂集》诗集卷八《题邵二云师〈日长山静图〉即送哲嗣子峰还浙秋试》："尔雅台荒鞠茂疏，更谁博物注虫鱼。艺传绝学蒲轮照，名称儒林竹管书。束笋凿楹遗稿在，长松遮碉落阴虚。一灯问字犹能记，簃外双藤影绮疏(师京寓有双藤簃)。

一别京华类转蓬，相逢何意十洲东。史才更属刘中垒，家学争推郑小同。失路衫仍鸥鹭白，归程帆过荔支红。秋风怅望层霄裹，一纸佳音趁早鸿。"

孙尔准(1770—1832)，字平叔，一字莱甫，江苏金匮人。嘉庆十年进士，选庶吉士，授翰林院编修。历官福建汀州知府、盐法道、江西按察使、福建布政使、广东布政使，安徽巡抚、福建巡抚、闽浙总督，以病乞休，卒赠太子太师，谥文靖。工诗，尤长于词。著有《泰云堂诗集》一八卷、《文集》二卷、《骈文》二卷、《雕云词》一卷、《荔香乐府》一卷、《海棠巢乐府拈题》一卷。事具《清史稿》卷三八〇、《清史列传》卷三五《大臣传次编》一〇、《国朝耆献类征》

卷一八七、陈寿祺《赠太子太师谥文靖太子太保兵部尚书闽浙总督金匮孙尔准墓志铭》等。

乾隆五十五年，庚戌(1790)，先生四十八岁。

三月，章学诚有与先生书，力勉先生从事于自得之学，同时章学诚对先生仍想用纪传体撰修新史提出了不同意见。

章学诚《文史通义》外篇三《与邵二云论学》："二月初旬，亳州一书奉寄，屈指又匝月矣。仆于二月之杪，方得离亳，今三月望，始抵武昌。襄阳馆未成，制府即令武昌择一公馆，在省编摩，于仆计亦较便也。移家一事，已详余村书中，可便省之。

"古人朋友之道，久不相见，则考订学业有无长益，见解有无商质，不仅述寒温、溯离合，甚或嗟贫而叹老，相与作楚囚之泣也。足下今年四十有八，仆则五十又过三矣。古人五十无闻，谓不足畏。所谓闻者，不仅远近称述，知其能文善学而已也。盖必实有可据于己，性命休戚其中，如公输之巧，师旷之聪，举其事即可知其为人，如旷以聪闻，输以巧闻，乃可谓之闻也。足下与仆自都门初遇之日，皆自以为稍出流俗，荏苒二十年矣。不幸名过其实，薄有文学之名；称者固未必深知，假有真知者出，未□我辈之可闻果何物哉？夫子曰：'朝闻道，夕死可矣。'夫必朝闻而可夕死，甚言不闻道者为枉生也。世儒言道，不知即事物而求所以然，故诵法圣人之言，以谓圣人别有一道在我辈日用事为之外耳。故宋人讥韩昌黎氏，以谓因文见道；不知韩子未至于孔、孟者，义方敬直之功，存心养性之学，不能无间然耳。若以因文见道为韩子之弊，是离学问文章以言道，恐韩子所不屑也。子夏曰：'小道必有可观，致远恐泥。'盖指技曲术业而言也。我辈平日既以文学为业，而究所成就，乃与技曲术业无甚悬殊。则文章学问不任受过，学而不思，学中无进境也。

"足下《尔雅正义》，功赅而力勤，识清而裁密，仆谓是亦足不朽矣。抑性命休戚之故，亦有可喻者乎？《尔雅》字义，犹云近正，近正之义，犹世俗云官常说话，使人易解，足下既疏《尔雅》，则于古今言语能通达矣。以足下之学，岂特解释人言，竟无自得于言者乎？君家念鲁先生有言：'文章有关世道，不可不作；文采未极，亦不妨作。'仆非能文者也。服膺先生遗言，不敢无所撰著，足下亦许以为且可矣。

"足下于文，漫不留意，立言宗旨，未见有所发明，此非足下有疏于学，恐于闻道之日犹有待也。足下博综十倍于仆，用力之勤亦十倍于仆，而闻见之择执,博综之要领,尚未见其一言蔽而万绪该也。足下于斯,岂得无意乎?《宋史》之愿,大车尘冥,仆亦有志而内顾枵然,将资于足下而为之耳。足下如能自成一史,仆则当如二谢、司马诸家之《后汉》,王隐、虞预诸家之《晋书》,亦备一家之学。如其未能,则愿与足下共功;其中立言宗旨,不侔而合,亦较欧、宋《新唐》必有差胜者矣。岁月不居,节序川逝,足下京师困于应酬,仆亦江湖疲于奔走;然仆能撰著于车尘马足之间,足下岂不可伏簏于经折传单之际?此言并示余村,策以及时勉学,无使白首无成,负其灵秀之钟,而与世俗之人归趣不相远也。如何如何!不宣。"

四月,洪亮吉会试第二十六名,殿试一甲第二名进士。

林逸《清洪北江先生亮吉年谱》"乾隆五十五年"条:"四月初九日,榜发,获隽。座师为东阁大学生王大学士文瑞公杰,吏部侍郎后宫体仁阁朱文正公珪,工部侍郎邹公奕孝;房师为刑部员外郎后宫安襄勋道王公奉曾也。……及拆号,而先生名在第二十六。……殿试,先生卷条封详明,读卷大臣进呈第一,钦定第一甲第二名。"

章学诚后又有与先生书,商量文律,首揭"清真"二字。此书盖学诚始抵武昌时所发。

章学诚《文史通义》外篇三《与邵二云》:"与桐五兄足下:折差回,得手书,寥寥数语,未足慰意。儿子寄到亳州家书,内钞足下书稿寄来,则略有论文之意,而引端又未见其绪,以此益知远涉江湖,欲溯都门旧雨往复论文,良不易也。仆所规足下期足下者,不一置可否,但云非尺幅可竟,则往来不过尺幅,足下终不为仆一言耶?

"承指仆文谓精神未振,又《裴抚军传》'秉臬'二字,承改'提刑'二字,甚感衷言与直道也。然文字所寄既多,语云'言多必失',恐疵病犹不止此,足下仍不免有姑恕尔。至以仆书自言文有进境,疑仆太自得意,则不尽然,叙事之文,向苦文为事役,今觉事自就文;向苦掇拾艰难,今觉位置稍易,譬挽强弓,往来形势,人皆得而见其工拙;至于用力由重而轻,由难而易,挽者之所自知,必不能自欺也。今得足下之所指示,又翻覆以深思,或恐以率易为自然,草菅为结构,有似误学渊明诗者率为浅俚之句,则毫厘以千里矣。尚容迎而距之,平心察之,果其有之,则拜足下之赐为不鲜也。

"仆持文律,不外清真二字。清则气不杂也,真则理无支也。此二语知之甚易,能之甚难。君家念鲁先生尝言'文贵谨严雄健',夫谨严存乎法度,雄健存乎气势,气势必由书卷充积,不可貌袭而强为也;法度资乎讲习,疏于文者,则谓不过方圆规矩,人皆可与知能,不知法度犹律令耳。文境变化,非显然之法度所能该；亦犹狱情变化，非一定之律令所能尽。故深于文法者，必有无形与声而又复至当不易之法，所谓文心是也；精于治狱者，必有非典非故而自协天理人情之勘，所谓律意是也。文心律意，非作家老吏不能神明，非方圆规矩所能尽也。然用功纯熟，可以旦暮遇之，期与足下共勉，足下岂无意耶？《宋史》之议，不置一辞，岂虑有任氏《字林》之补正邪？则仆且闭口矣。如何如何！慎时自爱，不宣。"

段玉裁亦客武昌，识见章学诚。四月十六日，段有书致先生。

李慈铭《荀学斋日记》"光绪十年八月二十日"条："段玉裁顿首上二云先生座右：客冬得晤，数年契阔，得以稍畅。饫闻妙论，深叨雅谊，大快事也。惠赐《尔雅正义》，元元本本，既赡且确，什百邢氏，何待言矣。裁自客冬归，匆扰多端，未能详读一过，深以为歉。近者索居无俚，乃溯江至秋帆先生所一行，月内当即归，不能久滞也。拙著《尚书考读》将成，详于古文、今文之别，及卫包之妄，行且梓政。先生邃于史学，闻实斋先生云，有《宋史》之举，但此事非先生莫能为，则日中必昃，尚勿迟缓。实斋神交已久，今始得见，其史学可谓得其本源。抑实斋先生云，甲辰、乙巳间，先生款门舍下无应者，闻甚骇异，去冬何未谈及？甲辰一年，舍间多故，裁必出门开罪也。裁自回坛，种种不得意，近者觅馆地坐之。倘其不得，当入都请业耳。兰泉先生向所仰望，去年承谕，本欲叩见，而未暇，今辄具禀，伏冀转达。《说文》㒳字下曰：'五行之数二十分之一辰。'此语未详，求示之。每以独学无友为苦，故有入都请业之志也。秋帆先生云，相属纂《宋元明通鉴》，此事亦天地间不可少之事，何日成之？敬请近安！不戬。（四月十六日武昌幕中）

"兰泉先生处察竟未缮，惟析晤时道及玉裁卅年仰慕之忱是感！（又启）"

夏，翁方纲从先生处借抄江永所撰《周礼疑义举要》，嘱门人校勘。

沈津《翁方纲年谱》："（庚戌）夏，翁方纲从邵晋涵处借抄江氏《周礼疑义举要》，属门人鲁肇光、鲁嗣光、王聘珍为校勘之。"

钱大昕七月入都祝高宗八旬诞辰，寓先生邸舍。行礼后即出都。

钱大昕《钱辛楣先生年谱》"乾隆五十五年"条："是秋，恭遇圣寿八旬大庆，于六月中旬由水道入都。七月廿九日到京。寓谢金圃先生邸。又移寓邵二云编修邸。八月十三日上升殿受贺，随班行礼。廿二日出都门。"

高宗八旬诞辰，先生撰《征符》一篇上之。又代人作《皇上八旬万寿恭纪(雅十二章谨序)》《皇上八旬万寿恭纪(乐府九章谨序)》。

《南江文钞》卷二《皇上八旬万寿恭纪(雅十二章谨序)》："皇帝御宇之五

十五年，恭届八旬万寿昌辰。”

《南江文钞》卷三《皇上八旬万寿恭纪(乐府九章谨序)》：“岁懋上章日月，会寿星之次。恭届皇上八旬万寿昌辰。”

秋，先生于纪晓岚处借观《日本五畿内志》，作跋于卷末。

《南江文钞》卷八《跋日本五畿内志》：“日本人井河永取其亡友关祖衡所撰《地志》，重为校订，遍历其五畿之山川，邑里桥梁古迹详其兴废，质其名实，阅五年，书成，凡六十一卷，名曰《日本舆地通志》。畿内部亦名《五畿内志》。日本有五畿七道二岛，此仅志其五畿之疆域尔。……庚戌秋，从晓岚尚书假观此书，因识数语于卷末。”

先生从纪晓岚处得见其高祖纪厚斋先生所作《花王阁剩稿》，留跋。

《南江文钞》卷八《书〈花王阁剩稿〉后》：“《花王阁剩稿》，明纪厚斋先生所为诗也。先生生当万历之季，而其诗颇似宋末《谷音》诸作。岂气运转移有不期合，而合者欤？然《谷音》所录诸人仅见数篇，而先生遗诗掇拾于尘封蠹蚀之余，尚得荟萃成书，亦可见文章精气，历久不可磨灭矣。内阁学士晓岚先生为先生元孙，出示遗稿，谨识数语于后。”

洪亮吉有致先生手札，索周永清所刊《历朝年号图》。

朱兰《南江先生年谱初稿》引洪亮吉贻先生书札：“数日不趋晤，想谅雨后起居清快也。闻永清周公所刊《历朝年号图》，老前辈处有副本，可否恩赐一章？又教习诸同年有来谒见者否？并希示知。后学洪亮吉手肃。”

乾隆五十六年，辛亥(1791)，先生四十九岁。

二月十三日，詹翰大考二等，谕迁左春坊左中允。

《清实录》“乾隆五十六年”：“二月戊午谕：此次考试翰詹各官，按其文字优劣，分为四等，一等，阮元、吴省兰；二等，胡长龄、刘凤诰、陈嗣龙、汪廷珍、刘镮之、蔡共武、曹城、程昌期、崔景仪、吴树本、邵晋涵十一员；三等，潘绍经、陈崇本、余集等七十四员；四等，周琼、刘锡五、邵瑛、吴灼、达林、朱依炅、李鼎元、永安八员；不入等，集兰一员。侍讲吴省兰着升授詹事，编修阮元着升授少詹事，侍讲曹城、编修刘凤诰、吴树本俱着升授侍读学士，修撰胡长龄、侍读陈嗣龙俱着升授侍讲学士，编修汪廷珍、检讨刘镮之俱着升授侍读，编修曹振镛虽考列三等，但观其才具，尚堪造就，且系曹文埴之子，着加恩升授侍讲，编修邵晋涵、检讨蔡共武俱着升授中允，编修崔景仪、程昌期、俱着升授赞善，……周琼、刘锡五、邵瑛、吴灼、李鼎元俱着加恩以内阁中书用，达林、朱依炅、永安俱着休致，不入等之侍讲学士集兰着革职。其留馆者，各宜自思愧奋，勤读正书，敦励实行，毋负朕激劝教诫至意。”

洪亮吉《卷施阁文甲集》卷九《邵学士家传》：“岁辛亥，御试翰詹，君名列二等，擢左春坊左中允。”

王昶《春融堂集》卷六〇《翰林院侍讲学士充国史馆提调官邵君墓表》：“五十六年，迁左中允。”

二月十六日，为同邑赵埈撰家传。

民国《姚江赵氏宗谱》卷三《丹崖先生传》：“先生讳埈，字宗岳，号丹崖。自幼岐嶷，出语惊人。年十一，薄暮肄业归，牵牛于山，适虎眈眈，先生未之见，牛以腹护蔽之，与虎肆力犄角，虎遂潜遁，佥谓异征。弱冠淹通经史，兼擅声律、对偶及古文词，飞声槐序。少壮伤杖杜，不欲以家计劳长者心，弃章句之学而客崇川，往来江浙间，屺岵之怀，时吟歌咏。盖其性情之真挚，流露笔端自有不能已者。交游贤士大夫，往往见而重之。

“乾隆庚午春，与同人泛舟登山，慨然有水源木本之思，遂修葺宗谱，援据史传作世系流源，建仿欧苏之法，列位图表，所过大都巨邑，持谱稿访宗贤，采录列祖事迹，上自魏王，下逮二十余世，穷日夜之力手不停，披数载，编雷山诸冯合谱六卷，宗谱竣而祖墓可稽，祀事可举，继继承承，相引勿替，宗人咸称其有功于祖。

“癸未冬，先生大父愚谷公八旬双寿，辑名公晋祝词章，著其妹孝女吟，各汇成帙。乙酉秋，携客游草，谒天台齐司寇，次风先生嘉其歌咏中寓仁孝忠厚之意，乐为之序。以此知先生固不徒词章见长也。他若薄赀财重仁义，赒恤于亲族邻里，诸懿行不可殚述，惜天不永其年，四十二而卒，配邵孺人，余族兄亮工先生女，夙娴母训，克襄厥家。继配徐孺人，贤淑如之。余知先生甚悉，故乐道其概，且为之赞曰：

“山川钟毓，公独铮铮。兽能护主，异瑞特呈。诗书膏腹，贾擅文名。大夫贤士，见则心倾。吟风弄月，屺岵缠萦。寻源竟委，瓜瓞分明。躬行仁义，远近留声。卓哉先生，人莫与京。

“乾隆辛亥岁二月既望，赐进士出身，特征四库全书馆纂修官、文渊阁校理、翰林院侍讲、家眷侍生邵晋涵撰。”

赵元埈（1731—1772），一名埈，字宗岳，号丹崖。国学生，重修宗谱，著有《客游草》诗集行世。娶南城太学生邵士蛟公长女，生子一魁芳。继娶南城太学生徐伟学公三女。事具民国十二年《姚江赵氏宗谱》。

慈溪叶燕有书致先生，探讨《尔雅正义》字条释义及五岳辨释。

叶燕《白湖文稿》卷五《上邵二云表叔书》:"燕顿首奉书二云老表叔大人阁下:乙巳之岁,获亲道范,到今六阅寒暑矣。《诗》曰:'高山仰止,景行行止。'燕之于先生也,宁敢须臾不往来于胸中哉?顾念问讯泛语,非所以施于左右,求不为泛语者,而又无有也,以故一字未通,迹之无所逃,其罪矣。心之抑有可原者乎,燕质愚下,而性颇好读书,尝独以为读书不治一经,犹不读也;治经而空谈义理,犹不治也;六经皆载道之文学焉。而得其性之所近,'仁者见之谓之仁,知者见之谓之知'而已,何所用其谈哉?人亦有言,汉儒通训诂而不明义理。嗟乎!训诂何为者?通之矣而不明,然则谈之者之不明也,的然矣。昌黎韩子之于书也,在其意义所归,然其苓侯继也曰:'阴阳土地,星辰方药,古之人未有不通此而能为大贤君子者。'而王介甫亦曰:'读经而已不足以知经,故于诸子百家以及小说无所不读,农夫女红无所不问,此治经之法也。'彼原心于杪忽,独抱遗经以窥寻千载之秘者,其果有得于心乎?得于心矣,其果有当于经乎?燕未之敢信也。秋,初客息园,见先生《尔雅正义》,取而读之,驰骋乎上下,贯穿乎古今,深钩隐索,肌擘理分,信乎无所不读无所不问之效也。以燕之空无所有,持为崇实之论,徒以见嗤于人,而论亦莫之与也。得先生之其有实者,发而见之于文,而空谈义理者,于是可旋其面目矣。岂非所谓大贤君子者哉?前序送行,稽留吴下,闻至今未达,谨录一通呈上,文无可观,而向往之情实有如是之不敢苟者,且识数年来一字未通,正以质疑考信之无其具者,今犹昔也。故曰'迹有罪,而心可原者也',燕再拜。

"《尔雅正义》,燕卤莽读得一过,中有未安者数条,敢质以集益,谨录于左方。

"《释诂》'朕、余、躬身也'。注:'今人亦自呼为身。《正义》自呼为身,通见《史传》。'今俗语尚然。

"案:魏晋人多呼己为身,如'身是张益德也'。身不复能记忆之类,郭晋人故云然,今俗语未然也。《通鉴注》:'自此迄,梁陈士大夫率自呼为身,通见亦未的。'

"《释地》:'郊外谓之牧。'《正义》郑注《天官》云:'牧牧田在远郊,皆畜牧之地。'是郑以远郊即牧田也。

"案:注皆字兼上薮言之,不补出薮字,似远郊皆畜牧之地矣。又郑于《载师》注:'牧田不从先郑,畜牧之地,此云云者疏,谓牧六畜之地无文,郑约与家人所受田处,即有六畜之地,故云在远郊。'以远郊即牧田,似异郑义,郑于甸师注亦曰'郊外日野,则亦未见郊外,谓之牧语也'。

“陂者曰阪,《正义》传云町原防。杜注:堤防之间不得方正,如井别为小顷町。是陂阪之田,不近为井田也。

“案:《上》云‘广平曰原’。《释丘》‘坟大防,无高峰山陂之义’。郑注《大司徒》‘高平曰原’。《疏》谓:‘对下隰而言,其实,高平及广平也。’然则传之所云原防,即《周官》之所云坟衍也。郑注‘水厓曰坟,下平曰衍’。盖平地而兼泽者,以不得如平地之方正,可井又不同水钟之不可井,故相其土,宜而别为小顷,町与陂阪之为山田,无涉陂阪例诸传中当于金陵同辨,贾逵所谓七辨而当一井者,非此之三町而当一井也。

“《释畜》‘牝羖’。《正义》‘羖为牝羊而有角,今治疾者用之’。而《诗》云:‘俾出童羖。’则羖有无角者矣。

“案:《诗》‘由醉之言,俾出童羖’。《毛传》‘羖羊不童也’。羖羊之牲牝,牡有角。《疏》谓‘使汝出童首无角之羖羊,协其无然之物,欲使息也’。《朱子》亦曰:‘醉而妄言,则将罚汝,使出童羖矣。’设言必无之物,以恐之耳,遍阅诸家经解,从无作实事解者,羖有无角恐误。

“《释山》:‘泰山为东岳,华山为西岳,恒山为北岳,霍山为南岳,嵩高为中岳。’《正义》此后世所称之‘五岳’也。《史记·封禅书》引《尚书》而释之,又增益其文曰,嵩高中岳也。是汉初相传以嵩高配五岳之数,后世仍之,至今不改。”

叶燕《白湖文稿》卷五《再与二云表叔辨释五岳》:“《虞夏》有四岳,而无五岳。《周官》有五岳之名,而不名其山。五岳之山见于《尔雅》,此释郑氏于《大宗伯》,五岳据此,古今无异议也。惟于《大司乐》五岳则据《夏官·职方》,盖缘上四镇之文不得舍而他引,然亦未尝言岳为西岳,华为中岳也。

“先生总经合传,断以为冀州之霍山与泰、华、恒、衡为唐虞之五岳,华、岳、泰、恒、衡为周之五岳,泰、华、恒、衡、嵩高为汉初相传之五岳,泰、华、霍、恒、嵩高为武帝所定之五岳,真知独见,侧立于千载之上,而愚者犹有疑也。虞夏辽矣,姑舍之,泰、华、恒、衡、嵩高之,非周之五岳也。曷征诸征,以周之《职方》,《职方》言镇而不言岳,以镇为岳,始于郑氏。夫《尔雅》明云岳,而以为汉儒之附益。《周官》不言岳,汉儒以为岳。而以为古书之足征,何也?且一《尔雅》也,上云河南华,河西岳,河东岱,河北恒,江南衡,下云泰山为东岳,华山为西岳,恒山为北岳,霍山为南岳,嵩高为中岳,下之明云岳者,可以为非岳,上之不言岳者,又可以为岳乎?嵩高之为中岳也,舍《尔雅》更不见于他经。华山为中岳也,则并《尔雅》而无之《诗》,菘高维岳,岳指四岳。而菘高自指嵩高,言嵩高为四岳之中大,至于天降神灵,而生甫及申,为周土之屏翰。(《困学纪闻》:'甫'即吕也。申吕,汉之宛县,为形势控扼之要。故曰:'惟周之翰。'案:宛属南阳,诗人托兴,必无泛然,四岳切申伯之先,而南阳地接嵩高,嵩高为中岳,切形势以寓尊王之意耳。)若训作山大而高,骏极于天,语重出矣。且即以《毛传》不作中岳为定解,而传又云西岳华,《毛氏诗》汉初未立也。华为西,嵩不为中乎?嵩高非中岳,而华之不得为中岳也,明矣。夫汉儒附益经文,诚有未免,但如《戴记》集自汉人可无辨,《左传》其处者为刘氏,则系刘歆欲立,左氏故窜入此句,不足援以为例也。若然则《周官》为莽韵,所窜者尤多,即以《职方》之无所窜益者,而其浸颍湛注,谓颍出豫州,在此非也。其浸波溠注,谓溠宜属荆州,在此非也。湛或为维矣,波当读为播矣,沭之为洙也,雷雍之为庐雍也,其有误与华岳之为中西岳也,容保其无误哉?抑燕于此则还以先生之信者,而悟其不误也。先生以霍山名太岳,定为唐虞之中岳,以非巡狩所至。故略而不言,然则贾公彦之所云,权立西岳者,语滞而意可通也。盖周都丰镐,华山方据东南,而岳山正值其西,迨卜宅于洛,而华山在其西,然则岳之为西岳也。始之都,丰镐之所名也,华之为西岳也,后之宅土中之所名也,华为西,则嵩为中。《周官》可征也,《尔雅》亦宁有附益之者哉?"

四月,四库全书馆纂修官彭绍观卒,先生为撰墓志铭。

民国《吴县彭氏宗谱》《翰林院侍读学士镜澜彭先生墓志铭》:"乾隆中,天子加意国史,遴翰林有才望者为史官。馆在东华门内,辰入酉出,紬金匮石室之书,钩稽阁部院故牍,排核年月前后著于篇,积岁既久,馆臣或不逾时迁去新进,或不得要领,遇疑难欲得质正,必曰彭镜渊先生。先生早入翰林,在馆久且年长,并尊礼之曰先生。先生谙悉掌故,随时答问,复审无少忒。竟岁纂集,不以寒署间,泊然不求人知。间有知而称之者,先生泊然如故,同馆相嗟服。先生不仅勤敏过人,其镇静自守,实可为后进法云。

"先生讳绍观,字颙若,镜澜其自号也。世为江南长洲人,高祖珑,广东长宁县知县。曾祖定求,翰林院侍讲。祖正乾,考授州同知,三世俱赠光禄大夫。考启丰,兵部尚书。先生五岁知读书,长有文誉。乾隆十二年举于乡,二十二年成进士,改庶吉士,丁母夫人忧。二十八年授编修,明年充国史馆纂修官。时刘文正为总裁,深器之。曰:"端人也,是宜能不负职者。"三十三年,考试翰詹高等,擢赞善,充日讲起居注官。四十年,升侍讲寻转侍读。明年擢侍讲学士,旋充文渊阁直阁事。四十五年,转侍读学士。中间分校,会试典山西乡试,俱称得人。四十九年,丁尚书公尤,服阕补原官,仍入史馆。于是先生在馆二十余年矣。稿本粗具,多取成于先生。近岁总裁知先生勤职靡倦，因追理文正，曩时所叹为不虚也。五十六年四月丙午殁于京邸，距生雍正六年九月辛酉，年六十四。配蒋氏，封淑人。子二人，希范，乾隆甲午科举人，广东合浦县知县。呼嵩，国学生，早卒。女二人，长适内阁中书叶元符，次适廪生闵思端。孙三人，蕴枌，郡庠生。蕴梂、蕴枚。先生始终史馆，论者比诸唐之吴兢，元之欧阳原功。晋涵追随史馆也久，得昕夕奉教，益愧不能如先生所为，志墓无溢词，亦先生所心许也。

“铭曰：骫骳以竞好乎，宁谅瑕而不渝乎，鞶帨之外燿乎，宁荣茧之内舒乎，吁嗟先生兮緊古与徒。馆后学邵晋涵撰。”

彭绍观(1728—1791)，字颐若，号镜澜，彭启丰次子。江苏长洲人。乾隆二十二年进士。散馆授编修，官至侍读学士，为《四库全书》馆纂修官。纂有《皇清开国方略》。

四月二十二日，章学诚有书致先生，商量《史籍考》编撰事。

章学诚《文史通义》外篇三《与邵二云书》：“逢之寄来《逸史》，甚得所用。至云摭逸之多，有百余纸不止者，难以附入《史考》，但须载其考证，此说亦有理，然弟意以为搜罗《逸史》，为功亦自不小，其书既成，当与余仲林《经解钩沉》可以对峙，理宜别为一书。另刻以附《史考》之后，《史考》以敌朱氏《经考》，《逸史》以敌余氏《钩沉》，亦一时天生瑜、亮，洵称艺林之盛事也。但朱、余二人，各自为书，故朱氏《经考》，本以著录为事，附登纬候逸文；余氏《钩沉》，本以搜逸为功，而于首卷别为五百余家著录。盖著录与搜逸二事，本属同功异用，故两家推究所极，不侔而合如此，今两书皆出弇山先生一人之手，则又可自为呼吸照应，较彼二家更便利矣。

“夫史籍遗篇逸句，不讲著录部次，则无所附丽，更不比余氏《经解》，犹有本经白文，可以作间架也。今为酌定凡例，自唐以前诸品《逸史》，除搜采尚可成卷帙者，仿丛书例，另作叙跋较刻，以附《史籍考》后，其零章碎句，不能成卷帙者，仍入《史籍考》内，以作考证。至书之另刻，不过以其卷页累坠，不便附于各条之下，其为体裁，仍是搜逸，以证著录，与零章碎句之附于各条下者，未始有殊，故文虽另刻，必于本条著录之下，注明另刻字样，以便稽检。鸿编巨制，取多用宏，创例仅得大凡，及其从事编摩时，遇盘根错节，必须因时准酌，例以义起，穷变通久，难以一端而尽。凡事不厌往复熟商，今兹所拟，不识高明以为何如？至宋、元以来，史部著述浩繁，自诸家目录之外，名人文集，有序文题跋，杂书说部，有评论叙述，均须摘抉搜罗，其文集之叙跋，不无仰资馆阁，说部则当搜其外间所无者，此事不知张供事能胜任否？吾兄幸熟计之，若得此二事具，则于采择之功，庶几十得其八九矣。又文集内有传志状述，叙人著述，有关于史部者，皆不可忽，四月廿二日。”

先生为绍兴下方桥陈允恭撰家传。

民国《绍兴下方桥陈氏宗谱》卷一六《传志》之《都察院左佥都御史陈公传》：“公姓陈，讳允恭，字无逸，号南麓，一号六观，其先浙之山阴人，后占籍粤西，遂以粤平乐籍起家。王父讳尧化，父讳理，均赠资政大夫。王母王氏，母任氏，均赠太夫人。

“公性敏，为童子时，不好嬉戏，爱听客谈古今事，日览数千言，以己意训释经字，典无不合。为文操笔立就，出人意表。尤擅韬略，粤西孙延龄叛桂林，兵下平乐，公奉亲居围子里，集乡兵数百人，朝夕训练，为防守计。贼闻风俱逃避，不敢逼，事平，补诸生。丁卯，举于乡。甲戌，成进士。入词馆分习国书，公深明音韵学，于国书别有神解。外艰服阕，起官进检讨，与修三朝国史，平定朔漠方略。主江西试，得王言吉等俱知名士。故事举子有公车费，归主试，为磨勘资。公力却不受，复命召对乾清宫，擢工部给事中。公感激奋励，慨陈天下生民利病政事得失，凡所建白关大计，不碌碌效常人语。时广东盐法道陆曾以亏帑褫职辇金诣当路，众议褫职恐帑不可追，宜复任。公知曾困商害民，上疏力争，遂得旨穷其事。云南、川、广、湖南诸土官阻塞王化，彼此争斗，甚则阑入内地，害居民耕牧。公欲以策除之，请推恩群子弟析土，各受职不相属，监以流官。称旨命掌登闻鼓事，转礼科掌印给事中，轮值澹宁居。秋审决囚有张某者，拟大辟。公见其情可矜，力直之，得减死矣。癸巳主试山西，请以习五经者补官卷额，得士若孙嘉淦、王师等俱为名臣。寻擢太常寺少卿，从祀南郊。进通政使右通政，充武殿试读卷官。再入会议班，侃侃如在谏垣时，前后保举。官视才品所宜，不使闻知有以举主，礼谒者谢不见，曰：‘吾为朝廷得人计，非厚若也。’太守某，墨吏也。某大僚为达意请奉佰金寿，愿比门下士，无他干请，公厉声叱之。丁内艰，读礼家居。适同年生朱中丞巡抚浙江，与公交最密。且知公洞悉兵、刑、钱、谷、农田、水利及风俗利病，急就公授方略。公为历陈得失，中丞得以有所措手。其大者，尤为海塘一事。方是时，海塘倾圮，水泛溢未可收拾。公谓：‘吾浙杭绍诸郡俱畏海浸。海水当秋夏之交，潮大必有疾风甚雨，以数千万里之潮，风力助之，前潮不能退，后潮又进。潮高于海，拥至数丈，吼怒澎湃不可阻隘。捍御之功，全在塘。塘于某处宜高几丈，宽几丈，某处宜倍，某处宜少杀。’中丞如教施行，以故杭之海、宁、仁、钱，绍之山、会、萧、余、上，迄今无海水患。服满，逾年始入都，圣祖仁皇帝召大小臣工，年老者赴乾清宫赐宴，公年六十，预旷典。寻补通政使右通政，转左龙驭上宾。世宗皇帝嗣膺大统，封赠三世，荫一子，入监读书。以圣祖仁皇后山陵恩，再阶一级，升都察院左佥都御史。公既视事，力振台纲，杜绝私谒。与九卿日进封事，然自以受特达，知职司风宪，不欲毛举细事，以是事非关国计民瘼者不入奏。奏上辄焚草，虽子弟无由知，人以为得大臣体。是冬，奉命祭告辽太祖陵。明年春正月，就道闾阎疾苦，官吏臧否，公一一访其实，冀事竣面奏。途中赋诗纪事，皆忧国忧民语。既报病，犹力疾登车不敢缓，至锦州旅次，沐浴更衣，北向若稽首状端坐卒。卒时惟叹君恩未报，无他语。锦州牧李公经纪其丧，橐中惟白金五两，敝裘二袭，书数册，因叹息泣下。公没时年六十二，两配皆林氏，封夫人。子七人，孙十五人，皆列仕版。

"公长身玉立，美须髯，目炯炯四射。性纯孝，父丧后哀毁，终身欲奉母以老，有司强之起，不应。母勉以大义，愿就养，乃赴阙补官。母病，脉绝目已瞑。公吁天请代，母复苏，人谓至孝所感。待诸弟友爱，抚犹子如子。好施予，犹厚于宗亲。族有丧，留滞京邑者凡十余，公悉买地葬。又葬其族自五世祖下数十棺，葬时启穴有水蚁者，即以其为配所择地葬之。外家遭乱散失，公遍访舅氏，又得母之姊若妹，迎与母聚。后母从祖兄弟姊妹亦稍稍就公养，外祖坟久失，公访得，春秋不废祀。他若赡塾师家，周乡贤后，治友人丧，恤通家子，善事不可枚举。

"公蓄书万卷，所学博通综观。始务词章，继窥古人应务，迹终主养心。明义利，守唐荆州'有所为无所为'二语，以为至当之说。训子弟不出修身立本，尝谓：'希圣希贤，皆分内事。功名其余，衣食又其余也。'又曰：'天下有用之物，不可置诸无用之地。吾平时粒米寸草不忍弃。'又曰：'君子之道，当令万物各得其所，一物不枉其材。'居家恂恂下人，尝布衣与农夫野老课晴问雨。遇馌饷者，即三尺童子必让道。有讶之者，辄曰：'邻里乡党，先世与我祖宗比屋居，若兄弟。然其老者即吾父兄，幼者即吾子弟，安用以贵骄之。'生平爱交纳，花朝月夕，尊酒过从，尝于原籍祖居之后山筑北园，一邱一壑，别有奇趣，今已毁，《郡志·本江集》采入名迹。

"公著有《什一拾遗》《祥琴春明》《北园虫鱼撷芳》诸集及《南北史约》，皆手定者。兼工书长行草，不喜酬应，知者鲜，惟东湖熊学士，以为得晋人遗意云。论曰：'余尝至山阴，都人士盛称北园陈公贤，非以人传耶？及读陈公状，知公在家孝，在国忠，能为桑梓救灾难，周亲恤友，特余事。'呜呼！陈公洵可谓完人哉！其子若孙先后登甲乙科历，显要一时，称盛食报有自来矣！赐进士出身、日讲起居注官、詹事府左春坊左庶子、同里后学邵晋涵顿首拜撰。"

七月，周永年卒，年六十有二。先生致书章学诚，告知周永年遗嘱，乞章学诚为作传。

章学诚《章氏遗书》卷九《周书昌别传》："今年邵晋涵与桐氏书来，言书昌病归狼狈，殊可念。俄又书来，言书昌死矣。乾隆五十六年辛亥秋七月也。与桐书言，书昌且东归，自知不起，属与桐寄语，俾余为传。

"余与书昌交，终始于与桐。居京师，尝困踬少欢，遇二君。辄忘患苦，能作竟日谈宴。忆书昌方欲俄田置生，有老农为述田家乐事，娓娓入人，余闻之意移，亦欲共书昌效彻田遗意。独与桐谓未可信。余询其故。与桐曰：'农田之必有利，犹读书之必有益也，农子闻大儒言读书之功，而舍其未招，以求占毕可乎？'余曰：'我辈归老故山，得有田圃林泉之胜，三数知契，衡宇相望，弦诵之余，因而课耕问芬，朝夕过从，人在士农之间，不亦可乎！'与桐、书昌皆色然有慕。斯言犹在耳也，不知感慨系之矣。"

章学诚《章氏遗书》外编卷二《乙卯札记》："得邵二云书，历城周书昌永年编修逝矣。二云传其遗书，属余为传，哀哉！检笈中，得果十五年前与友人手字，友人因其字寄余。时闻永清周明府震荣方欲鸠刻书之会也。……其汲汲于表章先儒，嘉惠后学，精诚通于寤寐，而忘其家中无宿春粮，真可敬也。二云来书云，君后得疾疾，时迷时醒，言语多不甚可辨。一日过二云，谓几死者数矣，觉有事未了，而终不能言。今及忆所怀，乃欲使实斋为我撰传耳。此言既达，后遂不复能言，无感也。已而归家，一年乃卒，哀哉！"

桂馥《晚学集》卷七《周先生传》："永年自与先生被征后，海内学人集辇下，皆欲纳交，投刺踵门；然深相知者，先生及程晋芳、丁杰数人而已。于经史百氏之言，览括略尽，观其大义，不雠章句。自谓文拙，不存稿，故段后无传焉。"

明年，高宗将巡幸五台，先生集十三经语十三章，代毕沅作《五台集福颂》，其序辞盛称此次校刻石经之美善。

《南江文钞》卷二《五台集福颂》："臣谨案石经之刻，自汉鸿都勒石以后，魏、晋、后魏、孟蜀诸刻，久无传本，学者所睹，惟有唐宋石经。

"臣前承恩命，填抚陕西，见唐石经尚存西安府学。开成校刻，只十二经，当时已讥其字乖师法；旋以乾符修改，后梁补缺，北宋人旁注，益滋混淆。

"及奉命移抚河南，访北宋二体石经，仅得《周礼》残碑，存陈留县学。(彭元瑞《知圣道斋读书跋》卷二，北宋石经，向来记石刻者不之及，即《河南志・古迹》，有《翟母碑》而无宋石经，亦可慨也。近始出土中，邵学士晋涵拓以贻余。)

"至于南宋石经，缮写既非全篇，刻石复多零散，虽在杭州府学，好古之儒，莫之宗尚。

"是则石经之刻，综前代所留贻，袭舛承误，徒滋讥议，别黑白以定圭臬，至今日而始臻其美善。

"况夫《周易》正王弼之参连，《礼记》厘开元之篇第，《洪范》订其颇陂，笙诗存其义旨，《仪礼》存授绥之词命，《尔雅》删桑危之重文，盛世惇经，以考文彰同文之上治，斯固非前代之刻石经可得而比拟也。"

【黄云眉按】此文先生自云代作，而不注所代之人，玩其辞意，应为代毕沅作者。先生记载乾隆五十一年夏秋之交，代毕沅赴陈留寻北宋石经，《南江诗钞》卷四《北宋石经歌次彭芸楣司空元瑞韵》有云："忆向陈留访碑去，岁华丙午月临秋。"

是年，章学诚有与先生论文书，探讨时文古文之利弊。

章学诚《章氏遗书》卷四《与邵二云》："君家念鲁先生尝言，文贵谨严雄健。夫谨严存乎法度，雄健存乎气势。气势必由书卷充积，不可貌袭而强为也。法度资乎讲习。疏于文者则谓不过方圆规矩，人人皆可与知。不知法度犹律令耳。文境变化，非显然之法度所能该，亦犹狱情变化，非一定之律令所能尽。故深于文法者，必有无形与声，而又复至当不易之法，所谓文心是也。精于治狱者，必有非典非故而自协天理人情之勘，所谓律意是也。文心律意，非作家老吏不能神明，非方圆规矩所能尽也。然用功纯熟，可以旦暮遇之。"

是年，卢文弨校刻《经典释文》成，先生与王怀祖皆不满其书。

王端履《重论文斋笔录》卷一："询之王、邵二氏，均不满其书。谓卢郎老矣，而刻书甚易，能无误乎？邵公谓卢公喜与时贤作难，是其一蔽。"

秋，代人作《丰润重修海神庙记》。

《南江文钞》卷五《丰润重修海神庙记(代)》："乾隆五十六年秋，天津总镇苏公以饬治戎政，过邑诣庙，感其就圮，亟图缮治，即捐俸以为倡，维时蓟永分司金君、越支场盐课大使刘君咸以为妥，神佑黎期不可缓，遂偕都人士率事程功，经基度固，明年某月经始鸠工，某月蒇厥事。式廓前规，有焕其旧，属余记其事。"

十一月，先生奉旨校勘石经。

《清实录》《军机大臣和珅等奏谢恩命办理十三经刻石折》："乾隆五十六年十一月二十二日，臣和珅等跪奏，为恭谢天恩事。本月二十一日奉上谕：'自汉、唐、宋以来，皆有石经之刻，所以考定圣贤经传，使文字异同归于一是,以嘉惠艺林,昭垂奕祺,甚盛典也,但历年久远,率多残缺,即间有片石流传,如开成、绍兴年间所刊,今尚存贮西安、杭州等府学者,亦均非全经原本,我朝文治光昌,崇儒重道,朕临御五十余年,稽古表章,孜孜不倦,前曾特命所司,创建辟雍,以光文教,并重排石鼓文,寿诸贞珉,而十三经虽有武英殿刊本,未经勒石,因思从前蒋衡所进手书十三经,曾命内廷翰林详核舛讹,藏弆懋勤殿有年,允宜刊之石板,列于太学,用垂永久,着派和珅、王杰为总裁,董诰、刘墉、金简、彭元瑞为副总裁,并派金士松、沈初、阮元、瑚图礼、那彦成随同校勘,但卷帙繁多,恐尚不敷办理,着总裁等再行遴派三人,以足八员之数为校勘,诸臣等其悉心研办,务臻完善,以副朕尊经右文至意,钦此。'"

《清实录》《军机大臣和珅等奏请添派刘凤诰等三员校勘石经折》:"乾隆五十六年十一月二十三日,臣和珅等谨奏,为奏闻事。臣等奉旨校勘石经,除派出五员外,命臣等添拟三人,以足八员之数,钦此。

"臣等公同商酌,淹通经学者,殊难其选。就其平日尚能诵习者,查有侍读学士刘凤诰、祭酒汪廷珍、侍讲邵晋涵三员,堪充校勘,如蒙俞允,臣等将诸经酌量卷帙多寡,分与八员承勘,以专责成。其余收发、催趱、监看上石,尚在需员,容臣等于馆、部、内务府诸员内酌量派委,至懋勤殿所藏十三经册,就近交与赵秉冲专管收发记载,又查有蒋衡之孙蒋和,系分发直隶河工、从九品试用之员。现未起身,尚能守其家学,兼工篆隶,可否令其留京,以备委用,为此奏闻请旨,谨奏。"

李元度《国朝先正事略》卷三五《邵二云先生事略》:"先生分校石经,君职《春秋》三传,所正字体,亦较他经独多。"

洪亮吉《卷施阁文甲集》卷九《邵学士家传》:"十一月,诏刊十三经于太学,依开成石经,据诸本订其得失。先生职《春秋》三传,所正字体,较他经独多。"

彭元瑞有书致先生,商校改石经事。

朱兰《南江先生年谱初稿》引彭元瑞贻先生书札:"《左传》册内来签《正义》引作'得罪于母弟之宠子带'系何文下所引,乞示知,以免审查是幸。'韩之战内'四十二字删否?不能妄断,尊意若何,并示。又及,附候文祉,不一。瑞顿启。

"石经校改文字,似须排一清档,不特仰承顾问,亦便同馆口商,不然恐深私意率改,其一一皆有所据,亦难覼缕立谈也。今《左传》已校完,拟编一稿呈政,其中有须增改之处,乞即删削,并恐遗漏,望携至馆与改字档细对一过,并望于十六七发下为要,附候日安,不获。学弟瑞顿首。"

是年，先生为孙永清《宝严堂诗钞》作序。

《南江文钞》卷四《宝严堂诗钞序》："锡山孙公絜斋早岁称诗矩矱先民，而机杼自出格，高韵远情，称其词未尝鳃鳃焉。……余交公于京师，别去十年，音问逾时而靡间，知公之笃于故旧也。仲子尔准奉公遗诗属余序言，余为发明公诗之合于中声者，以著公所遭之盛。是为序。"

是年，先生为同年姜开阳时文集作序。

《南江文钞》卷六《姜星六时文序》："文章有定识者，理密而气充。选意妍词，秩然各适其职，精神所著，足以型世而传远。若星六先生之文，其操以定识，而克兼众美者乎。先生与余同举礼部试，论文相契，其治吾浙也，有惠政，越人被泽尤深。余谓先生之文，即治术所见端也。自实学之衰，中无定识，致饰于外观，遂使经术与治术判而为二，至先生复合为一，是则先生之文，亟宜出而为当世之模楷。"

姜开阳，字星六，湖北黄陂人。乾隆二十七年举人，三十六年成进士。乾隆五十一年，由刑部主事授浙江绍兴府知府，判断明审，长于吏治。乾隆五十五年任浙江按察使，后转福建布政使及放安徽巡抚，未到任卒，年七十余。著有《次斋时文三集》。事具《黄陂县志》卷八、《绍兴府志》卷二六。

乾隆五十七年，壬子(1792)，先生五十岁。

是年，官翰林院侍讲。金匮钱梅溪泳、萧山王南陔中丞绍兰聚谒于横街邸第，南陔方为秀才也。

钱泳《履园丛话》六《二云学士》："五十七年，余初入京师，谒见先生于横街寓第。时官翰林侍讲，为人朴野，德行恂恂，今之召伯春也。是时萧山王南陔中丞尚为秀才，常在先生坐中，遇之，剧谈古今，每至竟日。"

王绍兰，字南陔，萧山人。乾隆五十八年进士，官至福建巡抚，兼闽浙总督。屠倬曰："南陔先生生平学务精博，无所不窥，著述多至数十种，积数百卷。其卷目如《周人说经》八卷、《周人礼说》八卷、《国朝八十一家三礼集义》四十二卷等多未付刊。"事具潘衍桐《两浙輶轩续录》卷一六。

三月，京师正乙祠重修落成，先生撰《重修正乙祠碑记》。

《南江文钞》卷五《重修正乙祠碑记》："都城自正阳门迤而西，为西河沿，市廛环列，中有崖十余楹，曰'正乙祠'，为越人客京师者集会之所。缔造于康熙五十一年三月，诸检讨起新为之记。岁时伏腊，醵燕联悰，相与敦恭敬，桑梓之义以申洽比之欢，久而益挚。乾隆五十六年九月复缮葺之，次年三月落成,视旧制闳整有加焉。老成董事者来谂余,曰祠之建粤,今八十余年,有其举之,莫敢废也。前祀神座为关帝、为财神、为元坛神德者,福基因时所尚也。其东祀文昌,前为奎星阁,文明之象照,融震宇庸,以诗书之教佑启我后生也。缗算之资,则以计然之术。游都门者取入赀,成均之。赢羡岁积而月累,阅久乃克,集事惟其力之均也,志之颛也。异时黝垩漫漶,瓴甋侧裹,楔篪剥落,镘之植之,易朽以坚,蠲垢以洁,阁台宛如,连誃翼如,庶几乎式拓前规,贻乃后则。愿有言记厥事,暨余祗谒,则既有成事矣。余惟国家延洽纯熙,化成悠久,藏富闾阎,三登屡庆。……余更念检讨为里中先进,与余先世有姻亲。检讨之孙编修重光未第时,尝寓居于祠。乡先生之謦欬如或遇之,余所为每过流连,而更愿后之人续系于弗替者也。"

初夏,先生招王友亮赏藤花,王友亮有致先生诗札。

朱兰《南江先生年谱初稿》引王友亮诗:"满架玲珑写夕阳,看花人与蝶争忙。双株昔拟青藤瘦(同年徐西湾手植),千缕新排紫绶香。近局寒故招饮遍,行当颇尖著书妨。应须抱瓮申僮约,好雨飞来伫洗妆。时方新雨,壬子初夏,二云先生招赏藤花,作此请正。年愚弟王友亮拜稿。"

【朱兰按】葑亭先生癸丑年,偕吴谷人祭酒与先海昌公共结心兰诗社于京师。此诗当即为双藤簃而作,簃中悬匾三字,据先祖久香公记载,为同邑施禹门孝廉所得,后转入道州何太史绍基手。

翁方纲《复初斋诗集》卷五〇《受堂新居招同石如蓼堂两峰紫藤花下小集》:"闲坊架底记宣南,廿载樽前续旧谈。故借紫云垂络索,相嘲白发照滥参,人逾吉邵同岑久,花比朱王买宅堪。密叶吹香来饭客,笑应弥勒共神龛。诗注云:是日作蔬食,故有末句。京师藤花旧宅,以竹垞、渔洋二先生所植为最著,而此屋廿年以来吉渭厓、邵二云皆居之故有五六句。"

闰四月,先生为同年徐立纲之父撰墓铭。

《南江文钞》卷一一《敕封奉直大夫翰林院编修徐公墓志铭》:"编修视学安征,迎养使署,使事将竣,公先期归里。今年闰四月,寿终。编修闻讣毁甚,仓猝南奔,临行以埏道之文相推諈诿,晋涵以累世姻戚,又与编修同乡,举习知家世事不敢辞。公讳肇南,号宝山,世居浙江上虞县之下管乡,八世祖文彪以抗节著声于明武宗时,既而群从多以言事著,乡人所称为直谏世家也。……卒于乾隆五十七年闰四月辛丑,距生于康熙五十二年八月丁丑,年八十。娶韩宜人,有妇德。子五人:长即立纲,乾隆三十年举人,四十年进士,翰林院编修;立民,国学生;立位,分发福建盐大使;立本,国学生;立朝,分发广西州同。孙男七人。曾孙一人。立纲等营宅兆于乌石之原,撰日封窆。”

徐立纲，字铁厓，上虞人。乾隆四十年进士，官翰林院编修。《上虞诗集》：“铁厓尝典试湖南，督学安徽。缘事左迁。著有《五经旁训辨体》，合订《铁厓诗文集》。”事具潘衍桐《两浙輶轩续录》卷一一。

六月，法式善合饮群士大夫于城北积水潭之上，先生因故未至。

王芑孙《渊雅堂全集》《惕甫未定稿》卷六《积水潭游记》：“乾隆壬子六月，右庶子法君合饮群士大夫于城北积水潭之上，赋诗而乐之。可游者十八人，期而不至者八人，汉军王绮书、余姚邵晋涵、仁和魏成宪、嘉兴朱孙垣等。”

法式善(1752—1813)，字开文，号时帆，一号梧门，又号陶庐。蒙古乌尔济氏，后隶正黄旗，为蒙古族中唯一参加编纂《四库全书》者。乾隆四十五年进士，改翰林院庶吉士，散馆授检讨，后晋国子监司业，旋升侍讲学士缘事左迁工部郎中，累官祭酒。以“修书不谨”，贬秩为庶子，不久告病归家。著有《清秘述闻》《陶庐杂录》《槐厅载笔》《存素堂诗文集》等。事具阮元编《梧门先生年谱》、《清史稿》卷四九〇、《清史列传》卷七二及钱林《文献徵存录》卷五。

八月，慈溪叶燕有《上邵二云表叔》书，欲作《十七史同异考》，请教字画考异问题。

叶燕《白湖文稿》卷五《上邵二云表叔》：“去岁曾妄论《尔雅正义》，未赐裁答，惘然若有失，后得鹤渚师手书，知不以为不然也。兼蒙册惠，感惭合并，燕束修读书，颇欲以文墨自异，而愿与运违，触处阂碍。客秋闱试，又遭斥放，遗卷具在，与烜号名墨，徯径略同，非战之罪，亦何敢言，寻所由败，实莫之解也。敬录呈上，幸切教之。燕不自量，欲作《十七史同异考》一书，间取史汉，细绎乃知班马有误字而无异同，间如项梁之说，会稽守蒯通之说，范阳令等传闻，异词耳。余皆以字画相似而误，撮其显者高祖纪乡者，夫人婴儿皆‘似君’，《汉》作‘以君’，或便以为以字义深，岂知‘似’乃‘以’字之误乎？《萧何传赞》：‘因民之疾(句)，奉法顺流(句)，与之更始。’《汉》作‘因民之疾秦法(句)，顺流与之更始。’‘奉’非‘秦’字之误哉？《樊哙传》‘项伯肩蔽之。’《汉》‘肩’作‘屏’，《季布传》‘故特召君。’《汉》‘特’作‘时’，《韩安国传》，《史》以‘郅它’为人名，《汉》以‘至他’为语助，‘喑哑之’为‘意乌也’，‘谁何之’为‘谯呵也’，‘过矣’而读为‘过失’，‘芋菽’而更为‘半菽’，数难更仆，非相似而误乎？彼优劣诸论，固未之思，而刊误两书，亦不之及，然乎？否乎？我叔以为何如？督以不及，是所望也，燕顿首。”

九月，法式善奉派办翰林院事，充功臣馆提调。法式善在馆中校勘诸功臣传稿，见传中有载入从逆之臣，而反失载殉难大员者，有殉难于前朝，而载入本朝忠臣者，有年月舛误者，有姓名舛误者，有书致先生，条列其事，希先生审正之。

阮元《梧门先生年谱》“乾隆五十七年”条：“年四十岁。正月，以阿文成公荐补左庶子。九月，奉派办翰林院事，充功臣馆提调。”

法式善《存素堂文集》卷三《与邵二云前辈论史事书》：“尊斋饫领教言，积疑顿释。比在馆中勘校诸功臣传稿，并付到诸册籍，其中舛讹遗阙，尚复不少，良由外省之咨报非一时，中秘之前后纂修非一手，加以岁月之久，疑误相仍，莫能指正。伏惟阁下以网罗一代之才，识卓而文茂，职掌所存，自宜及时厘定，以为惇史，谨就管窥所及，条列其事，愿先生亮察而审正之。传中有从逆之臣误行载入者，如贵州巡抚曹申吉叛降吴三桂，详见《实录》及《平定三藩方略》。今《功臣传》有《曹申吉传》言其殉难，而《甘文焜传》仍言申吉从逆，两传相抵牾矣。有殉难大员未经载入者，如辰常道刘升祚、辰州知府王任杞、左江道周永绪、平乐知府尹明廷，殉难年月、赠官、祭葬俱详载《实录》红本及《一统志》，而传则未载，其余殉难之文武员弁见《实录》红本，而不立传者甚多，有殉节于前明而误入国朝忠臣者，如云南殉难之杨宪、张仲景等俱死于土司沙定洲之难，其时，明唐王、桂王相继称号，云南未入版图，杨宪等为明殉节，而传中误以为顺治二年三年事，应一体归入胜朝殉节诸臣录；年月舛误者，如广西巡抚御史殉节在顺治九年，详载《实录》及《一统志》，而传中误以为康熙年间殉难；有姓名舛误者，如江南抚标游击成国梃，详见《实录》红本，而传中误作廷梃。其余官爵赠荫舛误遗漏者，不可胜指。若此者，或删或增或改正，俱宜归于画一。兹第就所已考得者言之，俟更有所得，即录呈采择。余不宣。”

秋，先生为翰林院编修张锦芳撰行状。

《南江文钞》卷一〇《翰林院编修张君行状》：“君讳锦芳，字粱夫，一字药房。余之知君也，由益都李君文藻，李君官潮阳知县，贻余书，亟称君之才。今年秋，冯君过谂余，则君已殁矣。君生于乾隆十二年九月某甲子，卒于乾隆五十七年闰四月某甲子，年四十六。”

九月、十月初十日，同邑史澹园先生湛有贻先生书二通。

朱兰《南江先生年谱初稿》引史澹园贻先生书札：“九秋之月，主考王太史回京，顺汹数行，祗候道履，谅蒙雪照。比惟二云先生声华艺领袖儒林，□洽所闻，以综今古，将与西京刘、董并驾齐驰。忝属葭莩，可胜颙羡！弟于月之二十始莅襄任，案牍纷繁，兼之兴土修理城垣，不胜鹿鹿。近闻新任将次莅襄，则借若之期亦不甚远。补期遥遥，令人焦虑。三儿棻、大孙炜扶内人之柩回姚，于九月二十一日起身，藉此县试兼可完姻，二儿随弟至襄，眷属仍居省寓，□征五儿近从崇阳回省，宾主契投，自必无所改易。知廑垂念，用泐奉闻，顺请台安，不一。二云先生阁下，姻眷弟史湛顿首。十月初十日襄署寄。”

【朱兰按】乾隆五十七年壬子湖北正考官编修华亭王文一锡奎、副考官刑部员外郎范摄生鏊，此札系属是年正合。史先生历任湖北知县有声，官终陕西榆绥兵道，赠太仆卿，从祀昭忠。此札似署襄阳县时所作，《双匏忠义史湛传》但云襄阳同知，又云调襄阳府，似未令襄阳，即叙史先生为令，亦惟云嘉鱼、钟祥而已。此札可备考证。

顺德张药房编修锦芳行状，应冯编修敏昌之请。原状张卒于乾隆五十七年，前云：今年秋冯君过谂余，则君已殁矣，云云。系属是年。

十月，大学士和珅兼翰林院掌院学士，莅任，属官见者皆降礼。先生弟子戴联奎时在翰林，独长揖。和访时望为额附师，或荐先生及联奎，先生辞不就，和以为愧，欲延联奎，联奎亦坚辞。

姚莹《东溟外集》卷三《光禄大夫兵部尚书戴公墓志铭》：“和（珅）荐邵二云及公，邵坚辞不就。和以为愧，欲延公，坚辞。邵先生语公曰：‘吾老矣，行移病去，子宜为后计！’公曰：‘吾师行，弟子从之矣。’邵果乞休，和曰：‘吾非必相强，邵君何为此悻悻！”此虽足见先生风力之高，然先生实卒于官，未乞休也。

戴联奎，字紫垣，如皋人。乾隆四十年进士，选庶吉士，授编修。联奎少从邵晋涵受经学，既通籍，以清节自厉。和珅为掌院，访时望傅其子丰绅殷德，或荐晋涵及联奎，晋涵移病归，联奎亦坚辞。循资累迁至内阁学士。嘉庆九年，迁兵部侍郎，历礼部、兵部、吏部。二十一年，擢左都御史。逾年，擢礼部尚书，调兵部。二十五年，失行印，坐降三品京堂，补太常寺卿，督浙江学政。道光元年，擢礼部侍郎，又擢兵部尚书。召还京，未至，次年二月卒。

十一月十二日，王绍兰有致先生手札，商洽《尔雅正义》词条，乞借徐坚《初学记》。

朱兰《南江先生年谱初稿》引王绍兰贻先生书札：“昨领诲言，复据《文选》，注改《尔雅》蝘蜓为蝘蜓。谨案《说文》虫部：‘蜓，蝘蜓也。从虫蜓声。’《尔雅》释文：‘蜓，徒典切，字或作□。’是许氏陆氏皆作蜓，不作蜓也。选注恐有讹误，不足为证，未识尊意以为然否？允借《说文系传》，祈即检交夫仆。

昔江总《借刘太常说文寄诗》云：刘棻慕子云，许慎询景伯。硕学该虫篆，奇文秀写迹。愧兰非棻、慎之姿，而太史擅雄、逵之妙，亦惟慕之询之，以写其满堂之爱而已。徐坚《初学记》亦恳借洽一部，都当敬谨审阅，不致污损。此上二云老先生史席，晚学王绍兰顿首。十一月十二日。”

钱泳拜谒先生，后有致先生书，论及《绍兴府志》、会稽刻石及蓬莱阁本石经诸事。

朱兰《南江先生年谱初稿》引钱泳贻先生书札：“泳顿首二云老先生太史阁下，日前拜谒寓斋，饱闻雅论，所言采集诸条应入《绍兴府志》者，未识已录就否？见有山阴明府张少君南行之便，望即札寄李晓园太守及宽夫先生，若稿成上板，恐不便更张耳。会稽刻石及蓬莱阁本石经可向太守公索之，颇可寓目也。此候台安，伏惟万福，不备。泳顿首。”

章学诚有《与邵二云论修〈宋史〉书》，讨论史书体裁的发展变化及利弊得失。

章学诚《文史通义》外篇三《与邵二云论修〈宋史〉书》：“足下今生五十年矣，中间得过日多，约略前后自记生平所欲为者，度其精神血气尚可为者有几？盖前此少壮，或身可有为，未可遽思空言以垂后世；后此精力衰颓，又恐人事有不可知；是以约计吾徒著述之事，多在五十六十之年，且阅涉至是不为不多，中间亦宜有所卓也，足下《宋史》之愿，大车尘冥，恐为之未必遽成；就使成书，亦必足下自出一家之指，仆亦无从过而问矣，近撰《书教》之篇，所见较前似有进境，与《方志三书》之议，同出新著，前已附致其文于足下矣，其以圆神方智定史学之两大宗门，而撰述之书不可律以记注一成之法；又迁书所创纪传之法，本自圆神，后世袭用纪传成法不知变通，而史才、史识、史学，转为史例拘牵，愈袭愈舛，以致圆不可神，方不可智，如《宋》《元》二史之溃败决裂，不可救挽，实为史学之河、淮、洪泽，逆河入海之会，于此而不为回狂障隳之功，则滔滔者何所底止！夫《通鉴》为史节之最粗，而《纪事本末》又为《通鉴》之纲纪奴仆；仆尝以为此不足为史学，而止可为史纂史钞者也，然神奇可化臭腐，臭腐亦复化为神奇，《纪事本末》本无深意，而因事命题，不为成法，则引而伸之，扩而充之，遂觉体圆用神，《尚书》神圣制作，数千年来可仰望而不可接者，至此可以仰追，岂非穷变通久自有其会，纪传流弊至于极尽，而天诱仆衷，为从此百千年后史学开蚕丛乎！今仍纪传之体而参本末之法，增图谱之例而删书志之名，发凡起例，别具《圆通》之篇，推论甚精，造次难尽，须俟脱稿，便当续上奉郢质也，但古人云：‘载之空言，不如见之实事’，仆思自以义例撰述一书，以明所著之非虚语，因择诸史之所宜致功者，莫如赵宋一代之书，而体例既于班、马殊科，则于足下之所欲为者，不嫌同工异曲，惟是经纶一代，思虑难周，惟于南北三百余年，挈要提纲，足下于所夙究心者，指示一二，略如袁枢《纪事》之有题目，虽不必尽似之，亦贵得其概而有以变通之也，昔东汉诸家，今存惟范；典午群史，唐修仅传；盖班、马家学失传之初，一史而屏起争趋，一代而攻者数家，各尽所长以自表见，传不传则听于其际与数，此虽不如世业专家，犹胜后人之拘守绳尺，不复成家学也。前人攻《宋史》者，如柯氏之《新编》，邵氏之《弘简录》，陈氏之《通鉴续编》，其效略可睹矣，仆于此役，未必遽为柯、邵之流，恐如郑氏之《通志》，例有余而质不足以副耳，然足下进而教之，或竟免于大戾，未可知也，足下亦宜自力，次公传家学否？念念，不宣。"

《书教》篇为章氏晚年精到之作，此书所论，足相证发。先生曾评之云：纪传史裁，参仿袁枢，是貌同心异。以之上接《尚书》家言，是貌异心同。是篇所推，于六艺为支子，于史学为大宗，于前史为中流砥柱，于后学为蚕丛开山。

其《圆通》篇似未撰成。章氏与先生相约撰《宋史》，其学其识，又皆足以副其志，而皆不克成书。先生虽辑《南都》，其稿又浮沉不可知，此实史学界一大恨事也。

是年，经先生等诸君纂辑，毕沅《续资治通鉴》编成。

章学诚《章氏遗书》卷一八《邵与桐别传》："沅尝以二十年功属某氏续宋元《通鉴》，大率就徐氏本稍为损益，无大殊异。沅未惬心，属先生为之复审，其书即大改观。时沅方用兵，书寄军营，读之大悦服。手书报谢，谓迥出诸家续鉴上也，其义例详章学诚为毕沅与钱大昕论《续通鉴》书中。"

王昶《春融堂集》卷三二《与毕秋帆制军论〈续通鉴〉书》："得来教谓《续通鉴》一书。经二云诸君纂辑成编。"

章学诚《文史通义》外篇三《为毕制军与钱辛楣宫詹论续鉴书》："略谓宋事据丹棱、井研二李氏书而推广之，又据旁籍以补其遗。元事多引文集，而说部则慎择其可征信者。仍用司马氏例，折衷诸说异同，明其去取之故，以为考异。惟不别为书，注于本文之下，以便省览。涑水之书，中有评论，是书则付缺如，以为史文评论，苟无卓见特识，发前人所未发，而漫为颂尧非莱，殆无异释氏说法，语尽而继之以褐，文士撰碑，事具而韵之以铭，斯为赘矣。"

【黄云眉按】学诚于嘉庆五年为先生作别传，谓毕公卒于军，其家所刻《续鉴》，杀青未竟，家旋籍没，君之所寄，不可访矣。其言似未可信。毕沅卒于嘉庆二年，其家籍没于嘉庆四年，是时《续鉴》刻至百三卷而止，后一年，冯集梧购得毕氏原稿及不全板片，为补刻百十七卷，次年三月刻成，共二百二十卷，(据嘉庆六年三月冯集梧《续通鉴序》)冯氏谓系毕氏定本，而学诚则谓先生所寄，已不可访，此一可疑。学诚为毕沅致钱氏书中，有“全书并录副本呈上，幸为检点并误”之语，则先生校订之本，已成于是年，不应其家于嘉庆四年刻书时，犹用某氏初定之本，岂毕沅卒时，先生之稿随亡耶？此二可疑。钱氏于嘉庆二年为毕沅覆勘是书，增补考异，未蒇事而沅卒，以其本归沅子(据钱庆曾《竹汀居士年谱续编》，诚先生之所寄或不可访，钱氏之所归，亦并亡之耶？此三可疑。又是书，学诚致钱氏书中但云二百卷，而钱氏为毕沅作墓志铭，称二百二十卷，与冯刻本同。钱氏既为参校是书者，其言当非无据，然则是年以后，又增补二十卷耶？抑止百二十卷，固为先生改定本耶？

是年，先生代王杰作《冯孟亭先生寿序》。

《南江文钞》卷七《冯孟亭先生寿序》：“辛卯冬，余视学浙江，始谒孟亭先生于鸳湖里第。先生冢嗣应榴，余同年友也。……暨冢君侍御时与余相见，回忆讲院周旋，里门酬对，必勗以道义，引古昔之嘉言美行相期，许是先生遇余特厚，兹遇八旬介寿之辰，因得理畴昔之绪言，寄奉觞之祝侑，先生更有以匡余以不逮乎？”

冯浩(1713—1801)，字养吾，号孟亭，浙江桐城人。乾隆十三年(1748)进士。由编修官至御史。十五年担任国史馆纂修，参与撰写《续文献通考》，曾巡抚湖南，典试江南，丁忧后不复出，家居四十年，著述自娱。著有《孟亭诗文集》，又注有《玉溪生诗评注》八卷、《樊南文集详注》八卷。长子冯应榴、少子冯集梧皆有文名。

乾隆五十八年，癸丑(1793)，先生五十一岁。

五月，先生在京师，病初起，校阅旧抄本《东南纪闻》一过。

江苏省立国学图书馆第三年刊《馆藏善本书题跋辑录》邵晋涵《东南纪闻跋》：“此书从《永乐大典》中录出，不著撰人姓氏，盖宋遗民所纂述也。中间有与《桯史》相同者，其为抄撮而成欤？抑各纪所闻欤？其纪史弥远、嵩之凶险，有出于诸家纪载之外者，当时东南遗老，痛心于弥远叔侄者深矣。辛丑夏，馆吏录副本求售，因留之。癸丑五月病初起，校阅一过，讹字不可尽乙，俟求别本正之。”

六月，纪晓岚先生七十寿，先生代其弟子作寿序。

《南江文钞》卷七《纪晓岚先生七十寿序》云：“我师河间先生应名世之

选，观会统综，扬昌休于明备，海内之士识与不识皆曰先生今之刘向、扬雄也。某等自甲辰岁游于先生之门，亲承训诲，钻仰所及，窃以为有识所推崇尚有未尽者，愿因请业之余而进言之。……今先生以淳德诚忱，懋承眷注，长柏府领容台昌言入告，溥惠泽于蒸黎。俾海内见大儒之效，方式骏且长，是则遭逢之盛夏，非杨、刘所能几及，而德业之笃厚，亦大胜于杨刘集祐延嘉之庆，斯门下士所乐得而颂扬者也。今年六月值先生七十介寿之辰，遂书之以代乐筵之致语焉。"

六月，朱文藻因受黄小松之聘，就馆济宁，课读其子，并属纂《济宁金石录》。致书先生请问，乞先生指点。

朱兰《南江先生年谱初稿》引朱文藻贻先生书札："文藻顿首，启事二云老先生阁下，不奉音问者，屈指已垂十年，结念之深正如百也。文藻塾课汪氏，历十二年之久，平居人事轇轕，流览泛应，竟无一事成就，可以质之高明。学业日荒，蹭蹬场屋，颓然一老诸生。明年周甲，鬓发苍苍，青云之志从此隳矣。数年来受萧山陶篁村先生之托，以所辑《全浙诗话》属为补遗，因此博考诸家文集，外及山经、地志、说部、杂家，名人书画，真迹无不采录，积稿可得百十卷，而津涯浩瀚，迄未成书。今岁应兖州运河司马黄小松之聘，就馆济宁课读其子。司马富于金石，属纂《济宁金石录》，响拓其文，摹绘其画，备采诸家题跋，附以管见考证，创稿于夏，已成十之七八，开春可以脱稿，此书若得流传，美有一种问世。因思老先生为风雅宗师、乡邦耆旧留遗，闻见素博，而又储藏碑版，审定精详，凡所以阐出潜之蕴，发贞吉之华。乞为指示迷津，埤益末学，功垂琬琰，非仅文藻一人受益已也。到济后，斋中始读大著《尔雅正义》，一编众说，汰其杂骰，训诂归于一是，从此小学家得指南矣。不审刷印尚有余编，可惠赠一部，以为家塾训习之资否？文藻初拟腊底解馆后，单车入都，冀得畅聆教言，稍申契阔，且恭谒太学，敬瞻辟雍石经之巨制，实为儒生庆幸，而主人谆谆以霜重严寒，不宜冲冒，此愿中止，然而私怀终耿耿也。兹值泉河别驾阮蓉亭先生请咨赴部，秉复奉候鸿禧，阮公籍隶大兴，寓居虎坊桥邵宅，如有回京，希命纪致之，不一。癸丑长至后三日，文藻再顿首。"

朱文藻(1735—1806)，字映漘，号朗斋，清乾隆时诸生，浙江仁和人。精六书工诗，通史学。王杰督学浙江延访之。至京师，佐校《四库全书》，又奉敕在南书房考校。尝游山左，孙星衍与之商订金石，成《山左金石志》。后又为王昶修《西湖志》，并纂辑《金石萃编》《大藏圣教解题》等书。著有《碧溪草堂诗文集》《碧溪诗话》《碧溪丛钞》《东轩随录》等。事具《清史列传》卷七二、

《国朝耆献类征》卷四二〇、《国朝诗人征略》卷四二、《国朝书人辑略》卷六。

黄易(1744—1802),字小松,又号秋庵、秋影庵主。浙江钱塘人。监生,官山东兖州府济宁运河同知。广收碑刻,著有《小蓬莱阁金石目》《嵩洛访碑目记》《武林访碑录》,有《秋景庵主印谱》传世。事具《清史稿》卷四八六。

七月,为会稽陶篁村《全浙诗话》序。

《南江文钞》卷六《全浙诗话序》:"会稽陶篁村先生,游迹半天下,诗篇传艺苑。晚以诗教授里中,撰《全浙诗话》,自集部、说部以及《山海经》、地志诸书甄录殆遍,得作者若干人,为卷若干,或疑其采取之博。……余数得奉先生杖履,愧未能助之搜罗,谨演述所闻于先生者,为之序。"

八月十七日,同邑史积容有贻先生手札,告之近况。

朱兰《南江先生年谱初稿》引史积荣贻先生书札:"燕都话别,瞬息数年,难索之悲,时萦胸臆,遥惟年大兄老大人瀛洲高步,奕抱两清,翘企丰标,实深颙颙。弟出守汉南,滥竽三载,自惟碌碌,报称为难。所幸地处偏隅,事简民淳,差堪藏拙,惟是应酬繁费,夫诎之状,依然故吾。□因翁二兄来都之便,肃此布候升祺,诸惟台照,不宣。年愚弟史积容顿首,癸丑中秋后二日。"

冬至日,同年周兴岱诗札致先生。

朱兰《南江先生年谱初稿》引周兴岱贻先生书札:"癸丑冬日,约诸年友小饮新寓,即《奉次壁间法学士见赠原韵》:'岭梅凭驿使,旧雨忆去年。赁屋新书券,携樽共醵钱。桐疏犹识井(先文恭公西河沿旧宅已三易主矣),菘脆可登筵。别久拼同醉,寒销九九前。'东屏弟周兴岱拜。"

周兴岱(1744—1809),字冠三,号东屏,涪州周煌次子,张问陶岳父。擅长书法。乾隆三十六年进士,改庶吉士,散馆授编修、武英殿提调官,累迁侍讲学士,礼、吏、户诸部侍郎,充江西考官擢内阁学士。嘉庆十四年,晋都察院左都御史。卒葬涪陵。事见《清史稿》卷三二一、薛天沛《益州书画录》等。

与章学诚书信往来,探讨词赋。

章学诚《文史通义》外篇三《答邵二云》:"来示问《朱先生传》,于《文鸟赋》小有改易,因言马、班之史,于相如、扬雄诸赋,虽博奥奇古,未尝轻有改易,疑仆于古未有所师,甚矣足下之好学也!此事仆初无甚深意,不过就己笔之所便,随文更易,非有心于法古也。古人记言与记事之文,莫不有本。本于口耳之受授者,笔主于创,创则期于适如其事与言而已;本于竹帛之成文者,笔生于因,因则期于适如其文之指,或录成文而无所更易,或就字句而小作更张。如书家临帖,屈伸存乎笔性;将命传言,增减时乎口气;苟使帖意得神,辞命称旨,固不可有意求异,亦不须勉强从同,此则史家通义,尝与余村详辨之矣。至于诗词歌赋，迁、固诸史不改扬、马赋篇，仆固未尝参较，然以韵言之法例之，则楚狂、接舆之歌，《庄子》与《论语》有详略矣。

"仆于词赋一道，本不甚解；而朱先生则于《诗》《骚》盖深有得者。以仆属传稿手钞赋语中，有一二辞句不甚惬心，自度此中断无能胜先生之理，姑从同异而窃附于别本之义云尔，不知足下以为何如？仆近较勘先子遗文，有《耳鸣赋》，不过三四百言，辞甚奇崛，而通篇无韵，私度先子当日必有取法，亦不甚讶。又于败簏得先友程副贡《文选》小简，则甚称赋佳，而亦疑通篇无韵，询所矩范，遍检故册，又不得先子报书，因思《诗》三百篇，设为问答，亦不入韵，似可援以为案。此亦因所见以推求义例云尔，未知先子当日命意果何如也，足下或有以推广其宗旨耶？"

乾隆五十九年，甲寅(1794)，先生五十二岁。

是年，先生代人作《圣驾八巡津淀恭纪(乐府十章谨序)》。

《南江文钞》卷四《圣驾八巡津淀恭纪(乐府十章谨序)》："摄提昭纪，上元启辰。戬祓迭臻，昌嘉合集。圣天子御宇五十有九年，延太和于仁寿，融久照于升恒，懋举上仪，式谐令典。今逢五载享期，恭讶八巡御辇。"

五月廿四日，吴玉纶《乡饮酒说》和《西施说》，先生有批注。

吴玉纶《香亭文稿》卷七《乡饮酒说》邵二云批注："善推礼意，刘原父之补义，所由远畅儒风也。节次详该，又当与李宝之并峙。"

吴玉纶《香亭文稿》卷七《西施说》邵二云批注："慎子以毛嫱、西施为天下之姣，故乐府语多泛指后人，诗乃云：'台下卧薪台上舞，可知同是不眠人。'又云：'别有深思酬不得，对君歌舞背君啼。'语虽新而意益凿矣。《明诗综》载：'苎萝祠神因屠生题诗，辨无生入五湖事，托之梦寐，尚不足以昭定，论得此昶发朗辨，卓然立名教之防。'"

与孙星衍、张问陶、王友亮、王念孙诗酒唱酬，张问陶有诗记之。

张问陶《船山诗草》补遗卷四《累日陪邵二云晋涵前辈饮于鱼山渊如前辈寓斋作诗奉赠》："樱桃传舍见山楼，处处壶觞许唱酬。只有通人能考据，断无前辈不风流。醉中奇气飞三雅，老去才名动九州。莫避祢衡年最少，十年怀刺未轻投。"

张问陶《船山诗草》补遗卷四《渊如前辈改作书堂，招同王葑町王怀祖念孙两给谏、邵二云侍读、王秉玉有琮兵部、钱饮石东璧上舍饮酒，落成，率赋二诗奉贺》："顿觉轩窗改，精庐望转深。经营出新意，将作见文心。熟客来如梦，清樽喜共斟。屋中还有屋，迷误笑相寻。卜夜同欢宴，题诗与落成。歌谣唐大历，训诂汉东京。座为通儒设，书从稚子擎。庭花须补种，春及定敷荣。”

十二月，洪亮吉有《岁末怀人二十四首》，忆先生、袁枚、钱大昕、毕沅、钱维乔、王昶、卢文弨等二十四人。

洪亮吉《卷施阁诗》卷一五《邵侍读晋涵》：“苦忆余姚邵夫子，授徒却待勘经回(君兼石经、国史二馆，下直即复授徒)。殊师肯啖公羊饼(君擅谷梁学)，绝业谁营尔雅台。忆共五陉连榻住，也同六郡校文来(谓在朱笥河先生安徽学使署)。青山回首应惆怅，断送高张几许才(谓同幕高东非、张方海、黄仲则诸人)。”

乾隆六十年，乙卯(1795)，先生五十三岁，

二月初六日，孙星衍、魏春松踵消寒之会，招同先生等集于樱桃传舍。

吴锡麒《还京日记》：“二月六日，晴。孙渊如、魏春松踵消寒之会，招同罗两峰、屠笏岩、邵二云、王葑亭、汪剑潭、尹墨卿、方茶山、朱沧湄、张船山、叶琴柯集于樱桃传舍。”

樱桃传舍会，人员有张问陶、吴锡麒、张问安、徐嵩、徐明理、毛大瀛等，船山作图记盛，同人纷纷作诗。

魏成宪，字宝臣，号春松，浙江仁和人。乾隆四十九年进士，官至山东道监察御史。著有《清爱堂集》二十三卷。潘衍桐《两浙輶轩续录》卷一四吴振棫传略：“春松丈博综艺略，尝校四库书于文渊阁。”

二月初八日，武亿自济南致书先生，乞指教金石问题。

朱兰《南江先生年谱初稿》引武亿贻先生书札：“亿顿首再拜启二云先生大人阁下：违去左右，比今已两岁，穷途碌碌，无可为言，比日伏惟道履佳胜！深副远想。顷至历下，毕制府已去，惟阮督学留办此方金石，各属承应，恐不能如前。僻远之地，益难搜葺，将来漏脱，未获具录者，正自不少。然阮有此番编著，或大致粗就绪耳，亿弇陋，虚负此重举，有可以撰次承教者，尚冀不惜指发其误，至恳恳。亿顿首，二月初八日自历下寄。”

武亿(1745—1799)，字虚谷，一字小石，自号半石山人，河南偃师县人。乾隆四十五年进士。五十六年授山东博山知县。创范泉书院，曾主讲启文、清源诸书院。其学博通经史，长于考证。著有《群经义证》《偃师金石文补录》。修郏县、安阳、鲁山、灵宝等县志。

二月，续修家谱成，问序于窦光鼐先生。

光绪《余姚邵氏宗谱》卷首《余姚邵氏续修宗谱序》："翰林邵君晋涵与其侄瑛皆鸿博君子也。为予门下士，先后选入史馆，以故成通家谊，来往无虚日。居顷之，携近所续修宗谱丐序于余，余曰：'两君之从事于史也久矣。自太史公征引世本，考得姓受氏之原，唐书宰相世系表，始以谱学附之于史，至郑夹漈为通志，首叙氏族，又采诸家之谱乘见于著录，则家之有谱，固与国之有史相辅而行。'今君是谱始自博陵，至康节先生定居洛阳，遂为望族。先生之孙扈高宗南渡，家于浙之杭州，自杭州而迁会稽，自会稽而迁余姚，数千年之昭穆如视诸掌。洎迁姚以来，代有闻人，科名接踵，冠盖相望，而特立独行之儒为世表率者，又复不胜指数。故自吴越燕卫蕃衍昌大，天下皆知有邵氏也。夫世所传谱法之良者，莫如六一居士与老泉二家谱。谱者，布也，属也。布列其世，属之以次而已矣。世远则昭穆之辨不明，次紊则子姓之等无纪。辨不明则水源木本之道衰，等无纪则世经人纬之法废。虽系之以姓而弗别，缀之以食而弗殊，而若者大宗，若者小宗，视之直途人等矣。东坡尝曰：'后之公卿大夫贤人不能世其家，如古之久远者，缘族散而忘其祖也。'然则是书之修不其亟乎？二君俱充国史馆纂修官，四库全书缉成有帙，若虞挚昭穆记、王俭百家谱、贾希鉴氏族要状，足补史传所未备者，皆举而复之，君其成一言。承前史汇通谱，将于是编亦有取也，于是作为序而遗之。乾隆六十年岁在旃蒙单阏则如月，诸城窦光鼐谨撰。"

上年，余姚秋霖浃旬，东北两乡木棉大减。知县戴廷沐、龙山书院掌院茹古香商议二月十二开赈，设总局董事，先生弟邵鼎涵名在董事之列，又总办华庵厂，因好善乐输，实力董率，浙江巡抚觉罗吉曾授予"尚义可风"匾额。

张廷枚《余姚捐赈事宜》："我邑中尊戴父师自甲寅之夏下车伊始，东北二省以飓风，木棉无收。积歉之后，次年人民至掘蕨根、采榆皮以食，滨于死亡者数矣。中尊蹙然忧之，祷于城隍之神，誓以起瘠为己任，与绅士倡捐，设厂赈粥。

"知县戴廷沐、龙山书院掌院茹古香商议赈灾，设总局董事，原任沭阳县知县黄璋、监生张廷枚、候选州同施浩、附贡生杨绍勋、朱培行，贡生朱培德、监生邵鼎涵等名在董事之列，设厂者九，各董事又总办各厂，如朱培行在第一接待寺厂，邵鼎涵在天元寺之第六法华庵厂，距城六十里。其厂共享米一千二百六十一石，杂用钱一百八十九千一百文零，规模仅次于朱培德总办的第九水阁周厂。"

"饥民就赈者云集，每厂多者万余，少亦不下六七千，二月十二日开赈，初议赈粥一月，又加赈八日，凡三十八日，至三月二十日停厂，计捐钱二万贯有奇，买米八千二百石有畸。"

因好善乐输，实力董率，浙江巡抚觉罗吉曾授予施浩、杨绍勋、朱培行、朱培德、邵鼎涵等"尚义可风"匾额。

春，先生作《恭进乾隆五十九年起居注折》。

《南江文钞》卷一《恭进乾隆五十九年起居注折》："臣等叨居两史，愧乏三长，谨排事以叙时，兹成编于隔岁。垂五三六经而并重，钦有秩之宸谟；总二十四册以恭呈，颂无疆之圣祚。"

三月十七日，先生招同人集双藤簃看花。

张问陶《船山诗草》补遗卷四《三月十七日，邵二云侍读招同吴谷人编修、孙渊如刑部、赵味辛中书、汪剑潭助教集双藤簃看花》："正喜春寒酒易赊，双藤开足雨中花。看来合座无残客，数到同心更几家。饮食也须忘世味，贤豪偏是聚京华。昌黎交道无师友，应为奇诗爱老叉。"

朱文治《绕竹山房诗余》《苏幕遮·即席奉酬邵丈二云招饮双藤簃》："紫烟笼，红玉镂。移隔藤开，藤绕簃边走。仙客裁霞当被覆。诗梦惊回，忽讶双龙斗。　坐花阴，还酌酒。瑛路抵垂，未许春风逗。细嚼餦餭香满口。人唊花时，记得看花否？"

是年，遣子秉恒归，营冢穴以葬伯兄履涵。

洪亮吉《卷施阁文甲集》卷九《邵学士家传》："以伯兄履涵未葬，遣子秉恒归，营冢穴。"

是年，毕沅有致先生书。

朱兰《南江先生年谱初稿》引毕沅贻先生书札："春暮，布复数行，度经雅照日。昨史牧来辰，复奉手言，深纫遐□，并念年兄文祺绥吉，与候增禧，饥渴之私，藉此稍慰。仆辰阳驻扎，四月于兹，调饷征兵，飞章草檄，在在均关紧要，衰军精力膺此巨艰，殊觉难于摒挡。至军前近状，虽屡次克捷，无如贼众兵单，山深箐密，守剿兼顾，犁扫倍难，至辰永一带尚觉安静，两月以来，诣辕投诚者不下二百余寨。史牧现在留辰，俟有机缘，当为具奏也。《宋元通鉴》早经誉定，遇有要便，务印寄来或交贡差，亦可得以早付枣梨，亦完数十年心事矣。抄资容当续寄，特此布达，即候近祺，不一。友生毕沅手。"

【朱兰按】乾隆六十年，弇山由东抚再任湖广总督，适苗疆有警，驰赴常德，筹画转饷。既而大学士福公、四川总督和公，先后莅楚，弇山移驻辰州，大兵既擒首逆吴半生，桂、永绥靖，诸苗寨先后诣辰乞降，《先正事略》毕秋帆尚书条下云然，与此札年月正合。

先生门人金匮孙尔准是年举于乡。

朱兰《南江先生年谱初稿》："金匮孙尔准是年举于乡，先生门人也。

陈寿祺《左海文集》卷九《大清赠太子太师谥文靖太子少保兵部尚书闽浙总督金匮孙公尔准墓志铭》："弱冠从王述庵侍郎、邵二云学士受业。"

是年，先生官擢詹事府左庶子。孙星衍有书致先生，告知觅得古碑之事。

朱兰《南江先生年谱初稿》引孙星衍贻先生书札："顷阅邸抄，知老前辈大人擢授宫僚，深为欣慰，梁园晨夕磊怪之景，不可复得，即在都文宴之乐，亦思之如梦，如何何！近何所撰述，乞示一二。晚到官数月，幸办理诸务尚为顺遂，惟碌碌河防督浚之间，至今未息，尚未发睹书帘，但长途中以《水经注》寻求古迹，颇有古碑新出，他日寄呈雅赏也。近居济上，小松日日聚会，此可告故人者。山左吏治得抚军实心整顿，俾晚得尽其怀，不致(下缺失页)云：老前辈飞速示及，以便具牍，此事考据确实，当蒙鉴及，即知非比钱箨石先生迁陵之迹也。纪宗伯札奉阅后即求转致，内有小折，专此布候升安，余不一，二云前辈阁下，后学孙星衍顿首。"

【朱兰按】札中考据'确实非比箨石迁陵之迹'云云，缺页必为改正济阴阳陵在曹南，非在山西荥河事。渊如贻先生言之当轴，以便申请大府得邀允准，故有具牍云云，此事后果有成，未必非先生有以启之也。

六月廿六日，□椵有致先生手札。

朱兰《南江先生年谱初稿》引□椵贻先生书札："大儿诣承教益，逾极栽培，感激无似，惟有遥向台垣叩头申祝耳。《宋元事鉴》弇山制府甚为欣赏，刻交实斋审阅矣。大约秋间即发刻也，肃此布请日安，二云先生大兄大人照，愚弟椵顿首，六月廿六日。"

十月九日，赵味辛舍人招先生等同人举"续重阳"之会。

张问陶《船山诗草》补遗卷四《十月九日，赵味辛舍人招同两峰山人、二云、谷人、墨庄、皋塘诸前辈，未谷、介兹同年，希甫舍人，春柳、墨卿比部，琴柯编修集敦经悦史之堂，举续重阳之会，分韵得满字》："蟹老菊花残，孟冬苦日短。重阳犹可续，一月倏已满。天时何太速？良会不妨缓。酒行亦无算，宾主同疏懒。各诵得意诗，强于奏弦管。酒乡寒逼人，挑灯闭斋馆。门外风霜严，落帽事恐罕。"

赵怀玉(1747—1823)，字亿孙，号味辛，又字印川，晚号收庵，江苏武进人。乾隆三十年春，高宗四巡江、浙，奏赋行在。四十五年，又南巡，召试，赐举人,授内阁中书。出为山东青州府海防同知,署登州、兖州知府。丁父忧归,遂不复出。诗与孙星衍、洪亮吉、黄景仁齐名,时称“孙、洪、黄、赵”。著有《亦有生斋文集》五十九卷,续集八卷并行于世,事具《清史列传》。

十二月二十二日,先生与两峰、吴谷人合作消寒会集于伊秉绶寓斋。

吴锡麒《还京日记》:“十二月二十二日,两峰与吴谷人,邵晋涵合作消寒会集于伊秉绶寓斋,两峰出观文与可山水。”

伊秉绶(1754—1816),字组似,号墨卿,晚年又号默庵,福建汀洲人。乾隆五十四年进士,历任刑部主事,后擢员外郎。秉绶受大学士朱珪的赏识与纪晓岚的器重,拜纪为师,又拜刘墉为师学书法。嘉庆四年任惠州知府,因与其直属长官、两广总督吉庆发生争执,被谪戍军台,昭雪后又升为扬州知府。著有《留春草堂诗》《攻其集》等。

先生广西所得士、门人全州蒋励容正月十八日卒。是年冬,钱大昕作墓志铭,先生为之作家传。

钱大昕《潜研堂文集》卷四五《孝廉蒋君墓志铭》:“乾隆庚子秋,余姚邵二云侍读典试粤西,得人最盛,全州蒋君德载其一也。予尝访粤士文行兼备者于二云,二云辄举君名。今冬,君之兄郡司马云亭来告君之讣,且状其行,乞予铭,读之泫然,如二云之言,不我欺也。君讳励容,德载其字,世居全州万乡龙水村,州中言望族者,必首蒋氏。父振棨,直隶庆云县知县,有子六人,君次在五。……年五十有一,以乙卯正月十八日终于里第,遗言以司马第三子启锦为后,二云为予乙酉典试所得士,君出其门,与予有通家之谊,不敢以不文辞。”

《南江文钞》卷九《孝廉蒋君家传》:“君讳励容,字德载,世居广西全州之万乡龙水村,为望族。考讳振棨,直隶庆云知县,有惠政。君昆季六人,次居第五。……君卒以乙卯正月,年五十有一。娶曹氏,篷陆氏,俱无出,以励宜子启锦为后。”

卢文弨卒,年七十九。

翁方纲《复初斋文集》卷一四《皇清诰授朝议大夫前日讲起居注官翰林院侍读学士抱经先生卢公墓志铭》:“(乾隆)六十年,卒,年七十九。”

嘉庆元年,丙辰(1796),先生五十四岁。

正月九日,段玉裁有致先生,乞先生《尔雅正义》。上年段曾致书先生并赠《戴东原集》,并告之“去冬始悉力于《说文解字》”。

李慈铭《荀学斋日记》"光绪十年八月二十日"条："愚弟段玉裁顿首上二云大兄先生阁下：上年舍亲史名瑾者入都，曾奉书并《戴东原集》，曾否收到？迩来想新祉便蕃，起居万安。著述之闳富，玉裁愧不能亲炙细读也。闻以《宋史》自任，不知何日可成？令郎于《宋史》之学亦深，想必相得益彰。将来删削繁芜，继踪马、班，能令鄙人尚及见否？玉裁前年八月，跌坏右足，至今成废疾，加之以疮，学问荒落，去冬始悉力于《说文解字》，删繁就简，正其讹字，通其例，搜转注假借之微言，备故训之大义，三年必可有成，亦左氏失明，孙子膑足之意也。小婿龚丽正者，屺怀之子，考据之学，生而精通，大兄年家子也。更得大兄教诲之，庶可成良玉。苏州有博而且精之顾广析，字千里，欲得尊著《尔雅疏》一部，望乞之为祷，即交小婿邮寄可也。《东原集》三部付上。丁小山兄去冬于杭城乃得相识。抱经先生已归道山，可叹可叹！梁伯子著《人表考》《史记志疑》二书，该洽之至，想已看过矣。肃候近安！诸惟丙鉴不一。玉裁顿首。

"周书昌先生无恙否？朱少伯兄乞叱致。章实斋亦不得其消息。（正月九日）"

正月十六日，先生与翁方纲、罗聘、桂馥、赵怀玉、伊秉绶等同集吴锡麒寓斋，送王昶归青浦。

沈津《翁方纲年谱》："正月十六日，邵晋涵、罗聘、桂馥、赵怀玉、伊秉绶、敬堂同集吴锡麒寓斋，送王昶归青浦。"

是年，先生擢翰林院侍讲学士，兼文渊阁直阁事。

王昶《春融堂集》卷六〇《翰林院侍讲充国史馆提调官邵君墓表》："先生迁中允后，旋擢侍讲、侍读、左庶子，至是自左庶子擢翰林院侍讲学士，日讲起居注官，兼文渊阁直阁事。"

年初，先生为萧山曹之升作《四书摭说》序。

《南江文钞》卷六《曹寅谷〈四书摭说〉序》："曹君寅谷渊雅好古，键户著述，于诸经多所证明，以《论语》《孟子》《大学》《中庸》为学者所童而习之也。取其实事之当考证者，博证而详说之，勒为一编以示余。适余得寒疾，伏几读之，得窥其梗概。……寅谷以和粹之识，潜心探索，或汇群说以定折衷，或抒心得以阐奥义，平心言之，不为亿必之说，洵有合于汉人所谓实事求是者，异日诸经说成，不将为艺林之圭臬哉？"

曹之升，名寅谷，萧山人，乾隆辛丑进士。擅八股，著有《曹寅谷制艺》《四书摭余说》。事具潘衍桐《两浙輶轩续录》卷一三。

高宗纪元周甲授受礼成，先生撰《迎日推策记》一篇上之。

《南江文钞》卷二《迎日推策记》。

是年,先生代人作《太上皇帝纪元周甲授受礼成恭纪(颂十二章谨序)》一篇。

《南江文钞》卷三《太上皇帝纪元周甲授受礼成恭纪(颂十二章谨序)》。

又代人作《太上皇帝纪元周甲授受礼成恭纪(典诠一篇谨序)》。

《南江文钞》卷四《太上皇帝纪元周甲授受礼成恭纪(典诠一篇谨序)》。

三月,感寒疾,先生病中尝与洪亮吉诗词往酬。

洪亮吉《卷施阁诗》卷一七《奉酬邵学士晋涵病中见寄之作》:"与君卜邻意非好,欲拉酒徒时醉倒。墙西望汝一树花,君病未瘳春遽老。笺云日啖半瓯粥,颇厌墙东酒徒扰。墙东酒徒非得已,匝月行完七千里。轰天炮火冲身出,吊影惊魂可知矣。昨来偶自窥青镜,不觉二毛填鬓底。期君醉我君辞疾,反作新诗恼行客。酒逋我纵盈门索,药券知君亦山积。君如戒药我戒酒,一日颠毛恐俱白。"

四月二十五日,史渔村有致先生手札。

朱兰《南江先生年谱初稿》引史渔村贻先生书札:"受业之□□,谨奉老夫子大人钧座:去秋奉并呈示敬,谅蒙鉴收,明以历碌案座,未获续泐,顷阅邸抄,欣悉老夫子大人擢迁讲学,恩承宠綍,秩领仙班,逖听之余,无以忭贺。现想仍兼史馆,钱□夫去后,未知何人协理。二世兄昨秋又复蹶足科名,迟早自有定数也。受业兢奉职,幸免陨越,值各省多事之际,滇西一带年谷无收,地方亦极宁谧,无厪垂念。家廿五叔在都蒙夫子关情,世谊极为款洽,同深感勖人。堂弟镇焜公车赴京,年轻学浅,更祈化雨因施,大加教诲,深为感耳。实斋先生闻有北上之信,未识果否?数载楚游,仍然故我,此好机会,良为可惜!弇山制军戎务倥偬,无暇更事典籍,只恨《史籍考》终于未成,使人怏怏耳。受业传书之暇,随意吟咏以适性情,鉴于学业久荒,又无书籍,夙昔追随函丈所得一二,亦就遗忘,看此生竟无成就矣。不胜浩叹,僻处南荒,东华盛事,翰苑旧游,都成想象,未识可得略示一二否?致光谨奉,四月二十五日。"

医误投剂,遂剧。六月十五日卒于里第。

洪亮吉《卷施阁文甲集》卷九《邵学士家传》:"先生体素羸弱,又兼诸馆,晨入暮出。复以其暇授徒自给,执经者尝林立以待,先生随问曲谕,人人皆得其意。前后著录弟子至数百人。由是体益不支。是年三月感寒疾,医者误投药,遂剧。以六月二十五日卒于里第。"【注】卒日应为"六月十五日"。

"先,亮吉以为先生所感乃寒疾不足患,故有"期君醉我君辞疾,反作新诗恼行客”之戏语，而孰知先生竟由此不起矣。先生卒前，语笑犹如平时，人有乞为志传未及成者，检箧中稿付次子秉华，遂整容就席而瞑，是时长子秉衡不在京，以先生于去岁遣归，为营其兄履涵冢穴也。

汪辉祖《病榻梦痕录》“丙辰编年”条：“闻邵学士二云晋涵卒于官。余自友二云始，得知天下士，罗台山、鲁絜非，其最也。二云每握手，必以道义相勖，常戒余伉直太过，恐处事易迕，书来亦然，余敬佩不忘。少余十二岁。”

汪辉祖《病榻梦痕录》“丁未编年”条：“钱南园谓汪龙庄曰：‘吾在京师同年处好，惟有二云，其它皆不相往还。’”

章学诚闻先生卒，哀悼累日，并叹“自斯人不禄，而浙东文献尽矣”。

章学诚《文史通义》外篇三《与胡锥君书》有云：“昨闻邵二云学士逝世，哀悼累日，非尽为友谊也。浙东史学，自宋元数百年来，历有渊源，自斯人不禄，而浙东文献尽矣。鄙宿劝其授高第学子，彼云未得其人，劝其著书，又云未暇，而今长已矣，哀哉！”

章学诚《章氏遗书》卷五：“前在楚中，与鄙有修《宋史》之约，又有私辑府志之订，今皆成虚愿矣。府志之订，未见他记，姑不具论。若《宋史》之不成，实学诚所视为无穷之恨者。”

章学诚《章氏遗书》卷一八《邵与桐别传》：“识者知君笔削成书，必有随刊；疏凿之功，蔚为艺林巨观。讵知竟坐才高嗜博，官程私课分功固多。晚年日月益促，又体羸善病，人事蹉跎其间，遂致美志不就，淹忽下世。以数百年闻丛见集，若将有待以大其成者，一旦失散，不可复聚，不特君之不幸，亦斯文之厄也。……昊天生百才士，不能得一史才。生十史才，不能得一史识。有才有识如此，而又不佑其成。若有物忌者然，岂不重可惜哉！……余著《文史通义》，不无别识独裁，不知者或相讥议。君每见余书，辄谓如探其胸中之所欲言。间有乍闻错愕，俄转为惊喜者，亦不一而足。以余所知解，视君之学，不啻如稊米之在太仓，而君乃深契如是，古人所称昌歜之嗜，殆有天性不可解耶！……惟于余爱若弟兄，前后二十余年。南北离合，历历可溯。得志未尝不相慰悦，至风尘潦倒，疾病患难，亦强半以君为依附焉。”

纪昀、张问陶、黄璋等均有挽联、挽诗。

朱兰《南江先生年谱初稿》引纪昀挽联：“著述有渊源，此老强堪称实学；声华虽黯淡，他年终得列经师。”友人陈由星茂才霖曾见此联，白绫墨书，以百钱购之，兵后不知所在。

张问陶《船山诗草》补遗卷五《哭邵二云学士》：“从此难收世上名，我生犹及见先生。三年文酒陪欢宴，一代儒林望老成。倒屣不矜前辈礼，怜才真得古人情。双藤簃下谈经处,风雨长留笑语声。

著书灯冷夜窗前,心力消磨又几年?史让子长公亦肯,经通《尔雅》世争传。懒从时辈夸诗律,或有生徒送酒钱。绵惙不留离恨语,达人来去定于禅。"

张问安《亥白诗草》卷六《丙辰集》《三君咏》之一《邵学士二云》:"二云制作才,博雅媲前哲。乾隆五征君,裒然君首列。余力注尔雅,功补景纯缺。卧病遂辞官,萧条谢华辙。"

民国《余姚竹桥黄氏宗谱》黄璋《挽邵二云》:"运启斯文值景期,万夫之禀绝人姿。遗经独抱诸儒问,艺苑流传此辈嗤。列五征君首器识(壬辰,开四库全书馆,有五征君。学士其首也,亦暗用颜光禄五君咏事),师虞秘监绝瑕疵。遽闻远讣悲何已,幽室千秋谁斫词。"

讣至吴下,钱大昕为位哭之恸。

钱大昕《潜研堂文集》卷四三《日讲起居注官翰林院侍讲学士邵君墓志铭》:"君生长浙东,习闻蕺山、南雷诸先生绪论,于明季朋党奄寺乱政,及唐鲁二王起兵本末,口讲手画,往往出正史之外,自君谢世,而南江文献无可征矣。……予比岁衰病,尝预戒儿辈必求二云铭我,孰意天实祝予,转以才尽之笔,纳君穿中也。"

先生两子秉衡、秉华,皆能世先生学。

光绪《余姚邵氏宗谱》:"子秉恒,字士为,太学生,娶童氏,生一子,乳名秀联。子秉华,字应渠,太学生,娶叶氏,生一子,乳名长生。"

阮元《定香亭笔谈》卷二:"浙东西兄弟皆才者,二洪之外,则有丁小雅杰之二子,邵二云学士之二子秉衡、秉华,并传家法,兼通经史,则先生为有后矣。"

所著《尔雅正义》外,有《孟子述义》《谷梁正义》《韩诗内传考》《南都事略》《皇朝大臣谥迹录》《方舆金石编目》《輶轩日记》,卒后书皆佚不存,独在馆纂辑《旧五代史》,在毕尚书幕,编定《续资治通鉴》行于世。

【黄云眉按】阮元《南江邵氏遗书序》云:"先生曾语元云,《孟子疏》伪而陋,今再为之。《宋史》列传多讹,欲删传若干。顾皆未见其书。今先生久卒于官,惟《尔雅正义》先已刊行。今令子秉华等复刊《南江札记》四卷,《南江文钞》若干卷,次第皆成。尚有《南江诗钞》十卷,《韩诗内传考》一卷,《旧五代史考异》《宋元事鉴考异》《大臣谥迹录》《方舆金石编目》若干卷,未刊,(据《别传》章贻选注,尚有《輶轩日录》)将次第刊之以贻学者。"

此序作于嘉庆九年,距先生之卒仅八年,而《孟子述义》(先生与家稚圭先生书，作《孟子正义》。

黄璋《大俞山房诗稿》所附先生与稚圭先生书："《孟子正义》粗具稿本，尚须删改，道远末由就正，时用怅然耳。先生所谓《孟子正义》，当是出于手误，因宋人孙奭已有《孟子正义》，故先生之书不可能再用此名。"

又此序未将《文钞》卷数确定，且刊在《南江札记》之首，大抵《南江札记》最先刊，次《文钞》，次《诗钞》，余则未刊。

叶德辉《郎园读书志》：《文钞》作十二卷，《诗钞》十卷作四卷，则为道光壬辰刻本。德辉并注为门人胡敬所刻。余未见其书，然道光壬辰刻本，乃先生门人孙尔准寄赀属胡敬校刊者。敬与尔准为同年，而与先生则绝无关系，不知德辉何据而以敬为先生门人乎？按光绪本《余姚县志》所录《文钞》《诗钞》卷数，与叶志同，并载有胡敬序云：辛卯夏，余友文靖孙公，寄其师邵二云先生集并赀，属为校刊。多病逡巡，逾岁雠勘始毕。首应制文，次杂著，次诗，分卷十有六。以《札记》四卷附焉。梓成而文靖归道山已十阅月矣。

昔文靖与余值词馆，编纂《全唐文》，共晨夕者凡六年。每值夜深谈艺，称述其师之学之才，谓作文则操笔立成，诲人则更仆忘倦，未尝不叹先生之得天独优，文靖之所得于师承者有自也。

文靖得师经史之学，敷为章奏，得师文艺，作为诗歌，得师立品之超，见事之明，以莅官行军，卓然媲古大臣风烈。是先生之业，文靖为尽得其传，先生可以无憾。独惜斯集编排之成，文靖不及一见，相与札商去取之得失也。

至其集之奥衍综博，足资考镜，与阐明姚江学术之宗派者，有章传陈叙已备言云。

则叶且未读胡序欤？然据叶志胡序，《文钞》由四卷增至十二卷，《诗钞》由十卷减至四卷，是道光本视嘉庆本固大有增减。其增减之故则不可知。两书增减之故，虽暂无史料以资考证，但可推测大概，关于《南江文钞》，从两种刻本中先生署名，可以窥见其版本演变脉络。嘉庆九年面水层轩所刻四卷本，各卷皆署名"余姚邵晋涵与桐"；道光刻本把嘉庆刻本卷一、卷二、卷四的文、赋、记、序分散于卷一至卷六，把嘉庆刻本卷三《四库提要》改为卷十二，仍署名"余姚邵晋涵与桐"；而道光刻本卷七至卷十一为新增尺牍、序跋、传状、墓铭，署名"余姚邵晋涵二云"，由此可见，道光十二卷本乃拆补嘉庆四卷本成书。关于《南江诗钞》，阮元于嘉庆九年作《南江邵氏遗书序》明言"尚有《南江诗钞》十卷，《韩诗内传考》一卷，《旧五代史考异》《宋元事鉴考异》《大臣谥迹录》《方舆金石编目》若干卷，未刊，将次第刊之"，可知嘉庆年间先生《南江诗钞》并未刊刻，阮元所见《南江诗钞》稿本，乃先生之子秉华于嘉庆元年编定之本,秉华跋语云:今荟萃箧中所存草稿,谨分年排次,厘为十一卷,末附词一卷。公车客京师,时与友朋酬酢,约有百首,削稿后多毁弃不留;兹于故纸中检得草稿八首,谨录而存之。丙辰腊月初七日缮录初毕,男秉华谨书。则秉华编定之本,乃是诗十卷,词一卷,与阮元所言相符,此本最大缺陷是卷多篇少,秉华云先生"庚子年使粤,往返得诗一卷,今惟存《蒲圻道中杂咏》六首,《浯溪磨厓碑》一首,余俱无存。又如辛卯以后归舟得诗一卷,壬辰客游太平,教授凤阳时,中多酬唱,亦散佚无存"。由于各卷存留诗篇太少,至道光十二年胡敬刊刻时,不得不合并成四卷。今四卷本《南江诗钞》内,《蒲圻道中杂咏》六首与《题浯溪磨厓碑》由稿本中独立一卷,改为与其它诗合刻在第四卷,而稿本中独立为一卷的八首词,则作为《诗余》附在卷四之末,约略可见《南江诗钞》十卷本改为四卷本之轨迹。

《札记》四卷:《春秋左氏传》一卷,《仪礼正误》《礼记》《三礼》合一卷,《孟子》一卷,《史记》《汉书》《后汉书》《三国志》(按论《三国志》四十九条,皆直录何悼《义门读书记》,盖先生过录于所阅书上,编者不检而误入之耳)、《五代史》《宋史》合一卷。

短者或仅校正字句,长者考核至六七百言。王昶《湖海文存》卷九,有先生《燔柴泰坛解》一篇,即由此录出者。

此亦可略见札记内容矣。

上述《文钞》《诗钞》《札记》三种,虽皆刊行,存者盖寡,《诗钞》尤为仅见。

著书处为面水层轩,即诸检讨起新故宅。

朱兰《南江先生年谱初稿》邵家人《南城诗》自注:"著书处为面水层轩,诸检讨起新故宅。"

据丁丙《善本书室藏书志》著录邵氏藏书《金华子》等,有藏印曰:"邵晋涵印""观书石室""重远书楼""邵二云正定经文"等。罗振常《善本书所见录》著录其藏书《书法勾玄》等,有藏印曰:"二云""二云长物""二云氏"等。

先生有《山静日长图》,吕屐山有《为邵子峰题其先子二云日长山静图》古诗。

朱兰《南江先生年谱初稿》邵家人《南城诗》自注:"先生有《山静日长图》,图初名《尔雅》,蒙奚冈所写,吕屐山有《为邵子峰题其先子二云日长山静图》古诗。"

卷末　卒后大事纪年

嘉庆元年，丙辰(1796)。

腊月初七，先生子秉华荟萃箧中所存诗十一卷、词一卷，缮为《南江诗钞》。

《南江诗钞》邵秉华跋："今荟萃箧中所存草稿，自少年以后及中岁所作，合计古今体诗得若干首，谨分年排次，厘为十一卷。……末附词一卷，今录而存之。"

嘉庆六年，辛酉(1801)。

十一月，章学诚卒，年六十有四。

胡适、姚名达《章实斋先生年谱》"嘉庆六年"条："先生卒于是年十一月。"

筑先生墓门。

黄云眉《清邵二云先生晋涵年谱》："二云先生墓在余姚凤亭乡虞公祠侧。载《余姚县志》卷十五《古迹》，门筑于嘉庆六年，其'经神学海'四字则纪晓岚氏所题也。"

嘉庆八年，癸亥(1803)。

刻《南江札记》。

嘉庆八年邵氏面水层轩原刻本。此书后还有《南江邵氏遗书》本(1804)、光绪间《式训堂丛书》本(1878)、《绍兴先正遗书》本(1889)、《仰视千七百二十九鹤斋丛书》本(1934)。

法式善有悼先生诗。

法式善《存素堂诗初集录存》卷一七《邵二云晋涵学士》:"注疏日益繁,考证日益密。君能汇群流,源委指一一。语弗涉依傍,典必征切实。秋声不在指,却向指间出。"

嘉庆九年,甲子(1804)。

四月,阮元有《南江邵氏遗书序》。

阮元《南江邵氏遗书序》:"今令子秉华等复刊《南江札记》四卷,《南江文钞》若干卷,次第皆成。"

钱大昕卒,年七十有七。

钱庆曾《钱辛楣先生年谱续编》"嘉庆九年"条:"十月二十日,适有门人孙公延晤谈,见公神色异于平时,往告监院。……即命驾诣公榻前,见公闭目危坐,急命左右灌以热汤,竟不复苏,时为申正也。"

嘉庆十二年,丁卯(1807)。

汪辉祖卒,年七十有八。

汪辉祖《梦痕余录》"嘉庆十二年"条:"正月二十四日清晨,府君以手自理其须。粲然微笑,秀色溢于目,若生平极得意时。逾数刻,日交未目瞑,遂逝。"

嘉庆十四年,己巳(1809)。

洪亮吉卒,年六十有四。

吕培《洪北江先生年谱》"嘉庆十四年"条:"五月初五日。肋痛复剧,饮食渐减,犹日坐岁寒堂,未尝偃卧,有问疾者,皆自谢之。"

嘉庆十八年,癸酉(1813)。

二月初五日,法式善卒,时年六十一岁。

嘉庆十九年,甲戌(1814)。

张问陶卒,年五十一。

道光五年,乙酉(1825)。

夏六月,先生门人孙尔准巡抚福建,携《南江文钞》《诗钞》稿属陈寿祺复审。

《南江文钞》卷首陈寿祺《南江诗文钞序》:“及侍郎以巡抚至之二年,出所校《南江文钞》《诗钞》若干卷,属寿祺覆审,将付镌。”

道光十一年,辛卯(1831)。

孙尔准谒先生夫人于姚江里第。

朱文治《绕竹山房续诗稿》卷一〇《喜程梓庭擢任闽浙制军赋此寄之》自注:“前任孙制军出邵二云学士门下,昨谒其故里。”

道光十二年,壬辰(1832)。

正月二十八日,先生门人孙尔准卒。

陈寿祺《左海文集》卷九《大清赠太子太师谥文靖太子少保兵部尚书闽浙总督金匮孙公尔准墓志铭》:“道光十有二年春正己酉朔,越二十有八日丁丑,太子少保、兵部尚书、闽浙总督金匮孙公薨于位。”

十一月,胡敬辑其所作,编为《南江文钞》十二卷,《诗钞》四卷。

《南江文钞》卷首胡敬《刻南江诗文钞序》:“辛卯夏,余友文靖孙公寄其师邵二云先生集并赀,属为校刊。多病逡巡,逾岁雠刊始毕。首应制文,次杂著,次诗,分卷十有六。以札记四卷附焉。梓成而文靖归道山已十阅月矣。”

同治七年,戊辰(1868)。

五月二十四日,曾国藩致书朱兰,求寻访代购邵晋涵、邵廷采所撰书,欲刻邵氏遗书。

唐浩明《曾国藩全集》第30册《书信之九》“同治七年五月二十四日加朱兰片”:“贵同邑邵二云先生晋涵所著《南都事略》,或以为尚未成书,或以为业已纂成,并有刻本,敬求台端搜访。如果有稿本未刻,并刻王氏《东都事略》,使学者不苦《宋史》之浩繁难读。又其所著《孟子述义》《谷梁正义》《韩诗内传考》《皇朝大臣谥迹录》《方舆金石编目》《辅轩日记》《南江诗文稿》等种,不知何者已刻,何者尚有稿本,敬求寻访代购一二见示为荷。又其族祖名廷采者,刻有《思复堂集》,亦恳觅购。顺问久翁老前辈大人台祉。”

同治十二年,癸酉(1873)。

朱兰卒。其仕归里后,始撰《南江先生年谱初稿》(未定稿),卒未付梓。

附录一　墓铭、传略、序跋

日讲起居注官翰林院侍讲学士邵君墓志铭

钱大昕

嘉庆纪元之春，余姚邵君二云自左庶子擢翰林院侍讲学士，兼文渊阁直阁事。君以懿文硕学，知名海内，及被召入四库馆，总裁倚为左右手，朝廷大著作，咸预讨论，每经进书籍，九重未尝不称善。回翔清署，二十有余年，至是始转四品，乃以编书积劳成疾。疾且愈矣，医者误投药，遂不起，实六月十五日，春秋五十有四。

讣至吴下，予为位哭之恸。因忆乙酉秋，予奉命典试浙右，蕲取奇士不为俗学者，君名在第四，五策博洽冠场，佥谓非老宿不办。及来谒，才逾弱冠，叩其学，渊乎不竭。予拊掌曰："不负此行矣。"越六年，礼部会试第一，赐进士出身。乾隆三十八年，有诏编次四库书，思得如刘向、扬雄者用之，宰相首以君名入告。召赴阙，除翰林院庶吉士，充纂修官。逾年，授编修。久之，御试翰詹诸臣，君名列二等，迁右中允，四转而至今职。尝预修《国史》《万寿盛典》《八旗通志》，校勘石经《春秋三传》。由文渊阁校理进直阁事，充日讲起居注官，总裁咸安宫官学，提调《国史》。典乡试一，教习庶吉士者再，阶由儒林郎至中议大夫。

君少多病，左目微眚，清羸如不胜衣，而独善读书，数行俱下，寒暑舟车，未尝顷刻辍业。于四部七录，无不研究，而非法之书，弗陈于侧。尝谓《尔雅》者，六艺之津梁，而邢叔明《疏》浅陋不称，乃别为《正义》，以郭景纯为宗，而兼采舍人、樊、刘、李、孙诸家，郭有未详者，摭它书补之，凡三四易稿而始定。今承学之士，多舍邢而从邵矣。自欧阳公《五代史》出，而薛氏《旧史》废，独《永乐大典》采此书，君在馆会粹编次，其阙者，采《册府元龟》诸书补之，由是《薛史》复传人间。予尝论《宋史》纪传，南渡不如东都之有法，宁宗以后，又不如前三朝之粗备，微特事迹不完，即褒贬亦失实。君闻而善之，乃撰《南都事略》以续王偁之书，词简事增，过正史远甚。毕尚书沅《续宋元通鉴》，常就君商榷，辄叹曰："今日之道原、贡甫也。"君生长浙东，习闻蕺山、南雷诸先生绪论，于明季朋党、奄寺乱政，及唐、鲁二王起兵本末，口讲手画，往往出于正史之外，自君谢世，而南江文献无可征矣。君所著又有《孟子述义》《谷梁正义》《韩诗内传考》《皇朝大臣谥迹录》《輶轩日记》，皆实事求是，有益于学者。

君至性过人，事亲葬丧尽礼，笃于故旧，久要不忘。性狷介，不踏权要之门，以教授生徒自给，退食之暇，执经者环侍左右，君随问曲谕，人人皆得其意，君亦以师道自任，莫敢以非义干者。诗文操笔立就，渊博奥衍，自成门户，有《南江诗文稿》。

君讳晋涵，字与桐，二云其号。大父向荣，康熙壬辰进士，父佳鋭，增广生，皆以君贵赠中宪大夫。元配何恭人。子秉恒、秉华卜葬君于某乡某原，先期来请铭。于戏！自四库馆开，而士大夫始重经史之学，言经学则推戴吉士震，言史学则推君。君于《国史》，当在儒林、文苑之列，朝野无闲言。而知之最先者，予也。予比岁衰病，尝预戒儿辈，必求二云铭我，孰意天实祝予，转以才尽之笔，纳君穿中也，此所以泫然而失声也。铭曰：浩浩南江，导源岷山。厥生名儒，特立绝群。阳明以功，梨洲以文。谁与参之，其在二云。名冠南宫，书校东观。为真学士，为良史官。槐鼎何慕，竹帛常尊。著书满家，自信千年。古三不朽，言其一焉。沟浍易涸，视此原泉。

（钱大昕《潜研堂文集》卷四三）

翰林院侍讲学士充国史馆提调官邵君墓表

王　昶

学士邵君之卒也，卿大夫相与悼于朝，汲古通经博闻宏览之儒相与恸于野。而大臣之领国史者，迄今尤咨嗟太息，重惜其亡。盖国家最重史职，选于翰詹诸臣中品诣学问最著者充之，而以提调为其长。每作传，必据实录、起居注、内阁红本、皇史宬副本，合采事实，敬谨载笔。其稗编丛说，不得而杂入之。庸以昭信于后世。而君以文望，在史局者十余年，咸以为魏澹、韦述之比。每有进御，天子尝为嘉奖，故大臣相倚如左右手，君洵为史才之良矣。

君名晋涵，字与桐，号二云，余姚人。浙东自明中叶王阳明先生以道学显，而功业风义兼之，刘念台先生以忠直著，大节凛然。及其弟子黄梨洲先生，覃研经术，精通理数，而尤博洽于文辞。君生于其乡，宗仰三先生，用为私淑，故性情质直贞亮，而经经纬史，涉猎百家，略能诵忆。乾隆二十四年，年十七，补县学生。三十年，举于乡。三十六年，辛卯会试第一，成进士，归部铨选。三十八年，诏开四库馆，搜访遗书秘录，大臣以君荐，特授庶吉士。逾年授编修。五十六年，擢左中允，充日讲，转补侍读。历左庶子、翰林院侍讲学士、充日讲起居注官、文渊阁直阁事、国史馆纂修官。晋为提调官，典广西乡试者一，教习庶吉士者二。而在国史馆纂修官最久，编纂亦最多，平生著述繁富，有《孟子述义》《谷梁正义》《韩诗内传考》《皇朝谥迹录》《輶轩日记》《南江诗文稿》。而《尔雅正义》一书，荟萃古训，以补郭璞、邢昺之未备，尤为学者所称。君于历代史事，融洽贯穿，尝于《永乐大典》中，采薛居正《五代史》，参以《册府元龟》，订其异同，遂为全书。又病《宋史》南渡以后，粗疏无法，仿王偁作《南都事略》。又毕总督沅撰《续宋元通鉴》，尝属君删补而考定之。盖君之于史学，演衍蕴蓄，囊括富有，更非人所及也。

君曾祖炳，县学生，配某氏。祖向荣，康熙壬辰进士，官镇海教谕，配某氏。父佳鋭，增广生，配袁氏。三代皆累赠中宪大夫，配皆赠恭人。配何氏，封淑人。子二，长秉恒，诸生；次秉华，嘉庆辛酉副榜贡生。君生于乾隆八年某月日，卒于嘉庆元年六月十五日，享年五十四。以某年月日葬于某乡某原，少詹事钱君大昕已志其墓，故余不备书。

嗟夫！君虽私淑浙东三先生，欲求其学，以见于施行，而久居侍从，为天子所知，乃未及大用，中年殂谢，立德立功立言，视三先生少迟焉。宜知君爱君者，咨嗟太息于无穷也。予自四川还朝，始与君相见，迄今二十五年矣。见君温温然，恂恂然，初不欲以才智自矜，及与之议论史事，上下古今，则飚发风举，凡古来政事之得失，人才之消长，君子小人之元黄水火，莫不决其笔端弊之所由始，与害之所由终，俱与三先生之说相同，俾闻者咋指而叹，变色而作，盖有补于世教人心甚大。徒以其旁通训诂，谓方名象数之咸通，草木虫鱼之多识，丛冗秃屑，是岂足以尽君哉？故于秉华之请，举其大者，揭于隧道，使后来得所考焉，其亦君之志也夫。

（王昶《春融堂集》卷六〇）

邵与桐别传

章学诚

余姚邵氏既殁。(贻选谨按:先师讳晋涵,字与桐,号二云。乾隆乙酉科举人,辛卯科进士。征入四库全书馆纂修,授翰林院庶吉士,散馆编修。辛亥大考,迁左中允,历侍讲、侍读,久之,转左庶子、侍讲学士,充日讲起居注官,由文渊阁校理直阁事,预修《三通》《国史》《万寿盛典》《八旗通志》,校勘石经《春秋三传》,咸安宫官学总裁,国史馆提调,庚子广西正考官。丁未科、庚戌科教习庶吉士。生乾隆八年癸亥,卒嘉庆元年丙辰,年五十四。祖向荣,康熙壬辰科进士,镇海县教谕。父佳鈗,增广生。传文略而不载,盖别传体也,今补注备考。)名流多为状述碑志,余自度文笔未足抗也。邵氏弟子大兴朱锡庚,屡书责余为文,谓余有一二知深,宜不可默。余谊不敢辞。然君卒数年矣,余屡就其家,求其遗书坠绪,庶几征余所知,乃竟不可得。今目废不能书,疾病日侵,恐不久居斯世。苟终无一言,不特负死友于九泉,亦且无以报锡庚之责。口授大略,俾儿子贻选书之,贻选固尝受学于君者也。辞意未备,或稍资补注焉。

昔史迁著书,自命春秋经世。实本董氏天人性命之学,渊源甚深,班氏而下,其意微矣。(贻选谨按:司马迁尝受《公羊春秋》于董仲舒,观《自叙》答壶遂语意可见。班固《儒林传》于《春秋》传授,无司马迁名。是固不知迁学所自出也。而《艺文志》尚列太史公于春秋家,仍刘向《七录》之文耳,刘向固受《公羊春秋》者也。)南宋以来,浙东儒哲讲性命者多,攻史学,历有师承。宋、明两朝纪载,皆稿荟于浙东史馆,取为衷据,其间文献之征,所见、所闻、所传闻者,容有中原耆宿不克与闻者矣。邵氏先世多讲学,至君从祖廷采,善古文辞,著《思复堂文集》,发明姚江之学与胜国遗闻轶事,经纬成一家言,蔚然大家,惜终老诸生,其书不显于世,事详大兴朱先生筠所撰墓表。(贻选谨按:廷采号念鲁先生。《思复堂文集》之外,尚有《东南纪事》《西南纪事》《姚江书院志略》等书,大抵讲性命而又长史学者也。)

君宿慧英敏,自童子塾时,读书无难易,三数过,即终身不忘。稍长,益涉猎,博闻强识,见者惊犹鬼神。乾隆三十年乙酉,始举于乡。期集京师,都士争求识面。辛卯礼部会试第一,赐第罢归。会四库馆开,特诏征君与历城周永年、休宁戴震等五人,入馆编校,授职翰林,天下荣之,君自视泊如也。

君之于学,无所不通,然亦以是累志,广猝不易裁见。大兴朱先生则曰:"经训之义荒久矣,《雅》疏尤芜陋不治,以君之奥博,宜与郭景纯氏先后发明，庶几嘉惠后学。"君由是殚思十年，乃得卒业，今所传《尔雅正义》是也。然君才尤长于史，自其家传乡习。闻见迥异于人。及入馆阁，肆窥中秘，遂如海涵川汇，不可津涯。当辛卯之冬，余与同客于朱先生安徽使院。时余方学古文辞于朱先生，苦无藉手，君辄据前朝遗事，俾先生与余各试为传记，以质文心。其有涉史事者，若表、志、记、注、世系、年月、地理、职官之属，凡非文义所关，覆检皆无爽失。由是与余论史，契合隐征。余著《文史通义》，不无别识独裁，不知者或相讥议。君每见余书，辄谓如探其胸中之所欲言，间有乍闻错愕，俄转为惊喜者，亦不一而足。以余所知解，视君之学，不啻如稊米之在太仓，而君乃深契如是，故人所称昌歜之嗜，殆有天授，不可解耶！

方四库征书，遗籍秘册，荟萃都下，学士侈于闻见之富，别为风气。讲求史学，非马端临氏之所为整齐类比，即王伯厚氏之所为考逸搜遗。是其研索之苦，襞绩之勤，为功良不可少，然观止矣。至若前人所谓决断去取，各自成家，无取方圆求备，惟冀有当于《春秋》经世，庶几先王之志焉者，则河汉矣。余尝语君："史学不求家法，则贪奇嗜琐。但知日务增华，不过千年，将恐大地不足容架阁矣！"君抚膺叹绝，欲以斯意刊定前史，自成一家。时议咸谓前史榛芜，莫甚于元人三史。而措功则《宋史》尤难，君遂慨然自任。（贻选谨按：先师尝谓《宋史》自南渡以后尤为荒谬，以东都赖有王氏《事略》故也。故先辑《南都事略》，欲使前后条贯粗具，然后别出心裁，更为赵宋一代全书。其标题不称《宋史》，而称《宋志》，亦见先师有微意焉。然《南都》尚未卒业，而《宋志》亦有革创，皆参差未定稿也。诸家状志但称《南都事略》，当属传闻未审，贻选尝亲承其说于先师，其实如此。）尝据宋氏与史策流传大违异者，凡若干条，燕间屡为学者言之。（贻选谨按：家藏残稿中或尚有可访。）

识者知君笔削成书，必有随刊；疏凿之功，蔚为艺林巨观。讵知竟坐才高嗜博，官程私课分功固多。晚年日月益促，又体羸善病，人事蹉跎其间，遂致美志不就，淹忽下世。以数百年闻丛见集，若将有待以大其成者，一旦失散，不可复聚，不特君之不幸，亦斯文之厄也。

已故总督湖光尚书镇洋毕公沅，尝以二十年之功，属某客《续宋元通鉴》，大率就徐氏本稍为损益，无大殊异。公未惬心。属君更正。君出绪余，为之复审，其书即大改观。时公方用兵，书寄军营，读之，公大悦服。手书报谢，谓迥出诸家《续鉴》上也。（贻选谨按：先师为毕公覆审《续鉴》，其义例详家君代毕公《论〈续通鉴〉书》，与毕氏所钞，仅就徐氏增损之本迥异，闻邵氏尚有残稿，恐未全耳。）公旋薨于军，其家所刻《续鉴》，仅止数卷，杀青未竟，家旋籍没，君之所寄，不可访矣。

嗟乎！昊天生百才士，不能得一史才。生十史才，不能得一史识。有才有识如此，而又不佑其成。若有物忌者然，岂不重可惜哉！（贻选谨按：先师所著《尔雅正义》外，尚有《孟子述义》《谷梁正义》《韩诗内传考》《皇朝大臣谥迹录》《輶轩日录》，在馆修辑则有薛氏《旧五代史》。）君居家孝友，与人忠信，度诸家传志所已详者，余不赘也。惟于余爱若弟兄，前后二十余年。南北离合，历历可溯。得志未尝不相慰悦，至风尘潦倒，疾病患难，亦强半以君为依附焉。今君下世五年，而余又衰病若此。追念春明旧游，意气互相激发，何其盛也。而今安在哉！悲夫！

论曰：乾隆癸卯之春，余卧病京旅。君载余其家，延医治之。余沉困中辄喜与君论学。每至夜分，君恐余惫，余气益壮也。因与君论修《宋史》，谓竢君书成后，余更以意为之，略如《后汉》《晋史》之各自为家，听抉择于后人。君因询余方略，余谓当取名数事实先作比类，长编卷帙盈千可也；至撰集为书，不过五十万言，视始之百倍其书者，大义当更显也。君曰："如子所约，则吾不能，然亦不过叁倍于君，不至骛博而失专家之体也。"（贻选谨按：先师深契家君专家宗旨之议，故于《宋史》主于约驭博也。《尔雅正义》既成，自谓此书苦心，不难博证，而难于别择之中能割所爱耳。乃外人竟有病其略者，斯事所以难言。）余因请君立言宗旨，君曰："宋人门户之习，语录庸陋之风，诚可鄙也。然其立身制行，出于伦常日用，何可废耶！士大夫博学工文，雄出当世，而于辞受取与，出处进退之间，不能无箪豆、万钟之择。本心既失，其它又何议焉？此著《宗史》之宗旨也。"余闻其言而耸然。

乾隆已酉、庚戌之间，君以才学为权要人所知，稍诱进之，君毅然弗屈，故以是龃龉终身，君不自恤也。呜呼！著书之贵有宗旨，岂漫然哉！（族子廷枫曰："叔父尝自谓生平蕴蓄，惟先师知之最深，亦自诩谓能知先师之深，与世殊异者三：先师以博洽见称，而不知其难在能守约；以经训行世，不知其长乃在史裁；以汉诂推尊，不知宗主乃在宋学。以传特申明其意耳。凡传例所应具者，此皆略而不载，盖详人之所略，则必略人之所详，古人本有此法，非变例也。叔父所著《通义》中有《知难篇》，言古今知心之难，读之使人流涕。若叔父与先师之知，彼此可不负矣。"）（贻选谨按：家君于辛卯冬与先师同客太平使院，家君言次盛推先师从祖念鲁先生所著《思复堂文集》，谓五百年来罕见。先师甚谦抑，疑家君为先师故，不免过誉之也。家君正色曰："班、马、韩、欧、程、朱、陆、王，其学其文，如五金，贡自九牧，各有地产，不相合也。洪炉鼓铸，自成一家，更无金品州界之分，谈何容易！文以集名，而按其旨趣义例，乃在子史之间，五百年来谁能辨此？"先师虽诺，未深然也。癸巳春正初旬，家君访先师于姚江里第，盘桓数日。先师谓家君曰："近忆子言熟复先念鲁文，信哉！如子言，乃知前人之书竟不易读。子乃早辨及此，至今未经第二人道过，即道及，亦无人信也。先念鲁得此身后桓谭，无憾于九原矣。"因属家君校定其书，将重刻以行世，以原刻未尽善也。念鲁先生胶庠附学，穷老海滨，闻见容有未尽，所述史事不无一二疏舛。乡之后起名流如全氏祖望，多排诋之。故先师以是为属家君，因言全氏通籍馆阁，入窥中秘，出交名公巨卿，闻见自宜有进；然其为文虽号大家，但与《思复堂集》不可同日语也。全氏修辞饰句，芜累甚多，不如《思复堂集》辞洁气清；若其泛滥驰骤，不免漫衍冗长，不如《思复堂集》雄健谨严，语无枝剩。至于数人共为一事，全氏各为其人传状、碑志，叙所共之事，复见叠出，至于再四。不知古人文集，虽不如子书之篇第相承，然同在一集之中，必使前后虚实分合之间，互相趋避，乃成家法，而全氏不然。以视《思复堂集》，全书止如一篇，一篇止如一句，百十万言若可运于掌者，相去又不可以道里计矣。至于闻见有所出入，要于大体无伤，古人不甚校也。王弇州之雄才博学，实过震川，而气体不清，不能不折服于震川之正论。今全氏之才不能达过弇州，而《思复堂集》高过震川数等，岂可轻相排诋？是全氏之过也。先师深契此论，故屡促家君校正其书。家君亦以有所慎重，因循久之。比先师下世，家君急欲践诺，而求索其书不得，盖原板藏先师家，前此屡有印送，皆为他人攫去，恃藏校易印也。乃近年屡索其书，竟不见报。今家君目废，不能校书，则此事已矣。家君老病中，深以此事为恨，与先师《宋史》残稿不得一窥涯略，以致传中无所发明，均有无穷之慨也。）

（章学诚《章氏遗书》卷一八）

邵学士家传

洪亮吉

君讳晋涵，字与桐，一字二云。先世系出洛阳。宋南渡时，有讳忠者为从官，护跸南下，遂著籍余姚。君以《禹贡》三江，其南江从余姚入海，遂自号南江。曾祖炳，县学生。祖向荣，康熙壬辰会试中式，由内阁中书改知县，复改教谕。父佳鈗，增广生。两世皆以君贵，累赠中宪大夫、左春坊左庶子、加二级。妣袁氏，累赠恭人。

君，赠君之仲子也。生有异禀，为教谕君所钟爱，携至镇海学署，亲课读焉。年四五，即知六义四声。十二，遍诵五经。十七，补县学附生，屡试优等，食饩。岁乙酉，举于乡。辛卯，举会试第一人，殿试二甲，归部铨选。岁癸巳，诏特开四库全书馆，校勘《永乐大典》，时上方崇奖实学，思得如刘向、杨雄者任之，于是大学士刘公统勋以君名首荐，遂特旨改庶吉士，充纂修官。逾年，授职编修。岁辛亥，御试翰詹，君名列二等，擢左春坊左中允，迁侍讲，转补侍读，历左庶子、翰林院侍讲学士、日讲起居注官，皆兼文渊阁校理，历充咸安宫总裁，《万寿盛典》、《八旗通志》、国史馆、三通馆纂修官，又为国史馆提调官，兼掌进拟文字，一为广西主考官，两充教习庶吉士，覃恩历加中议大夫。此君之所历职也。

君体素羸，有兼诸馆，晨入暮出，复以其暇授职自给，执经者尝林立以待，前后著录弟子至数百人，由是体益不支。今年三月，感寒疾，医误投剂，遂剧，竟以六月二十五日卒于邸第，年仅五十有四。卒之日，语笑如平时，人有乞为志传未及成者，检箧中稿，付次子秉华，遂从容就席而瞑，可谓神明不乱者矣。

生平至性过人，居教谕君及赠君暨恭人之丧，皆哀毁骨立，过时犹思慕不置。伯兄履涵早卒，前一岁，君以其未葬，特遣子秉恒归，为营冢穴，以是秉恒不及见君含殓。性和易，与辈流交，皆始终如一。谈古今事，虽坐起数十，娓娓不倦，卒未尝以所能骄人。惟有以非义干者，不待语竟，即拂衣起，人以是严惮之。

于学无所不窥，而尤能推求本原，实事求是。盖自元明以来，儒者务为空疏无益之学，六书训诂，屏斥不谈，于是儒术日晦，而游谈坌兴。虽间有能读书如杨慎、朱谋㙔者，非果于自用，即安于作伪，立论往往不足依据。迨我国家之兴，而朴学始辈出，顾处士炎武、阎征君若璩首为之倡，然奥窍未尽辟也。乾隆之初，海宇乂平，已百余年，鸿伟傀特之儒接踵而见，惠征君栋、戴编修震，其学识始足方驾古人。及四库馆之开，君与戴君又首膺其选，由徒步入翰林，于是海内学者知向学者，于惠君则读其书，于君及戴君则亲闻其绪论，向之空谈性命及从事帖括者，始骎骎然趋实学矣。夫伏而在下，则虽以惠君之学识，不过门徒数十人止矣。及达而在上，其单词只义，即足以歆动一世之士。则今之经学昌明，上之自圣天子启之，下之即谓出于君与戴君讲明切究之力，无不可也。

君于经，深《三传》《尔雅》，成进士以后，未入馆以前，以宋邢昺《疏义》芜浅，遂别为《尔雅正义》一书。亮吉始识君，与同客安徽学使者署，见君一字未定，必反复讲求，不归于至当不止。如以“九府”之梁山为即今衡山，《释草》“蘩菟奚”为即今“欵东”，皆同客时所订定，而亮吉等急叹以为绝识者也。

服官后，又为《孟子述义》《谷梁古注》《韩诗内传考》，并足正赵岐、范宁，及王应麟之失，而补其所遗。

君又病《宋史》是非失实，且久居山阴四明之间，习闻里中诸老先生绪言，遂创为《南都事略》一编。君尝谓人曰："南宋诸传，最无理法。其稿创于袁桷，桷与史氏中外，故于甬东诸人，多乡曲之私。"今读南宋诸杂史及桷《清容集》，君说信然。熟精前明掌故，每语一事，辄亟称刘先生宗周、黄处士宗羲，盖君史学所本，而又心仪其人，欲取以为法者也。外又有《方舆金石编目》《皇朝大臣谥迹录》《輶轩日记》《南江文稿》《南江诗稿》等。若奉命校秘阁书，如薛居正《五代史》等，皆君一手勘定，分校石经，君职《春秋三传》，所正字体，亦校他经独多。生平为文，操笔立就，有大述作，咸出君手。其冲和渊懿，奥衍奇古，则又君之学为之也。

君于国史，当有专传。今公子秉恒、秉华等，以亮吉尚足知君，乞先为家传，以缀君行事。亮吉与君交几三十年，于词馆为后进，凡值校雠之役，如国史、石经等，亦无不与君偕，即集中唱酬之作，亦惟亮吉为多，用是不敢辞，而为之条系如左，俾他日志经籍、传儒林者，有所采择焉。

（洪亮吉《卷施阁文甲集》卷九）

邵晋涵

江　藩

邵晋涵，字与桐，号二云，余姚人也。祖向荣，康熙壬辰进士。父佳鈗，增广生。君生而颖异，少多疾，左目微眚，然读书十行并下，终身不忘。乾隆乙酉，中式本省乡试举人，典试者钱先生竹汀也。越六年，礼部会试第一，赐进士出身。乾隆三十八年，诏修《四库全书》，金坛首以君名入告，召赴阙下，除翰林院庶吉士，充纂修官。逾年，授编修。后御试翰詹，名列二等，迁右中允，洊官至侍讲学士兼文渊阁直阁事。

于书无所不读，而非法之书不陈于侧。尝谓《尔雅》乃六艺之津梁，而邢《疏》浅陋，乃别为《正义》，兼采舍人、樊光、李巡、孙炎诸家之注；有未详者，摭他书补之。今之学者，皆舍邢而宗邵矣。

在四库馆时，《永乐大典》载有薛居正《五代史》，乃会粹编次，其阙者以《册府元龟》诸书补之，由是《薛史》复传。竹汀先生间论《宋史》纪传，南渡后不如东都之有法，宁宗以后又不如前三朝之粗备，微特事迹不详，即褒贬亦失其实。君闻而善之，取熊克、李焘、李心传、陈均、刘时举所撰之书，及宋人笔记，撰《南都事略》以续王偁之书，词简事增，正史不及也。

君尝预修国史，馆中收贮先朝史册以数千计，总裁问以某事，答曰“在某册第几叶中”，百不失一，咸讶以为神人焉。撰述又有《孟子述义》《谷梁正义》《韩诗内传考》《皇朝大臣谥迹录》《輶轩日记》《南江文集》，皆实事求是，为学者有益之书。

君在日下，教授生徒以自给，足不诣权要之门，所以回翔清署二十余年，而官止四品也。君少从山阴刘文蔚豹君、童君二树游，习闻蕺山、南雷之说，于明季党祸缘起、奄寺乱政，及唐、鲁二王本末，从容谈论，往往出于正史之外。自君谢世，而南江之文献亡矣。

（江藩《国朝汉学师承记》卷六）

邵二云先生事略

李元度

邵晋涵，字与桐，一字二云。浙江余姚人。先生以《禹贡》三江，其南江从余姚入海，遂自号南江。浙东自明中叶王阳明先生以道学显，而功业风义兼之，念台忠谠著大节。其弟子梨洲，覃研经史，博洽于文辞。君生其乡，私淑三先生，故性质贞亮，而经经纬史，涉猎百家，不懈而进于古。

乾隆三十年，举于乡。典试者为钱大昕，得先生文，谓非老宿不办。及来谒，年裁逾冠。叩其学，渊博无涯涘。少詹拊掌曰：“不负此行矣。”三十六年，会试第一，成进士。廷试二甲，归部铨选。三十八年，诏开四库馆。时高宗崇奖实学，思得如刘向、扬雄者任之，大学士刘统勋首荐之，特旨改庶吉士，充纂修官。逾年，授编修。五十六年，迁中允，擢侍讲。转侍读，历左庶子、侍读学士，充日讲起居注官，直文渊阁。历充咸安宫总裁，《万寿盛典》、《八旗通志》、国史馆、三通馆纂修官，又为国史馆提调，兼掌进拟文字。典试广西者一，教习庶吉士者二。

生平至性过人，执亲丧哀毁骨立；与人交始终如一，未尝以博雅自矜。惟以非义干者，不待语竟，即拂衣起，人以是严惮之。少多病，左目微眚，清羸如不胜衣，而独善读书，数行俱下，寒暑舟车，未尝顷刻辍业。于四库七略，无不研究，而尤能推极本原，实事求是。在馆时，总裁问以某事，答曰“在某册第几叶中”，百不失一，咸讶以为神。

盖自元明以来，儒者务为空疏无益之学，六书训诂，屏斥不谈，于是儒术日晦，虽间有能读书如杨慎、朱谋㙔者，非果于自用，即安于作伪，立论往往不足依据。迨本朝兴，而朴学始辈出，顾处士炎武、阎征君若璩，首为之倡，然奥窍未尽辟也。乾隆之初，海宇乂平，已百余年，魁儒巨公接踵，惠征君栋、戴庶常震，其学识始足方驾古人。及四库馆之开，君与戴君首膺其选，由徒步入翰林，于是海内士大夫始重经史之学。言经学推戴氏，言史学推先生，海内骎骎然趋实学矣。

先生尤以浙东三先生为宗，每上下古今，凡政治得失，人才消长，君子小人之元黄水火，皆能抉其弊之所由始，与害之所由终。尤熟于前明掌故，于朋党阉祸，及唐、鲁二王起兵始末，口讲指画，往往出正史之外。每语一事，辄亟称三先生不置。盖其学之所本，又心仪其人，而欲取以为法者也。岂徒以旁通训诂，方名象数，及草木虫鱼之多识。谓足尽先生也哉。君于经，深《三传》《尔雅》，以宋邢昺《疏义》芜浅，遂别为《正义》一书。以郭景纯为宗。而兼采舍人、樊、刘、李、孙诸家，凡三四易稿始定。中如"九府"之梁山即今衡山，《释草》"蘩菟奚"为即今"欵东"，同人皆叹为绝识。

又有《孟子述义》《谷梁古注》《韩诗内传考》，并足正赵岐、范宁，及王应麟之失，而补其所遗。久居山阴四明之间，习闻里中诸老先生绪言，遂创为《南都事略》一编，词简事增，过正史远甚。尝语人曰："南宋诸传，最无理法。其稿创于袁桷，桷与史氏中外，故于甬东诸人，多乡曲之私。"今读南宋诸杂史及桷《清容集》，始知其论之确也。毕制军沅撰《续宋元通鉴》，先生为删补考定之，制军叹曰："今日之道原、贡父也。"有《方舆金石编目》《皇朝大臣谥迹录》《輶轩日记》《南江诗文稿》等书，所校官书，如薛居正《五代史》等，则采自《永乐大典》中，参以《册府元龟》《太平御览》并《通鉴长编》诸书，辨证条系，悉符原书一百五十卷之书，书成奏御，馆臣请仿刘昫《旧唐书》之例，列于二十三史，刊布学宫。至分校石经，先生职《春秋三传》，所正字体，亦校他经独多。为文操笔立就，奥衍渊懿，学者宗之。卒于嘉庆元年六月，年五十四。

（李元度《国朝先正事略》卷三五）

邵二云先生

黄嗣艾

先生讳晋涵，字与桐，一字二云，余姚人。又以《禹贡》三江，其南江从余姚入海，遂自署曰南江。生平私淑者，惟阳明、蕺山、南雷三先生，性质贞亮，经经纬史，涉猎百家，能追于古昔作者。乾隆三十年乙酉，举于乡，典试者为钱先生大昕，得先生文，拊掌曰："不负此行矣。"三十六年辛卯，会试第一，成进士。廷试二等，归部铨选。既而诏开四库馆，高宗思得如刘向、扬雄者用之，刘相国统勋首荐先生，遂改庶吉士，充纂修官。寻授编修，升中允，又升侍讲、左庶子、侍读学士，凡朝廷进拟文字，及纂修载籍之职，多出其手。旋充日讲起居注官，直文渊阁、咸安宫总裁。

生平事亲最孝，蔼然接物以和，若有干以非义者，不待语竟，即拂衣起，人以是敬惮之。多病体羸，读书务求其实，戒为空疏无益之学。所有著述，必推原于所私淑之三先生，盖其学之所本，又心仪其人，而规规取法者也。所著《方舆金石编目》《皇朝大臣谥法考》《輶轩日记》《南江诗文钞》等书。又为毕秋帆先生沅删补考定其《续宋元通鉴》。至所校官书，如薛居正《五代史》，则采自《永乐大典》中，参以《册府元龟》《太平御览》并《通鉴长编》诸书，辨证条系，悉符原书一百五十卷之书数。书成奏御，馆臣请仿刘煦《旧唐书》之例，列于二十三史，刊布学宫，乃有清儒林之大著作也。至分校石经，先生职《春秋三传》所正字体，也较他经为多。殁，年五十四。

（黄嗣艾《南雷学案》卷八）

邵晋涵

支伟成

邵晋涵（1743—1796），字与桐，一字二云。浙江余姚人。为念鲁从孙。

先生以《禹贡》三江，其南江从余姚入海，遂自号南江。世传道学，性质贞亮。乾隆三十年举于乡，典试者为钱大昕，得先生文，谓非老宿不办。及来谒，年裁逾冠，叩其学，渊博无涯涘。三十六年，会试第一，成进士。廷试二甲，归部铨选。三十八年，诏开四库馆，大学士刘统勋首荐之，特旨改庶吉士，充纂修官。逾年，授编修。五十六年，迁中允，擢侍讲，转侍读，历左庶子、侍读学士，充日讲起居注官，直文渊阁。历充咸安宫总裁，《万寿盛典》、《八旗通志》、二史馆、《三通》馆纂修官，又为国史馆提调，兼掌进拟文字。典试广西者一，教习庶吉士者二。分校石经，先生职《春秋三传》，亦多校正。

先生至性过人，执亲丧，哀毁骨立；与人交，始终如一，未尝以博雅自矜。惟以非义干者，不待语竟，即拂衣起，人以是严惮之。少多病，左目微眚，清羸如不胜衣，而独善读书，数行俱下，寒暑舟车，未尝顷刻辍业。于四库七略无不研究，而尤能推极本原，实事求是。在馆时，总裁问以某事，答曰“在某册第几叶中”，不失一字，咸讶以为神。先生与戴东原同在四库馆，士大夫言经学推戴氏，言史学推先生。

先生以浙东三先生为宗，每上下古今，凡政治得失，人才消长，君子小人之元黄水火，皆能快其弊之所由始与害之所由终。尤熟于前明掌故，于朋党阉祸，及唐、鲁二王起兵始末，口讲指画，往往出正史之外。每语一事，辄亟称三先生不置。盖其学之所本，又心仪其人，而欲取以为法者也。会稽章学诚恒与先生言："文学不求家法，则贪奇务琐；但知日务增华，不过千年，特恐大地不足容间架矣。"闻之抚膺叹绝，欲以斯意刊定前史，自成一家。时议前史榛芜，莫甚于元修三史，而措功《宋史》尤难，遂独慨然自任。以《宋史》自南渡后，益为荒谬，原东都尚赖有王偁事略也。乃先辑《南都事略》，将使前后条贯粗具，然后别加裁断，更为赵宋一代全书。惜草创未克竟业。在四库馆时，见《永乐大典》载有薛居正《五代史》，因荟萃编次，第其前后，再取《册府元龟》《太平御览》，并《通鉴长编》诸书，以补治所阙，始末饬备，部帙如旧。书成，奏上，高宗览而称善，令依《旧唐书》例，列为二十四史，颁行天下学宫，使数百年幽瀹之书隐而更扬焉。毕制府秋帆尝以二十年之久，集宾客《续宋元通鉴》，大率就徐氏本稍为损益，殊不惬心，爰属先生订正。先生出绪余，间为之覆审，即大改观。毕公旋薨，嗣其家所刻，仍系初稿，非君定本，致可慨也！

先生于学无所不窥，浩广初未易裁，颇用累志。及在安徽，依朱竹君督学幕，竹君谓之曰："经训之义荒久矣，《雅疏》尤芜陋不治，以君子奥博，宜与郭景纯氏先后发明，庶几嘉惠来学。"于是殚思十年，成《尔雅正义》二十卷，取景纯为宗。而兼采舍人、樊光、李巡、孙炎诸家之注，有未详者，摭他书补之，凡三四易稿始定。中如九野之梁山，即今衡山，《释草》"蘩菟奚"，即今款冬之类，时多服其卓识。

他所著尚有《韩诗内传考》《谷梁正义》《孟子述义》《輶轩日记》《方舆金石编目》，而传者独《尔雅正义》《皇朝谥迹录》《南江诗文集》数种。《五代史考异》二卷仅存残本。故世但推先生精于考辨训诂，笺疏虫鱼而已，不知实首倡西汉今文经学，且为一代独出之史才也。嗟夫！嘉庆元年卒，年五十四。

（支伟成《清代朴学大师列传》）

邵晋涵

邵晋涵，字二云，余姚人。乾隆三十六年进士，归班铨选。会开四库馆，特诏征晋涵及历城周永年、休宁戴震、仁和余集等入馆修纂，改翰林院庶吉士，授编修。四十五年，充广西乡试正考官。五十六年，大考迁左中允。擢侍讲学士，充文渊阁直阁事、日讲起居注官。

晋涵左目眚，清羸。善读书，四部、七录靡不研究。尝谓《尔雅》者，六艺之津梁，而邢《疏》浅陋不称；乃别为《正义》二十卷，以郭璞为宗，而兼舍人、樊、刘、李、孙诸家，郭有未详者，摭他书附之。自是承学之士，多舍邢而从邵。

尤长于史，以生在浙东，习闻刘宗周、黄宗羲诸绪论，说明季事，往往出于正史之外。在史馆时，见《永乐大典》，采薛居正《五代史》，乃荟萃编次，得十之八九，复采《册府元龟》《太平御览》诸书，以补其缺。并参考《通鉴长编》诸史及宋人说部、碑碣，辩证条系，悉符原书一百五十卷之数。书成，呈御览，馆臣请仿刘昫《旧唐书》之例，列于廿三史，刊布学宫，诏从之。由是《薛史》与《欧阳史》并传矣。尝谓《宋史》自南渡后多谬，庆元之间，褒贬失实，不如东都有王偁《事略》也。欲先辑《南都事略》，使条贯粗具，词简事增，又欲为赵宋一代之志，俱未卒业。其后镇洋毕沅为《续宋元通鉴》，嘱晋涵删补考定，故其绪余稍见于审正《续通鉴》中。

晋涵性狷介，不为要人屈，尝与会稽章学诚论修《宋史》宗旨，晋涵曰："宋人门户之习，语录庸陋之风，诚也鄙也。然其立身制行，出于伦常日用，何可废耶？士大夫博学工文，雄出当世，而于辞受取与、出处进退之间，不能无箪豆、万钟之择。本心既失，其它又何议焉！此著《宋史》之宗旨也。"学诚闻而耸然。他著《孟子述义》《谷梁正义》《韩诗内传考》，并足正赵岐、范宁，及王应麟之失，而补其所遗。又有《皇朝大臣谥迹录》《方舆金石编目》《輶轩日记》《南江诗文稿》。嘉庆元年卒，年五十有四。

（《清史稿》卷四八一）

邵晋涵

邵晋涵，字与桐，一字二云，佳鈗子。乾隆三十六年，会试第一，廷试二甲，归班铨选。三十八年，诏开四库馆，上方崇奖实学，大学士刘统勋以晋涵名入告，特旨改庶吉士，充纂修官。逾年，授编修。五十六年，大考二等擢左春坊左中允，迁侍讲转侍读，历左庶子、翰林院侍讲学士、日讲起居注官，皆兼文渊阁校理，历充咸安宫总裁，《万寿盛典》《八旗通志》、国史馆、三通馆纂修官，国史提调官兼掌进拟文字。一为广西主考官，两充教习庶吉士。

生平至性过人，执亲丧哀毁骨立；与人交始终如一，未尝以博雅自矜。惟以非义干者，不待语竟，拂衣起步。少多病，左目微眚，清羸如不胜衣。独善读书，数行俱下，寒暑舟车，未尝顷刻辍业。于学无所不窥，尤能推求本原，实事求是。在馆时，总裁问某事，辄答曰“在某册第几页”，百无一失，咸讶为神。

浙东自王守仁以道学功名显，刘宗周以忠谠大节著，黄宗羲以覃研经史博洽文词称，晋涵私淑三大儒，性质贞亮，经经纬史，涉猎百家不懈，而习于古，治经深于《三传》及《尔雅》。以宋邢昺《尔雅疏义》芜浅，遂别为《正义》，如以“九府”之梁山，即今衡山。《释草》“蘩菟奚”为即“款冬”，同时洪亮吉等皆叹为绝识。又有《孟子述义》《谷梁古注》《韩诗内传考》，并足正赵岐、范宁、王应麟之失，补其所遗。尝病《宋史》是非失实，又久居山阴四明间，习闻诸儒绪言，撰《南都事略》，词简事增，远过正史。又谓南宋诸传最无理法，其稾创于袁桷，桷于史氏中外，故于甬东诸人多乡曲之私。毕沅《续宋元通鉴》，晋涵为删补考定之，沅叹曰：“今之道元、贡父也。”熟于前明掌故，每语一事，辄亟称宗周、宗羲，盖史学所本，心仪其人，欲取以为法者也。所校官书如薛居正《五代史》，则采自《永乐大典》，参以《册府元龟》《太平御览》并《通鉴长编》诸书，馆臣请仿刘昫《旧唐书》例，列于廿三史，刊布学宫。分校石经，所职《春秋三传》校正字体，亦校他书独多。生平为文，操笔立就，有大作述咸出其手。卒，年五十四。

（光绪《余姚县志》卷二十三）

南江邵氏遗书序

阮　元

余姚翰林院学士邵二云先生，以醇和廉介之性，为沉博邃精之学。经学、史学，并冠一时，久为海内共推，无俟元之缕述矣。

乾隆丙午，元初入京师，时前辈讲学者有高邮王怀祖、兴化任子田，暨二云先生。元咸随事请问，捧手有所传授焉。先生本得甬上姚江史学之正传，博闻强记，于宋、明以来史事最深。学者唯知先生之经，未知先生之史也。于经则覃精训诂，病邢昺《尔雅疏》之陋，为《尔雅正义》二十卷，发明叔然景纯之义，远胜邢书，可以立于学宫。在四库馆，与戴东原诸先生编辑载籍，史学诸书多由先生订其略，其提要亦多出先生之手。先生又曾语元云：“《孟子疏》伪而陋，今亦再为之。《宋史》列传多伪，欲删传若干，增传若干。”顾皆未见其书。

今先生久卒于官，所著书惟《尔雅正义》先已刊行。今令子秉华等复刊《南江札记》四卷，《南江文钞》若干卷，次第皆成。尚有《南江诗钞》十卷，《韩诗内传考》一卷,《旧五代史考异》《宋元事鉴考异》《大臣谥迹录》《方舆金石编目》若干卷未刊,将次第刊之,以贻学者。元既心折于先生之学行,又喜获交于令子秉华,能辑先生之书,俾元受而读之,得闻先生未罄之绪论也。谨记数言,以谂同学者。嘉庆九年夏四月,扬州阮元序。

(阮元《揅经室二集》卷七)

刻南江诗文钞序

阮　元

辛卯夏,余友文靖孙公,寄其师邵二云先生集并赀,属为校刊。多病逡巡,逾岁雠刊始毕。首应制文,次杂著,次诗,分卷十有六。以札记四卷附焉。梓成而文靖归道山已十阅月矣。昔文靖与余值词馆,编纂《全唐文》,共晨夕者凡六年。每值夜深谈艺,称述其师之学之才,谓作文则操笔立成,诲人则更仆忘倦,未尝不叹先生之得天独优,文靖之所得于师承者有自也。文靖得师经史之学,敷为章奏;得师文艺,作为诗歌;得师立品之超,见事之明,以莅官行军,卓然媲古大臣风烈。是先生之业,文靖为尽得其传,先生可以无憾,独惜斯集编排之成,文靖不及一见,相与札商去取之得失也。至其集之,奥衍综博,足资考镜与阐明姚江学术之宗派者,有章传、陈叙已备言之。道光壬辰冬十一月,仁和后学胡敬。

(邵晋涵《南江诗文钞》卷首)

南江诗文钞序

陈寿祺

清乾隆中,文治极盛,网罗千载,缳橐九流,往古未有伦比。开四库馆以收海内秘籍,捃《永乐大典》三万余卷,以缉前代坠简。诏征天下博洽通才五人,参预编摩,授职词垣。而余姚邵二云先生与休宁戴东原先生,为之冠天下。士大夫言经学必推戴,言史学必推邵,当时以为笃论云。

然邵先生于学无所不通,所撰《尔雅正义》外,有《孟子述义》《谷梁正义》《韩诗内传考》《南都事略》《宋史稿》《皇朝大臣谥迹录》《方舆金石编目》《輶轩日记》,卒后书皆佚不传。独在馆纂辑薛氏《旧五代史》,在毕尚书幕编定《续资治通鉴》行于世。《续通鉴》与《尔雅正义》二书,亦毕生精力所萃者也。先生高足弟子金匮孙侍郎,曩都转闽中,先生之次子来游,余一见之座上。

尝从访先生遗书,卒不可得。及侍郎以巡抚至之二年,出所校《南江文钞》《诗钞》若干卷,属寿祺覆审,将付镌。诗文特先生绪余耳,然如证郑注《周易》之合《雅》诂,辨坊本《斜川集》之伪;《跋日本五畿内志》《日本备图》,详叙岛夷疆域,据《西阳杂俎》引唐裴瑜《尔雅注》,知其本《韩诗》,欲取《大戴记》"曾子十篇",《小戴记》之《坊记》《表记》《缁衣》《儒行》,即《子思子》四篇以配《论语》《孟子》;辨子夏《易传》,魏文侯《孝经传》,贾谊《左传解诂》及《七纬》,皆见削于班氏《艺文志》,其言多前人所未发。其它墓志、家传、行状,大略峻洁有体。诗归雅音,《明宫词》百首,则仲初之俦;《姚江棹歌》七十余首,则竹垞《鸳湖》之匹也。中年以后,长篇歌行,益臻胜境,与瑞金罗台山唱和诸篇,又硬语排奡,直追昌黎,亦足见先生之才无施不可矣。

先生负绝人之姿,读书三数过,终身不忘。为文章操笔力就,承蕺山、南雷之传;又出钱晓征詹事之门,而客于朱笥河学士使院,益扩其学识,奥博而精,然性狷,不附权要,在禁近二十余年始跻学士。其卒也,齿仅五十有四。使天假之年,而资以大力,其所就岂可穷耶!

于乎!浙东自南末以来,文献苍集,绵延五六百年。胜国逸闻轶事,若唐、鲁二王始末,及抱节忠义之士,往往未著竹帛,为中原耆宿所不预闻。自梨洲、季野、谢山诸老,皆旷代逸才,博治强记,转相口授,以逮于先生,先生殁而旧闻绝矣,区区文字云乎哉!虽然,吾闻先生之族祖有讳廷采字思鲁者,康熙中隐君子,通算术、兵法,著《思复堂文集》,发明姚江之学,传述遗民旧德,著《东南纪事》《西南纪事》,载明季故实。会稽章学诚推崇甚至,先生许为之校正,卒不果。今其书存亡已不可知,而先生之集犹得留传以待贤弟子而行,不可谓非通儒不朽之一端也。

寿祺虽不及见先生,然少读先生书,心向往之久矣。今乃幸预编校之役,以附名简末,此固后生小生景慕之私,不禁揽卷而奋然以兴者也。道光乙酉夏六月,福州后学陈寿祺。

(邵晋涵《南江诗文钞》卷首)

南江诗钞跋

邵秉华

先大夫幼侍曾大父东葵先生于蛟川学舍,即受诗法,矢口成音,叶于天籁。博览古作者,自汉、魏、六朝迄唐、宋、元、明,大家名辈,皆涉其堂奥而别其指归。与里中诸子唱和,为诗操笔立成,文不加点,名章秀句,领袖一时。

洎领乡荐，舟车南北，见闻日扩，问学益充发，为诗歌与山川名胜相辉映。比成进士，研精经史，不欲以诗人见长。登览之余，间以余事成诗，抒写性情，不事摹拟而自合于古，作者尝谓《荀子》："诗者，中声所止。"得作诗指于唐，取少陵、昌黎、义山、牧之诸家，性不喜观黄涪翁诗，故所作多出入于韩杜间，而无江西派生硬，四灵派琐碎之弊，尝手批杜集韩集一过，可以见先大夫性情之所近矣。顾不自收拾，随手散去。今荟萃箧中所存草稿，自少年以后及中岁所作，合计古今体诗得若干首，谨分年排次，厘为十一卷。内如应酬祝嘏之词，皆先大夫所不欲存者。尝欲亲加删汰，约略存之，顾未暇也。今录存之卷，不足以见先大夫之学，然亦无不可以见其大概。先大夫天资绝人，即随意吟咏，而性情学问，皆自得于古人。录而存之，庶后之来者见传经大儒亦复事事娴习，非如高谈性命而中无所得，与沉潜诂训而不娴声律者异矣。惟是中间庚子年，使粤往返得诗一卷，今惟存《蒲圻道中杂咏》六首，《浯溪磨厓碑》一首，余俱无存。又如辛卯以后，归舟得诗一卷。壬辰，客游太平，教授凤阳，时中酬唱，亦散佚无存。归舟诗内有和人裘字韵诗云"待到汉廷征豹鼠，定从齐泽访羊裘"一联，秉华于请业之余得蒙提命，而不记其全篇，尚当探访续增以成完璧，惟望当世仁人君子有收藏先大夫墨迹者抄录见赐，则秉华之大愿也。末附词一卷，公车客京师，时与友朋酬酢，约有百首，削稿后多毁弃不留，兹于故纸中检得草稿八首，谨录而存之，以见先大夫游艺之一班云。丙辰腊月初七日缮录初毕，男秉华谨书。

（邵晋涵《南江诗钞》卷末）

《南江文钞十二卷诗钞四卷》书话[①]

叶德辉

《南江文钞》十二卷、《诗钞》四卷，邵晋涵撰。王昶撰墓表，君名晋涵，字与桐，号二云。余姚人。乾隆三十三年举于乡，三十六年会试第一，成进士，归部铨选。三十八年，诏开四库馆，大臣以君荐，特授庶吉士。逾年，授编修。五十六年，擢左中允，补侍读。历左庶子，翰林院侍讲学士。卒于嘉庆元年六月十五日，享年五十四。又《蒲褐山房诗话》，二云学问经经纬史，包孕富有而不以诗赋见长。在史馆数十年，名卿列传多出其手。据事直书，未尝有所瞻徇。所著《尔雅正义》先已刊行，又有《孟子述义》《韩诗内传考》《谷梁正义》诸书未成，皆稿藏于家。世人但夸其小学，盖方隅之见尔。洪亮吉《邵学士家传》云："生平为文，操笔立就，朝廷有大述作，咸出君手。其冲和渊懿，奥衍奇古，则又君之学为之也。”按同时诸人记录，皆称二云之学问及其文未有称其能诗者，惟郭麐《樗园消夏录》下云：“邵二云学士经学湛深，古诗多深思古意。然如和童二树梅花诗云：‘折枝赠别晓江寒，好句长留画壁看。三载销魂梅岭雨，黄椰根苦荔支酸。’注怀罗二岭南。言情婉晚，深得风人之旨。《秋草》云：‘长驿露寒人独去，横塘水落雁初过。’《落叶》云：‘从遣深山徽月冷，是谁中夜读《离骚》。’皆有远韵。”盖二云于诗功力至深，诗钞所存多此类，而人不甚称诵者，为他著述所掩尔。

①注：题目系编者加。

（叶德辉《郎园读书志》卷一三）

《南江札记》读后

李慈铭

夜阅《南江札记》，皆随时签识，鲜所论断，而《孟子》居十之五。盖二云氏尝欲更作《孟子正义》。此其草创之一本耳。中如芒芒然归，引《方言》云：“茫，遽也，吴扬曰茫。”地丑德齐，引《方言》云：“丑，同也。东齐曰丑。”于予心独无恔乎！引《方言》云：“恔，快也。东齐、海岱之间曰恔。”夏畦，引《说文》云：“田五十亩曰畦。”《文选注》称刘熙注云：“今俗以二十五亩为小畦。”又云：“今俗以五十亩为大畦。”沛泽，引《公羊》僖四年传，“大陷于沛泽之中”，何休注：“草棘曰沛，渐洳曰泽。”《后汉书注》述刘熙注曰：“沛，水草相半。”其丽不亿，引《说文》云：“嚴，数也。”源泉混混，引《说文》云：“混，丰流也。”西子蒙不洁，引《淮南·修务训》云：“毛嫱、西施，天下之美人，若使之衔腐鼠，蒙蝟皮，衣豹衣，带死蛇，则布衣韦带之人，过者莫不左右睥睨而掩鼻。”为不若是恝，引《说文》作（上介下心），云（上介下心）：“忽也。呼介切。”夔夔齐栗，谓夔夔犹匑也。引《史记·鲁世家》：“匑匑。”如畏状，徐广曰：“匑匑，谨敬貌，一本作夔夔。”丹朱之不肖，引《史记索隐》述郑玄曰：“肖，似也。”言不如人也。富岁子弟多赖，引《说文》曰：“赖，赢也。”《吕氏春秋》注云：“赖，利也。一曰善也。”版筑，引《文选》注称郭璞《三苍解诂》云：“版，墙上下版；筑，杵头铁沓也。”其志嘐嘐然，引《说文》云：“嘐，夸语也。”皆古义湛然。

同治甲子二月十七日

阅邵氏晋涵《南江札记》，卷一论《春秋左氏传》，卷二《仪礼正误》三十四条，皆摘郑本之误。凡郑言古文作某今文作某者，皆以郑所从为不然。《礼记》一条、《三礼》论天帝郊丘祭之七条，亦皆驳郑君说，其辞颇繁。卷三论《孟子》，盖即其《孟子正义》之稿本，卷五《史记》九条、《汉书》七条、《后汉书》三条、《三国志》四十九条、《五代史》十七条、《宋史》四十六条，南江经史之学皆深，然吾越学派，皆不为郑氏家法，虽贤如南江，亦遍以高密为非也。

光绪癸未三月二十五日

阅《南江札记》，其论《三国志》四十九条，皆直录《义门读书记》，盖邵氏过录所阅书上，后人误掇入之。

二十八日

（李慈铭《荀学斋日记》）

复余姚评论社论邵二云学术

梁启超

《余姚评论》诸君：

得书，知欲刊邵二云先生研究专号，甚盛甚盛。承属草一文，属方避暑海滨，无书可检，不敢率尔应命，谨就记忆感想所及，复此短札。若承不弃，取附卷末，幸甚。

余姚邵氏，自鲁公先生曾唯承阳明先生门下徐曰仁一派之绪，主余姚书院，为王学嫡嗣。其孙念鲁先生传家学，复从学梨洲。于是“姚江书院派”与“证人书院派”汇流，为清初王学一大结束。念鲁复有伟大之史识与史才，所著《东南纪事》《西南纪事》《王阳明传》《刘蕺山传》《阳明弟子传》《蕺山弟子传》《姚江书院志》等书，或传或不传。其传者皆义例精绝。其《思复堂文集》，章实斋谓“五百年无此作”。盖浙东学风，端本于义理，致用于事功，而载之以文史，自阳明、梨洲以来，皆循此轨以演进，念鲁则具体而微焉。二云则念鲁从孙，其家学渊源所蕴受者如此。二云与戴东原、周书昌等五人同以特征入四库馆，名誉藉甚一时。其著书已成者仅一《尔雅正义》，故世之论二云者仅知其长于训诂之学，然二云实史学大家，并时最能知其学者，惟其友章实斋，故欲研究二云，当以实斋所作《邵与桐别传》为基本资料。

二云之《尔雅正义》，学者或病其节略，谓不如郝兰皋《尔雅义疏》。其实郝在邵后，中多袭取，从著述家道德上论，已不无可议。且郝务炫博，其所胪引，或本为邵所吐弃。二云自言"此书苦心，不难博证，而难于别择之中能割所爱耳"。用"苦心"于"别择"，是二云治学方法最主要者。

二云所欲著之书，造端宏大。而年仅中寿，生平精力，多用于官书中。晚年复羸病，故丛稿虽多，而写定甚少。据吾辈所想象《四库总目》史部提要出二云手者恐将过半，但无从确指某篇为其所作最可惜。冀将来或有意外史料出现证明之耳。

薛居正《旧五代史》，从《永乐大典》辑出，而缀辑成书，实费莫大工作。提要中已具言之。据二云弟子章贻选说则此书盖全成于二云手也。

毕秋帆《续资治通鉴》，据章撰《别传》云曾经二云复审。全书改观，以寄毕，毕大悦服，谓迥出诸家续《鉴》上。但今所刻者乃原本，而二云改定本当毕家籍没时已失去。此实我史学界不可回复之大损失也。

二云毕生大业，在重修《宋史》，仿陈寿《三国志》例，名曰《宋志》。先为《南都事略》以当长篇，但不惟《宋志》未成，即《事略》亦仅有残稿，身后且散佚尽矣。实斋深叹息谓："以数百年闻丛见集若将有以待其大成者，一旦散失不可复聚，不特君之不幸，亦斯文之厄也。"

实斋族子廷枫，二云弟子也。述实斋评二云之言曰："二云以博洽见称，而不知其难能在守约；以经训行世，而不知其长乃在史裁；以汉诂推尊，而不知宗主乃在宋学。"此言可谓能知二云之真，而浙东学派之特别精神，亦于是乎在矣。

余姚以区区一邑，而自明中叶讫清中叶，硕儒辈出，学风沾被全国以及海东。阳明千古大师，无论矣；朱舜水以孤忠羁客，开日本德川氏三百年太平之局；而黄氏自忠端以风节厉世，梨洲、晦木、主一兄弟父子，为明清学术承先启后之重心。邵氏自鲁公、念鲁公以讫二云，世间崛起，绵绵不绝。《诗》曰："高山仰止，景行行止。"又曰："昔吾有先正，其言明且清。"生斯邦者，闻其风，汲其流，得其一绪则足以卓然自树立。贵社悬斯职志以相淬厉，岂惟乡邑，邦之人实尸祝之矣。

鄙人于前年春夏间，曾为《朱舜水年谱》一书，约十万言。因一小部分未成，久未付印。今为诸君子盛心所感发，当速成之以蕲作桴鼓应，不审贵社于马氏校刻之《舜水全集》外，尚有资料足供参考否？二云著述，除《尔雅正义》外，如《南江札记》等皆随手记录之作，不足以见其学。不审贵社更能搜得遗稿否？书便希示一二。

（梁启超《饮冰室合集》专集四）

清邵二云先生晋涵年谱序

黄云眉

乡前辈朱久香先生兰曾撰《邵二云先生年谱》四卷，今其稿已无存者。

二云先生经经纬史，习闻阳明、南雷、蕺山三先生之绪论，家藏宋元遗书甚富，数百年浙东文献，萃于一身。章实斋氏知之最深，故当先生之殁，太息语人曰："自斯人不禄，浙东之文献尽矣！"然自先生之殁，去今仅百余年，而其姓名事迹，乃不为学术界所熟闻；其著述亦几与浙东文献同归澌殁。使章氏而在，其太息又何如也。

云眉惜朱谱之不传，惧乡献之莫征，爰采诸家文集、笔记所载与先生有关涉者，分年系缀，辑为是谱；不能分年者，则别其性质，依类附载。虽为例驳杂不纯，而补苴之难，略有可言：

先生著述散佚，除《尔雅正义》外，惟遗《诗文钞》及《札记》等二三种，而《文钞》又不载书牍、赠序之文(仅有赠张羲年、汪辉祖两序)，无以见先生学术思想之所寄，友好游从之踪迹，此一难也。

先生回翔清署二十余年，不以升降得失撄其梦寐，虽久居辇毂之下，而声华闇淡，无显显矫激可喜之行，足以耸动耳目，播为逸事，此二难也。

先生居乡时短，乡之士夫，罕接风采，故梓桑口耳之传，但夸仕宦衣锦之焜耀，不诵在官力学之清芬，此三难也。

先生子秉衡、秉华，犹能勉缵家学，并树令誉，后此则旧家乔木，渐就萧疏，手泽俱供覆瓿，遗裔沦为微业，庐舍犹是，咨询无由，此四难也。

取材之途既隘，裁削之功斯寡，故是谱之辑，举凡先生所作所言，及朋侪之书牍、赠诗，不择长篇短语，但可资先生学术之阐发，存先生行谊之梗概者，往往连类而录，靳于割爱，此则冗复琐碎之病所由难免也。

盖区区之意，惟期拾吉光之残羽，汇为一编，俾学术界对此声华销歇之大师，略能仿佛于百余年前而接其謦欬，谱例之谨严，所未遑顾。著述浮沉，良不可知，日月逝于上，他时欲于尘封蠹蚀之中，寻此若隐若现之坠业，吾知其难又不啻倍蓰矣。国中鸿达，进而教之，为之增所未备，俾他时得据以删定，则又区区之所切望者。

中华民国二十年六月余姚黄云眉。

(是谱本由研究所与商务印书馆订约于去年年内出版，不意该馆遭一·二八之变，是谱原稿与之同成灰烬。兹经云眉搜觅箧中残纸，重加排比，悉心厘正。复随时增采资料，充实内容。是以濡滞周岁，始克付印。又先生墓影及书跋手迹等，皆为原稿所无，别制版卷首，以申景仰。二十一年七月云眉附识。）

（黄云眉《清邵二云先生晋涵年谱》）

南江先生年谱初稿跋

黄云眉

余慕邵二云先生之为人，颇欲详其治学途径以自策励。读县志，知久香先生撰有《南江年谱》四卷，因访之其孙湘生、鄂生两先生，并云已失其稿。一九二九年，余服教甬上，不揣鄙陋，拟补撰是谱以弥其恨。遂假冯孟颛先生藏书读之，于是年秋属稿，明年首尾粗具。又明年，余应金陵大学中国文化研究所之聘，出是稿稍加润色，由该所付印问世。然窃冀久香先生之稿犹在人间，未遽泯没也。去年，余旧友姜枝先先生来函谓："上虞某氏愿让久香先生三谱遗稿。"盖邵谱外，尚有黎洲、舜水两谱，求一得三，为之喜而不寐！遂以八十金易之。展卷乍读，如对前辈典型，令人起敬！然距余撰稿时，已三十五年矣。著述浮沉，不能自主类如此。本年九月，余以故居所薄积之古籍数千册，赠之梨洲文献馆，其中一部分为乡前辈之著述，今并拟以久香先生之三稿殿之，以三稿之重还合浦，尤邑人之所渴望也。因再读一过，于每稿下赘以管见，志后学之景仰，并与黄蔚亭、梁任公所撰之黄、朱两谱略加比勘，小指毛疵，此非敢轩轾先辈，学术公器，想前辈亦以启予为乐，固不必以步趋率循尺寸，始为桑梓之恭敬也。

久香先生所撰《南江年谱》，为三谱中致力最深者，余谱可就正之处烦多，仓卒不能一一而举，而余尤所注意者，则是谱之资料可宝也。余谱寻书七十余种，是谱所引不啻减半，然余谱于二云先生之朋游书札，仅据李氏《荀学斋日记》已集，录入段玉裁、王念孙、李尧栋等四通，余依日记所录大概录之，俱非全豹。今读是谱所录于乾隆间诸老书札，往往首尾不遗，未知久香先生所见，是否即为越缦所见者？忆越缦日记中，尝提及久香先生之子肯夫先生赴四川督学事，则此琳琅墨迹，久香先生或得之邵氏，而越缦又假之朱氏者耶？然细检是谱，与日记所录书札内容，竟无相同之处，又何也？要之两先生所见，其为一为二未可定，而是谱所录，皆为越缦日记所未录，斯愈觉其可宝也。至此可宝资料，他时或酌附余谱，或另行印布，俟与邑诸友商榷定之，今固犹未遑也。一九六五年同邑后学黄云眉识于山东大学古史研究室，是年六十有八，已眇一目。

（朱兰《南江先生年谱初稿》卷末）

附录二　辑佚

补续汉书艺文志序

（钱可庐著述五十种叙例）

班孟坚《汉书》因刘子骏《七略》作《艺文志》，西京书籍，略见其梗概矣。后代史家，递相祖述，《隋书》《旧唐书》《文献通考》作《经籍》，宋孝王《关东风俗传》作《坟籍》，其名不同，其书一也。

范氏《后汉书》本未及撰志，司马彪《续汉书》有《律历》《礼仪》《祭祀》《天文》《五行》《郡国》《百官》《舆服》八志，而不及《艺文》，东京诸儒撰述，泯焉无闻，良可深惜！

嘉定钱可庐先生精通经史，其说经之书，实事求是，得未曾有。其于两汉三国，有《辨疑》一书，王光禄称赏不止，以为突过三刘，今考有《补续汉书艺文志》二卷。余受而读之，盖取蔚宗本史所载，及书之见存于今代，引证于古书，著录于别史，暨藏书家所录者，辑为此编，以补司马氏之阙漏，部分条析，悉依前书，于一代著述，固已搜采无遗，洋洋美备矣。

不登上古之书者，依刘知几之说，断代为史，例不当载古人；且东汉时古书之存亡，亦非几千百年以下所能审知也。乾隆五十三年三月余姚邵晋涵序。

（辑自朱兰《南江先生年谱初稿》）

南都事略目录

《儒学》一

杨时　尹焞　胡安国(寅、宏、宁)　朱震　范冲　罗从彦

李侗　朱熹　黄干　李燔　张洽　陈淳　李方子

黄灏　蔡元定(沉)　张栻　吕祖谦　真德秀　魏了翁

《儒学》二

邵伯温　喻樗　洪兴祖　高闶　林之奇　林光朝

杨万里　陆九龄(九韶、九渊)　陈傅良　薛季宣

叶适　戴溪　杨简　袁燮甫　李舜臣(道传、心传、性传)

蔡幼学　杨泰之　程迥　刘清之　廖德明　汤汉

何基　王柏　叶味道　王应麟　黄震

《文艺》

汪藻　陈与义　叶梦得　程俱　曾几　张嵲

韩驹　朱敦儒　徐俯　葛胜仲　熊克　陆游

范成大　郑樵　尤袤　陈亮　徐梦莘　刘尧庄

张即之

《隐逸》

徐庭筠　苏云卿　谯定　王忠民　刘勉之

胡宪　郭雍　刘愚　魏掞之　安世通

(辑自钱大昕《十驾斋养新馀录》)

储封文林郎警寰朱先生六十寿序

朱子诗南以才名著于京师。秋八月，将作吴淞之游，过余言别，知明年二月为封翁举六十寿觞，属余为题词，先寄归以书于屏障。余自丙午夏北游，浮湛馆局，莅苒五年，故乡山水，与夫亲串往来之踪迹时萦绕于怀。若翁者，余尤所敬事，而乐为称述者也。

先是康熙中，吾里多笃学饬修之士，有所谓姚江大社者，合契题襟几尽一县之秀，其间性情趣向各有指归，先大夫东葵公与亦中先生相得尤靡间，风雨过从，老而弥笃，名义之挈摩，志节之砥砺，诗文之酬答，盖有合于《伐

木》诗人之义，而不仅如后世所云胶漆之交也。余逮事大父，犹及见乡村耆宿为大父行者，聆其诸言蕲自远于绕薄，又获交其后嗣，修累世通家之好。

翁为亦中公之孙，余垂髫时所见事也。翁所居去余家仅一衣带水之隔，思波渡口，古驿祠前，皆余童稚嬉游之所，古树晴洲，苍茫极目。翁长于余十岁有余，夙敦古道，顾乐与余言，时有奖借，然必以古人行谊相期勉，余敬受其言。独念余自丙戌出游，踪迹几及万里，所过通都大邑，不乏托臂言欢流连款切之友，然自二十年来所交者，与年俱新，而升沉变化亦与年而俱改，惟故乡旧雨，性情志趣差相投合，可以久要而不忘。而树德之茂，食报之丰，亦久而可以相信。

翁年六十，以淳德著于乡闾，亲见其令子之升华，扬朱为当世羽仪，非得诸天者独厚欤？翁少承祖父之教，束躬于模范，修门内之政。母夫人年跻耋耄，膝前作孺子之娱，能颐其志，久而思慕不衰。女儿嫠居，请归养于家，调护而慰藉之，俾忘其老。自以身为家督，为诸弟次第授室，各任以事，勖季弟以诗书，尤为厪意。诸弟俱祗奉伯兄之教，游其庭者，雍雍如，翼翼如也。与人交有例始，词无雕饰，称心而言，闻者感其诚。翁不事表襮，而宗族乡党称之，无间者若此。然则食报之丰，实系翁树德之茂有以致之，岂偶然哉？

余喜观诗南之词翰，叹为隽才，暨领乡荐游京师，所诣艺日进，辇毂士大夫咸许为彤廷著作之选。诗南尝为余言，曾大夫亦中先生诗集久藏箧衍，将次第编萫，寿诸枣梨，是其志不在一时之声华，而孜孜于敦本之图，知翁之垂训者远矣。方今寿世寿民，翔和演庆，达人瑞之坊者二百余家，若翁之康强逢吉，承裕方来，斯可定其积时而媲美者乎？是为序。翰林院侍读学士加一级教习庶吉士充国史馆纂修官、愚弟邵晋涵顿首拜撰。

（辑自朱兰《南江先生年谱初稿》）

燔柴泰坛议

《仪礼·觐礼》曰："祭天燔柴，祭山丘陵升，祭川沉，祭地瘗。"《祭法》亦曰："燔柴于泰坛，祭天也，瘗埋于泰折，祭地也。"《尔雅》曰："祭天曰燔柴，祭地曰瘗埋。"《祭法》《尔雅》虽各自为书，而其说与《仪礼》合者，独燔柴无异。《周官》曰："以禋祀祀昊天上帝，实柴祀日月星辰，而以禋祀为祀天，是不与仪礼合也。"《礼器》曰："至敬不坛，扫地而祭。"不坛，非燔柴也；扫地而祭，非《周官》之祀也。合《礼仪》《周官》《礼器》三书而言之，实有不同。郑氏曰："禋，祀也，三祀皆积柴实牲体于日月，言实柴于昊天，言禋三祀互相备矣。"

其释《觐礼》则曰："燔柴祭天，祭日也，祭天为祭日，则祭地瘗者，祭月也，日月而云，天地灵之也。"崔灵恩则谓："先燔柴及牲玉于丘讫，次乃扫地而祭。祭天之法，皆于地上，以下为贵，故不祭于人功之坛。"陆佃则曰："祭天之礼，升烟于泰坛，奏乐于圜丘，所以致天神也。天神皆降，可得而礼，然后扫地而祭。乐者阳也，其声无形，故奏于自然之丘。烟者，阳中之阴，其气有象，故燔于使然之泰坛。按郑氏谓："禋，烟也。《诗》生民之禋祀，《书》禋于六宗，于文武。"释者谓："禋，祭也。"又曰"精意以享"之谓也。使从郑说，以禋为烟，则六宗之祀不得与上帝并，而祀文武于宗庙，又难与燔柴之祭同也。郑以祭天为日，祭地为祭月，尤误圜丘。止为奏乐之所，且为自然之丘，崔说不辨而破矣。果如其言，从坛下扫地而祭，则燔柴于人功之坛，不可谓质而独，扫地之祭得谓之质矣。然则仪礼之燔柴为末，而扫地之祭为本乎？历考梁、陈以来，不闻有祭于地下者。是崔说有不行也。陆以自然为丘，使然为泰坛，是祀天与地有二也。夫合于《周官》，则泰坛未尝有合于《仪礼》，则燔柴之制无圜丘。陆氏不知历代祀圜丘之误，其所谓二坛者，非也。当以觐礼为主，而以祭法辅之，泰坛虽不见他书，然从古沿袭，皆以坛壝为正。觐礼之坛十有二寻，周官之三坛，同墠司仪之为坛，三成去祧为坛。下至周末，齐侯柯之盟，有坛郑人先君适四国，未尝不为坛。况祀天钦崇之实哉！

（辑自王昶《湖海文集》卷九）

施材碑记

舍材亦仁道之一端。吾姚此举久废，复之自乾隆三十五年间，城北励君景康、吕君天奇二君始。二君之言曰："噫，吾尝过市而有毙丐焉，挨户合货棺殓，炎雪辄迁延，数日不得棺，或敝席裹埋尸，陀林其免犬掊啮者难。又过尸陀林，见棺坏骸骨暴露如乱麻。思若辈生前受诸苦烦恼，死后惨又如此，吾辈之心恻焉，然而不能独为善也。"

于是景、奇合捐先办舍材二十具，贮东门外六府庙，以备急贫无告者，亦稍稍来取。因亟向两城铺户劝助，俟给去舍材一口，即赴愿助者每家取钱拾文，计乐助者共一百数十余家。其钱除仍备领去材费外，所余之资，至年终汇计出存生息，陆续置产。不十年，其置得露羽两字号田二十八亩有奇，又置东城下楼房两间，嗣后舍材得常继应。每冬至前后，雇工往各义冢数十处督理，将好棺盖茅，露骨拾塔，然则是役也。

二君一念之善推之人，又推之人人，身不辞劳瘁，历数十年寒暑而不倦，而其事遂善始而善后,可谓难矣。我以为不可不勒诸石,以劝后之继者。赐进士出身、翰林院编修、文渊阁校理、四库馆总纂、庚子科广西正考官加三级邵晋涵撰,乾隆四十六年岁在重光赤奋若相月谷旦。

(辑自光绪《余姚县志》卷一三《义举》)

孝义家庙记

粤惟我邵氏自洛阳迁浙,相厥基于临安会稽,靡有定所,逮我远祖千八公定居余姚清风里,敦德好修,用肇系绪,演庆承庥,遂为县中望族。其由县迁居孝义乡,则权舆于亚一公,实为千八公之孟房,推而上之,实为洛阳邵氏之宗子也。亚一公潜德人不尽知,而故老传述乡之得名由于公,则公之行修于宗族乡党者可见。云仍袭祉,昌衍蕃滋,于戏!岂不有祖德之贻哉?县中故有家庙,宅第爽垲,规制亦整秩,环孝义乡而居者,自履端祇谒,而外限于城乡,辄不得岁时展礼为憾,《礼》不云乎:"以三为五,以五为九,别子为宗,古之制也。"乾隆十六年,在明公俶举其议,独仔肩其事,创建孝义乡家庙一所,基初经而公殁,垣墉丹雘,未竟所施。五十年秋,哀辑。宗人踊跃从事,于是庭除庑舍,井湢胥备振飌,宧奥有苾其馨,圭撰谷旦,奉主入祠,灵佑所依,冯冯翼翼,穆穆跄跄,凡有事于堂阶者,莫不致其恪恭专肃,退而雁叙,雝然緦然,诚归一体,远近同源,僾见质旁,谡兴睦顺,猗欤非家庙之建,曷以鸠吾本支,而懋昭前业欤夫?孝义其本义也。绵诗书之泽,广仁让之风,由一乡而推之县中,由县中而推之于洛阳,上溯宋世大儒之学,绎圣训以牖世,必自敦本始,子若孙传于世,世尚其笃念哉?

(辑自朱兰《南江先生年谱初稿》)

兰风五车堰沈氏重修家谱序

《周官》合族之制,以奠世系。太史公述得姓受氏源流,多据《世本》。汉儒若王符、应劭,胥能囊括姓氏,条著篇目。厥后私家之谱迭兴,以门第相矜尚,寖失古意。然谱牒犹相沿不废,迄唐末五季而诸家之谱尽失,于是古人辨姓类族之法荡然矣。自宋以后,私家之谱,眉山苏氏为最著。至明而著姓莫不有谱,然维昆山顾氏之谱、甬上万氏之谱,为时人所称道。近则河间纪氏谱,最称简而有法。私家纪载,寖寖乎合古人述作之意矣。

余以为谱以纪一家之事，征远者蕲于确而屏绝皮傅，语近者宜于详而勿涉夸张，则其书可以型家，可以匡俗，可以传信，不徒取其文采之焜耀也。今四方州县修志，恒苦于文献无征。诚令家修其谱，生卒、迁徙、秩位具于书，祠宇、冢墓具于书，碑铭、行状、传赞具于书，遗闻、轶事、嘉言懿行具于书，事必核实，语无舛漏，则备一家之文献，合而为一方之文献，推而广之，天下之文献足征矣。况夫谱牒既定，讨论祖训以孝友姻睦相勖勉，施恩由近溯本，引源雝然緦然，亹亹于保世而滋大。所谓人人亲其亲、长其长而天下平者，不端在是哉。

余同县兰风沈氏，故著姓，以诗书孝友世其家，其旧谱修于明嘉靖中，乡先哲为之序曰：'沈以世居湖州，宋时有讳思者，卜居龙舌，是为迁居之始祖。其后叔庄公创修家谱，文龙公复修之，俱以迁居之祖为始，而不攀援通显以诬其先，附会疑似以欺其后。'盖沈氏旧谱征远之确如此。今踵而辑之，世更代易，旷隔已久。其间类多残缺失次，使稍涉攀援附会，补缀成帙，夫谁知之而谁议之。延族之贤者询谋佥同，一以旧章是率，无忝厥祖，用征孝睦之验焉。余读其谱，视旧较增，而必据见闻之核实者，崇本笃后之思，溢于简策，是所谓语详而征确者也，所谓可以型家匡俗而传信者也。于以扶翼圣朝广仁修让之俗，砥行昌文，风俗懋美，追踪于古昔合族奠系之风，岂不伟哉？是为序。

（辑自道光《兰风五车堰沈氏重修家谱》）

顺则童公元配朱太君守节传

顺则童公之嫡配朱孺人，朱为邑中望族，世继簪缨。孺人系庠生羽文公第三女，孝廉名应之胞姊，其母我高祖也。孺人夙娴姆训，四德浑全，孝思尤本天性，幼年即知祷天刲股肉，以疗父疾，稍长，工针刺，凡闺媛之学女红者，率受业为弟子。及笄于归，相夫以礼，事姑曲尽其孝，是以贤声达于宗党，咸谓儒门家范，洵乎无匪无仪。云二十九而寡，遗有二孤，长开桢，甫离襁褓。次开献，尚在乳哺。夫属昆弟三人，孺人系季媳，家故素封。自童公之亡也，姑命予田十亩，令其自给数口衣食外，塾师之膳馔亦出其中，孺人惟勤俭是操，昼则躬亲井臼，夜则机杼之声达旦，数十年不避艰辛，抚孤成立，今诸孙辈皆读书行见，孺人之食报端在其后嗣矣！孺人生康熙辛卯，年九月二十二日，长童公四岁，卒乾隆甲申年七月初四日，后童公二十五岁，寿五十有三。赐进士出身、特召四库馆纂修、钦赐翰林院庶吉士、年家眷表侄邵晋涵拜撰。

（辑自宣统《余姚童氏宗谱》）

芙蓉诗为乐山学长赋

又见秋风到舒城，陈荄重见耀繁英。移红换白谁为主，试问仙人不受卿。

乌柄金丹蟹脚肥，此君亦复爱穿绯。酡颜合向花间醉，送酒还应忆白衣。

（辑自朱兰《南江先生年谱初稿》）

叠前韵奉酬盖翁太老伯即求诲定

临歧风雨望凄迷，秋柳纷披黯淡姿。压座诗传黄□老，隔江天远白云湿。

将看雁塞三千月，放诩冰蚕五色丝。小草出初惭远悉，文无所许奉清卮。

（辑自朱兰《南江先生年谱初稿》）

题平湖徐春田孝廉志鼎东湖春禊图

乾隆甲辰闰三月二日，日在丁巳，平湖孝廉徐春田志鼎仿古兰亭故事，于此日邀同修禊于东湖，南瞻九峰，北迎三泖，胜概毕萃于弄珠一楼，因自制小舟，名曰“水马”。坐中有宋愚者，善笛，倚檝而吹，顾而乐之，遂绘以志。时余姚邵侍讲晋涵亦在里，以邀东湖，为雨所阻，寄题云：“招邀烟艇惜缘悭，老屋枯藤雨掩关。赢得晓窗开画帧，湖光浮作砚前山。亚桃毡柳两行齐，苹漾轻桡转画堤。认取湖光夜珠照，九烟鬟近女墙西。”

（辑自李调元《雨村诗话》卷一三）

汪龙庄先生六十寿序

吾友汪君龙庄谒选得湖南之宁远县，初至，上官知其才，欲留之会垣，龙庄固谢。既为治，有声，上官欲与量移，龙庄复固谢。龙庄岂有恋于宁远耶？宁远于湖南为偏壤县之南、北、西三面皆有猺，地瘠而俗偷，号难治，前此知县事者率以速迁为幸，龙庄独安其土，暨于今四年矣。顷诒余书，自言政拙，将以秋冬告归，然则龙庄岂有不乐于宁远耶？

夫地无丰俭，视所养；俗无厚薄，视所教。谓龙庄有所恋与有所不乐，举不足以知龙庄也。父母之爱其子也，以长以育，不遗于纤，悉必计其久长，业成而授其子焉。父母不自以为功。州县之官胥于民，有父母之责矣。顾或视其官如传舍，环眂旁郡，择善地而营求之，既得则据为已私，逞其攫索。嗟乎！其人之贤、不肖观其意趣可知也。

龙庄初至县，凌然于众母之义题楹柱以自警。安其俗，申其教化，思蒸民于俗，以变其俗。县多惰农，秋后皆旷土，则劝其相原隰沃衍所宜，广其种植，山乡之田，以火耨，耨毕，尽决其水。而望夏秋之间，雨集旱潦，无备则修水防之法，令其备塘堰，多潴蓄，岁比有秋。县远于省会，士惮于试，久之锢蔽其闻见，课业日衰，乃董振而导率之，校核其文蓺，翊以学古，士皆自奋励，连岁有领乡荐者。民染于猺俗，昏祭诸礼，歌呶亵狎，踔跃号呼，沿习不克改，乃告以律文，所劝惩者，申明礼，意绳以防闲，激发其廉耻，旋且子孝妇顺，业安讼简，熙熙然从所指示而相勉为善。龙庄诚顾而乐之。

然龙庄起孤童，奉两节母之教，艰苦自树立孺慕，终身不衰。泊于营利，惟故山邱陇梦寐系之，政成而扁舟往返，龙庄又奚所恋哉？宁远人游京师者，时为余述龙庄之善政，且曰公行年六十，神明如少壮。公固无所恋于兹土，而县中乐得父母为依恃，窃愿其久留而不去也。愿以跻堂之嘏祝申卧辙之讴思，其见许乎？余曰："是在龙庄之行其志，虽然民与官相维系，劝其事者，不自为功，而被泽者至缠绵笃念，而不能自释俗，善治和用，以翊扶圣朝纯懋融熙之雅化，是可书也。请即以是为乐筵之致语焉。时乾隆五十有四年，岁在屠维作噩月在圉涂十有四日。

（辑自《汪辉祖行述》卷二）

余姚保极堂周氏宗谱序

事有先人创之于前，而后人不为继述，则先人之泽遂湮。后有贤子孙兴，欲表彰前人基业，恒苦于无所考据，故善继善述，圣人尊为达孝焉。

吾姚周氏素称望族，自宋迄今，代有名人。其近而最著者，于有明之季尤盛。夫名人间出，则世泽之留遗不少，望族既大，则子姓之生齿日繁。前人立谱以睦九族，以昭世守，别亲疏，明异同，兴仁让义，奕世勿替，此创谱之意也。独是创者有人而续者阙如，非特将来子姓混淆，其弊不可胜计。即先人之世泽，亦何能光昭于世而庆流长哉？癸巳冬，周氏后裔孚先、国桢、懿文、行楷诸子毅然以续谱自任，捐资若干，付诸剞劂，帙成五卷。而问序于余，余阅是谱，知周氏作述之功远矣。自明以前为周氏旧谱，合鄞之小皎而别传于双雁者，卷帙繁多，不及备载。其新谱创自惩斋公，源委分明，著作灿然，继以敬吾公，考订详悉，规模大备，以后复为之修缉编次者则有九枳、启明、胜万诸子，绵绵相沿至今。又越数十年，是谱之续固不容缓矣。然考原本宗图，遵家礼兼欧公谱式。今参以苏公之法，其记序行传，有不相符者，亦略为删改。或疑为变祖制，余曰："此正子孙之善于继述。"真西山云："当持守而持守，固继述也。当变通而变通，亦继述也。"斯言深得善字之旨矣。是谱所载其班班可考者，悉遵旧制，其荒远难稽者，阙以传疑。至其谱式，仍以五服图移意，而挂以朱丝，世系支派更觉一览昭然。嗟乎！自有此续，使前人之世泽常新，而亢宗之道得矣。使后人之亲疏洞悉，而贻谋之义宏矣。且使阅谱者孝弟之心以生，亲睦之谊以敦，厥功甚巨，得不谓之善继善述乎？余故即续之义以为序。时乾隆三十八年岁次癸巳季冬既望之吉，赐进士出身钦赐翰林院庶吉士、年家眷弟邵晋涵拜撰。

（辑自民国《余姚保极堂周氏宗谱》）

徐蓝塍像赞

思以俨若，挹之渊然。瞻六一之度者，丰颐博颡。征君实之德者，峙岳渟川。是其承南州之世泽，飏文藻以高骞。娴雅才于京国，擅赋手于湖壖。文绮彩佩，蕃锡传宣，追捧檄于蜀道，资调运于戎旃，典大州以表率，靖西水于井缠，天彭风燠，锦里春妍至今留。张益州之图像，而述遗爱于老泉。赐进士出身、翰林院侍读、表侄邵晋涵顿首拜题。

（辑自道光《姚江徐氏再续增修谱》）

徐振德像赞

天骨疏朗，器识纯素。卓卓若人，汪汪轨度。谠言盈耳，和而不同。标准无假，振起清风。谋解时纷，智能拯物。才为世出，后生击节。学士同里表侄邵晋涵。

（辑自道光《姚江徐氏再续增修谱》）

丹崖先生传

先生讳垵，字宗岳，号丹崖。自幼岐嶷，出语惊人。年十一，薄暮肄业归，牵牛于山，适虎耽耽，先生未之见，牛以腹护蔽之，与虎肆力犄角，虎遂潜遁，佥谓异征。弱冠淹通经史，兼擅声律、对偶及古文词，飞声槐序。少壮伤杖杜，不欲以家计劳长者心，弃章句之学而客崇川，往来江浙间，屺岵之怀，时吟歌咏。盖其性情之真挚，流露笔端自有不能已者。交游贤士大夫，往往见而重之。

乾隆庚午春，与同人泛舟登山，慨然有水源木本之思，遂修葺宗谱，援据史传作世系流源，建仿欧苏之法，列位图表，所过大都巨邑，持谱稿访宗贤，采录列祖事迹，上自魏王，下逮二十余世，穷日夜之力手不停，披数载，编雷山诸冯合谱六卷，宗谱竣而祖墓可稽，祀事可举，继继承承，相引勿替，宗人咸称其有功于祖。

癸未冬，先生大父愚谷公八旬双寿，辑名公晋祝词章，著其妹孝女吟，各汇成帙。乙酉秋，携客游草，谒天台齐司寇，次风先生嘉其歌咏中寓仁孝忠厚之意，乐为之序。以此知先生固不徒词章见长也。他若薄赀财重仁义，赒恤于亲族邻里，诸懿行不可殚述，惜天不永其年，四十二而卒，配邵孺人，余族兄亮工先生女，夙娴母训，克襄厥家。继配徐孺人，贤淑如之。余知先生甚悉，故乐道其概，且为之赞曰：

山川钟毓，公独铮铮。兽能护主，异瑞特呈。诗书膏腹，贾擅文名。大夫贤士，见则心倾。吟风弄月，屺岵缠萦。寻源竟委，瓜瓞分明。躬行仁义，远近留声。卓哉先生，人莫与京。

乾隆辛亥岁二月既望，赐进士出身，特征四库全书馆纂修官、文渊阁校理、翰林院侍讲、家眷侍生邵晋涵撰。

（辑自民国《姚江赵氏宗谱》卷三）

镜斋公七十寿叙

余友周书昌欲补撰《宋宰相世系表》，钩稽故家谱牒，尝与余论南宋名臣曰："自忠宣公持大节启后昆，而文惠为贤相，景卢、景严鸿文丽藻，颉起相望，当时所称鄱阳三洪也。由鄱阳而迁于徽，盛于浙，姓以望著，子能省识之乎？"余曰："浙中之洪，若平斋、若忠惠，焜耀史册，耆旧称宁海，文学称吴兴，更仆难悉数。其居我余姚者，世为望族。晋山先生以绩学为县中耆旧，怡亭先生继之，文章传于世，子所知也。居官有惠政，山阳人至今思之。其摄金匮县篆也，人比诸借寇。廉操仁泽，所谓以实行昌所学者，克承厥绪，为镜斋先生。"书昌曰："我先世居余姚水阁，故与洪氏有连。怡亭先生之文夙所习也，今乃知其惠政。夫缔新者本先德，念旧者操土风。前史称我乡崇让敦睦，兴孝推慈，为有虞氏遗风。当必代有淳古君子维持其间，请问镜斋先生所以承厥绪者？"余曰："家世与洪氏交亲，童时抠衣趋隅，闻先生议论慷慨，辄心向往之。稍长，益知其德行。连岁北游，乡人自南来者，每称道。先生不置，先生盖孝友恺人也。守先世遗书，束躬准于礼，抚从子有恩义。俾克树立，性笃友谊。竭诚为排解，或以缓急告，推与无难色，亦无德色。岁壬申，饥沴指囷，为乐施倡事，闻恩予议叙，今行七十矣。好行其德，懋修而推广之。人或不尽知，先生亦不求人知也，然称颂者无异辞。余尝登先生之堂，庭除秩如翼翼焉，雍雍焉。退而问趋庭之训，辟咡之传，皆本于忠信，翼以诗书。昌黎所云鸾渟鹄峙，兰茁其芽者。先生躬构其盛，而弥形谦挹。是即忠宣之佩德励芳，不自满假也，是即盘州之实事求是也，是即埜处之固本启华之义也。"书昌曰："固也。我闻懋德必延奕世，我惜欧阳子之《唐书宰相世系表》语焉而弗详也。名德之传，必有懿行，必食厚报。《传》曰：公侯之子孙，必复其始。其在斯乎？其在斯乎？"语未竟，适同里诸亲串属为先生寿日屏帐题词，遂叙京邸会语，寄归为称觞之祝侑。

（辑自光绪《余姚洪氏宗谱》贻编卷二）

都察院左佥都御史陈公传

公姓陈，讳允恭，字无逸，号南麓，一号六观，其先浙之山阴人，后占籍粤西，遂以粤平乐籍起家。王父讳尧化，父讳理，均赠资政大夫。王母王氏，母任氏，均赠太夫人。

公性敏，为童子时，不好嬉戏，爱听客谈古今事，日览数千言，以己意训释经字，典无不合。为文操笔立就，出人意表。尤擅韬略，粤西孙延龄叛桂林，兵下平乐，公奉亲居围子里，集乡兵数百人，朝夕训练，为防守计。贼闻风俱逃避，不敢逼，事平，补诸生。丁卯，举于乡。甲戌，成进士。入词馆分习国书，公深明音韵学，于国书别有神解。外艰服阕，起官进检讨，与修三朝国史，平定朔漠方略。主江西试，得王言吉等俱知名士。故事举子有公车费，归主试，为磨勘资。公力却不受，复命召对乾清宫，擢工部给事中。公感激奋励，慨陈天下生民利病政事得失，凡所建白关大计，不碌碌效常人语。

时广东盐法道陆曾以亏帑褫职辇金诣当路，众议褫职恐帑不可追，宜复任。公知曾困商害民，上疏力争，遂得旨穷其事。云南、川、广、湖南诸土官阻塞王化，彼此争斗，甚则阑入内地，害居民耕牧。公欲以策除之，请推恩群子弟析土，各受职不相属，监以流官。称旨命掌登闻鼓事，转礼科掌印给事中，轮值澹宁居。秋审决囚有张某者，拟大辟。公见其情可矜，力直之，得减死矣。癸巳主试山西，请以习五经者补官卷额，得士若孙嘉淦、王师等俱为名臣。寻擢太常寺少卿，从祀南郊。进通政使右通政，充武殿试读卷官。再入会议班，侃侃如在谏垣时，前后保举。官视才品所宜，不使闻知有以举主，礼谒者谢不见，曰："吾为朝廷得人计，非厚若也。"太守某，墨吏也。某大僚为达意请奉佰金寿，愿比门下士，无他干请，公厉声叱之。丁内艰，读礼家居。适同年生朱中丞巡抚浙江，与公交最密。且知公洞悉兵、刑、钱、谷、农田、水利及风俗利病，急就公授方略。公为历陈得失，中丞得以有所措手。其大者，尤为海塘一事。方是时，海塘倾圮，水泛溢未可收拾。公谓："吾浙杭绍诸郡俱畏海浸。海水当秋夏之交，潮大必有疾风甚雨，以数千万里之潮，风力助之，前潮不能退，后潮又进。潮高于海，拥至数丈，吼怒澎湃不可阻隘。捍御之功，全在塘。塘于某处宜高几丈，宽几丈，某处宜倍，某处宜少杀。"中丞如教施行，以故杭之海、宁、仁、钱，绍之山、会、萧、余、上，迄今无海水患。服满，逾年始入都，圣祖仁皇帝召大小臣工，年老者赴乾清宫赐宴，公年六十，预旷典。寻补通政使右通政，转左龙驭上宾。世宗皇帝嗣膺大统，封赠三世，荫一子，入监读书。以圣祖仁皇后山陵恩，再阶一级，升都察院左佥都御史。公既视事，力振台纲，杜绝私谒。与九卿日进封事，然自以受特达，知职司风宪，不欲毛举细事，以是事非关国计民瘼者不入奏。奏上辄焚草，虽子弟无由知，人以为得大臣体。是冬，奉命祭告辽太祖陵。明年春正月，就道闾阎疾苦，官吏臧否，公一一访其实，冀事竣面奏。途中赋诗纪事，皆忧国忧民语。既报病，犹力疾登车不敢缓，至锦州旅次，沐浴更衣，北向若稽首状端坐卒。卒时惟叹君恩未报，无他语。锦州牧李公经纪其丧，橐中惟白金五两，敝裘二袭，书数册，因叹息泣下。公没时年六十二，两配皆林氏，封夫人。子七人，孙十五人，皆列仕版。

公长身玉立，美须髯，目炯炯四射。性纯孝，父丧后哀毁，终身欲奉母以老，有司强之起，不应。母勉以大义，愿就养，乃赴阙补官。母病，脉绝目已瞑。公吁天请代，母复苏，人谓至孝所感。待诸弟友爱，抚犹子如子。好施予，犹厚于宗亲。族有丧，留滞京邑者凡十余，公悉买地葬。又葬其族自五世祖下数十棺，葬时启穴有水蚁者，即以其为配所择地葬之。外家遭乱散失，公遍访舅氏，又得母之姊若妹，迎与母聚。后母从祖兄弟姊妹亦稍稍就公养，外祖坟久失，公访得，春秋不废祀。他若赡塾师家，周乡贤后，治友人丧，恤通家子，善事不可枚举。

公蓄书万卷，所学博通综观。始务词章，继窥古人应务，迹终主养心。明义利，守唐荆州"有所为无所为"二语，以为至当之说。训子弟不出修身立本，尝谓："希圣希贤，皆分内事。功名其余，衣食又其余也。"又曰："天下有用之物，不可置诸无用之地。吾平时粒米寸草不忍弃。"又曰："君子之道，当令万物各得其所，一物不枉其材。"居家恂恂下人，尝布衣与农夫野老课晴问雨。遇馌饷者，即三尺童子必让道。有讶之者，辄曰："邻里乡党，先世与我祖宗比屋居，若兄弟。然其老者即吾父兄，幼者即吾子弟，安用以贵骄之。"生平爱交纳，花朝月夕，尊酒过从，尝于原籍祖居之后山筑北园，一邱一壑，别有奇趣，今已毁，《郡志·本江集》采入名迹。

公著有《什一拾遗》《祥琴春明》《北园虫鱼撷芳》诸集及《南北史约》，皆手定者。兼工书长行草，不喜酬应，知者鲜，惟东湖熊学士，以为得晋人遗意云。论曰："余尝至山阴，都人士盛称北园陈公贤，非以人传耶？及读陈公状，知公在家孝，在国忠，能为桑梓救灾难，周亲恤友，特余事。"呜呼！陈公洵可谓完人哉！其子若孙先后登甲乙科历，显要一时，称盛食报有自来矣！赐进士出身、日讲起居注官、詹事府左春坊左庶子、同里后学邵晋涵顿首拜撰。

（辑自民国《绍兴下方桥陈氏宗谱》卷一六·传志）

清讳文郁公像赞

公之前积德必昌，公之后流泽弥光。公之身宠锡龙章，公之貌俨然在堂。翰林学士邵晋涵题。

（辑自民国《上虞崧镇何氏宗谱》卷四·图像）

题周耐士藕香居图

身在画图浑不觉，天然位置任荆关。风怀澄澹如君少，合在潭香绿净间。

妙法休拈舌上莲，家声仍守道州传。藕花五月汀洲路，风景依稀画里禅。

（辑自光绪《余姚水田周氏宗谱》）

余姚景桥鲁氏宗谱序

唐人重谱学，郡分其望，官修其书，条贯数千年而秩然有序。五代以降，家为私谱，散出无纪，古人类姓辨族之法亡矣。余少读《新唐书》世系表、郑樵《氏族略》，颇疑其受姓源流多所传会。后见《元和姓纂》其援引古事，复多与二书牴牾，则知世谱之学在唐人已难得其精核，况于私门撰者之书乎。然私修之谱，亦有胜于官书者，各据见闻，整齐行列，不攀缘贵胄以为华，不胶合远郡以为广，质而实，信而可，征成一家，言斯其善也。

姻友鲁君赞泉，奉其新修之谱来告余曰："此先君子武京公之志也。先世自州判公卜居景桥，是为南宋迁余姚之始祖。绵先泽以鸠厥宗，环桥而居，数里无他姓。其不得已而他适者，不忘宗祏，皆有故居回翔之慕然。家谱之藏传于宋，再修于明，其阙而不续者二百余年于兹矣。先君子愍然虑之，咨询耆旧，厘定规条，未竟厥绪。子既与诸昆弟修缮祖祠，复念谱牒不修无以承先志，详稽旁考，迟久而始具稿本，付诸梓人，用藉手以延永泽，先君子之灵爽实式凭之矣。"

余因是而知君之承基厚而贻谋远也。周官三族之制，汉儒六亲之说，胥以奠昭穆而别等杀，合族十余世而云仍相嬗，相视如群从，盖亲亲之谊，本于天性然也，岂必官定其制而始相联属哉！余出游四方，喜从故家大族访问遗事，与史书志乘互相参考。其有笃念前猷，叙述家世悱恻动人者，必温良孝惠，克保世而滋大者也。其瞀然莫辨，与夫矫诬臆决不可穷诘者，必浮薄无行检者也。君言行淳笃，好为德于乡，勉承慧命，殷殷以尊祖敬宗为事，殚数年之力，以成此谱。存家言而著族望，垂裕之悠远，其不在斯欤！是为序。乾隆四十二年长至月，赐进士第、特征《四库全书》纂修官、翰林院编修邵晋涵顿首拜撰。

（辑自民国《余姚景嘉桥鲁氏宗谱》）

武京公像赞

公讳镐，君俊公四子也。赋性慈祥，好积德而行善，衣衾棺椁，施舍无算，颖连疾苦皆周给之。戊寅秋，水后买棹往宁，见有败棺随波出没，即而收瘗之，由是四方慕义者皆称道勿衰焉。癸未八月，寝疾数日，召二子而谓曰："尔等宜孝事尔母，周济斯人子，自今往，殆将从尔祖地下游矣。"命书遗嘱，开先人厥像，具衣冠以拜，遂端寝而卒。呜呼！公其存也，顺其没也。宁欤？

赞曰：西江有水，东里有舆，利济之道，溥诸比闾，任恤之谊，同于古初，以布阴德，以永终誉，恺悌君子，使我踟蹰。

乾隆辛卯会元、钦赐翰林院编修、眷晚生邵晋涵拜题。

（辑自民国《余姚景嘉桥鲁氏宗谱》）

宋工部尚书始迁祖亚卿公赞

先世临安，绵绵瓜瓞。我公来姚，乃启尔戚。公生不辰，当宋之季。航海督粮，遭风尽弃。匿采韬光，坚定自守。唯公盛德，克昌厥后。乌虖本之固者，叶常茂。源之远者，流弥长。允宜绳绳继继，群居萃处于湖地之乡。翰林院编修同里邵晋涵撰。

（辑自光绪《余姚戚氏宗谱》）

愚谷赵先生像赞

知者若愚，仁者必寿。孝友可风，惟德之懋。裕后光前，肯堂肯构。乐善好施，不愧屋漏。徽音克嗣，殆天所授。余庆发祥，芝兰挺秀。仰彼乔松，岁寒弥茂。令闻令望，遐哉耆旧。二云邵晋涵题。

（辑自民国《姚江赵氏宗谱》）

东阳张忠敏公赐谥建祠作

便是归来死未迟，五陵佳气忆迷离。一峰天柱浙东蹶，三极星垣箕尾骑。

青史江湖留后案，白头松柏老前知（公抚吴，贼犯桐城等县，须发一夕顿白）。只今纶诰颁黄阁，檐角峥嵘转画旗。

（辑自张国维《张忠敏公遗集》附录卷五）

翰林院侍读学士镜澜彭先生墓志铭

乾隆中，天子加意国史，遴翰林有才望者为史官。馆在东华门内，辰入西出，紬金匮石室之书，钩稽阁部院故牍，排核年月前后著于篇，积岁既久，馆臣或不逾时迁去新进，或不得要领，遇疑难欲得质正，必曰彭镜渊先生。先生早入翰林，在馆久且年长，并尊礼之曰先生。先生谙悉掌故，随时答问，复审无少忒。竟岁纂集，不以寒署问，泊然不求人知。间有知而称之者，先生泊然如故，同馆相嗟服。先生不仅勤敏过人，其镇静自守，实可为后进法云。

先生讳绍观，字颙若，镜澜其自号也。世为江南长洲人，高祖珑，广东长宁县知县。曾祖定求，翰林院侍讲。祖正乾，考授州同知，三世俱赠光禄大夫。考启丰，兵部尚书。先生五岁知读书，长有文誉。乾隆十二年举于乡，二十二年成进士，改庶吉士，丁母夫人忧。二十八年授编修，明年充国史馆纂修官。时刘文正为总裁，深器之。曰："端人也，是宜能不负职者。"三十三年，考试翰詹高等，擢赞善，充日讲起居注官。四十年，升侍讲寻转侍读。明年擢侍讲学士，旋充文渊阁直阁事。四十五年，转侍读学士。中间分校，会试典山西乡试，俱称得人。四十九年，丁尚书公尤，服阙补原官，仍入史馆。于是先生在馆二十余年矣。稿本粗具，多取成于先生。近岁总裁知先生勤职靡倦，因追理文正，曩时所叹为不虚也。五十六年四月丙午殁于京邸，距生雍正六年九月辛酉，年六十四。配蒋氏，封淑人。子二人，希范，乾隆甲午科举人，广东合浦县知县。呼嵩，国学生，早卒。女二人，长适内阁中书叶元符，次适廪生闵思端。孙三人，蕴枌，郡庠生。蕴棎、蕴枚。先生始终史馆，论者比诸唐之吴兢，元之欧阳原功。晋涵追随史馆也久，得昕夕奉教，益愧不能如先生所为，志墓无溢词，亦先生所心许也。

铭曰：觗骳以竞好乎，宁谅颋而不渝乎，鞶帨之外燿乎，宁荣茧之内舒乎，吁嗟先生兮繄古与徒。馆后学邵晋涵撰。

（辑自民国《吴县彭氏宗谱》）

乙酉科浙江乡试试卷

试题：吾学周礼

《周礼》为王化之本，学之者情自殷已。盖礼之定自周者，应不同乎夏殷之为礼也。孔子之学也，岂无意哉？且以新朝之制度，定一代之章程而垂之为礼，以奕叶之规模，经历圣之综核而大备于周。于是乎学士大夫欣逢明体达用之休，景仰鸿猷而情殷于学，鼓歌弦诵，递从远绍旁搜之后，参稽时制而还念夫吾。岂惟夏殷之礼，说而学之哉？

今夫礼一代之章程也。辛壬底绩以后，尝昭定制于姒王，甲子渡河以前，共守成规于子氏。而人往风微，举安邑亳都，斟酌以求其尽善者。一变而赫镐洛之殽灵，此岂前与后之不相掩哉。振文物于西京，炳鼓钟于南国，即令起夏殷先王而问之，亦当革故鼎新而治法，自此一新矣。

今夫《周礼》历圣所创造也。逖西土而服三分，已兆清明于朝会。徂东山而皇四国，用占豫顺于郊圻。而治定功成，举陟献角瑶。积渐以尽其美利者，相继以敷成周之政教，夫岂初与终之不相袭哉？习器者爱而斯传，观乐者笑而忘憾，即有仍夏殷之礼而损益之，亦可见巽行震起，而风规于斯大备矣。若夫学《周礼》者其景仰之情为甚，勿生不见文武成康之盛。而掌礼有传书犹得以溯源之合。夫设官分职，效建极于维皇，《周官》原载雎麟之意，吉凶军宾备等杀于经曲，《仪礼》亦含天地之和，遗迹之昭垂，原有其灿然者矣。学之而周旋揖逊，犹若亲与其间也。

吾思儒者载籍极博，恒征信于六艺之文，试由前代以下，计我周时代之遥遥，几难历数，孰知我朝之定礼尽泻。宇宙之精华有使人学焉。未逮而叹为情文之极盛尔。若夫吾之学也，于参稽之念有更深，生平慕三代大道之英，而守礼有正传。犹得以窥经纶之秘。夫问来周之车马，而重弓球于方册，柱下鲁披金石之藏，迎入鲁之圭璋，而考星纪于云龙，郯子亦附典坟之掌，谟烈之分识，自有其森然者矣。学之而好古敏求，奚啻神游其际也。吾观古人立言垂远，每有期于千载之思，试当后世而追溯。我周泽人世之茫茫，徒为寤想。孰知我生之愿学，备参造化之精微，即使吾学有兼牧第相安于殽教之暨讫尔，何也？今所用者《周礼》也，我安得不从乎哉？

（辑自《乡墨鸿裁》）

试题：大而化之之谓圣，圣而不可知之之谓神，乐正之，二之中

圣神为善信之极功，而界其二者宜勉矣。夫诣以圣神为极，而要由善信而始者也。乐正之，止有其二焉。岂可域其中而不自奋乎，且无穷者，至道之纯全也，而有定者，学人之分量也。当极深研几之后，弥望前修，几渺渺无终极焉，而孰知进取之日新？要本乎初基之自立，历验天人之合，不妨尽其道以远为期之，亦可即其人以近而按之也。如美而大者，由善信中而递进其功者也。而岂以美大二者为极诣哉？吾欲核其已至之程，先尽其不逾之矩，富有之业，宁不足较善信以分其浅深，而盛积而流未泯，其因应之轨，将大可为者未必能化其迹也。若夫天君泰然，百体自征其顺令，周旋见从欲之风发越著，笃恭之盛，庶几天不可阶正学，已立其大中也，斯大而化之矣。

圣矣，从容之中，宁犹得就善信以论其功能，而至德无名，并忘其拟议之迹，

将两而化者，自可见一而神也。观于大造无心，四时自呈有象，不已通于穆之原，无声参帝载之始，庶几神应故妙至诣，已征其二无也。斯圣而不可知之矣。

神矣，此即美大者，尚不敢企而及，况于善信乎，顾功无自竟，而量有难诬，从几经积累之余，存养克臻于纯粹，不言而喻，无为而成，遂觉孤悬天壤，以成泰山河岳之观，自下学者望之，应思拾级以登也。而学无幸成，道难蹴至，唯圣与神早离群而绝类，当力为探索之始，操持勿惧于殊趋，行远自迩登高，自卑亦宜倍进人功，以为入室升堂之渐，自上达者，观之差幸，其有基勿坏也。而益之不足，损之有余，唯善与信可责实以循名。乐正子，在吾门也。夫非欲希圣以尽神者哉，若之何犹在二中也。

二者对待之名也，于彼于此，易地可以参观，而举善信以实之，乐正子已加人一等矣。夫圣神之在望也，由勉希安，每若于入门之寡，兹何以得主有常，无虞欺慊之未分也。道岸诞登，可望同归于一致，吾为乐正子喜，其二也。中者无定之象也，不先不后，其间宁有推移，而举善信以按之，乐正子亦才可兼人矣。夫圣神之难几也，由始暨终，每虑其半途之废，兹何以立不易，方早见明诚之交致也，发蒙养正，尚期务敏以修来，吾愿乐正子勿限其中也。克也庶维日孳孳，由美大以底于圣神，毋自安于四之下哉！

（辑自顾廷龙《清代朱卷集成》）

致黄璋信札三通

（一）

奉到大集，雒诵再四，掉臂清新，而不涉江西宗派，要非洗伐功深者，无从道其只字也。闻文集亦次第开雕，何时赐读，俾奉范模，祷切祷切！入春来，食履安和，伏惟万福。楚中之游，未知果否？传闻荆襄光景远不如中州，而制府届秋拟往摄湖南抚篆，则假装似可稍缓。倘行有定期，祈先示知为望。谨此顺请近安，不戬。

（二）

秋初接奉教函，远荷存注。敬悉食履绥和，门庭多庆，欣忭弥增。闻大集已付开雕，传世之业，及早赐读为望。晋涵近刻《尔雅正义》，略仿唐人体裁，而学术不逮古人远甚，刻成复核，自愧疏漏。今寄呈一部，伏祈大加诲削，俾不至终身不闻大道，幸甚幸甚！《孟子正义》粗具稿本，尚须删改，道远末由就正，时用怅然耳。寄陆定兄札已为面付矣。耑此顺请近安，适有俗冗，不及缅缕。

（三）

久未奉书，依溯弥挚。二表弟抵都，接读教言。敬悉福履冲和，名山之业日新富有，易义阐绎家传，当较查他山之导扬师说远为过之。《宋元学案》，贯彻古今学术源流，不仅备两朝掌故，双韭续纂未竟，今乃得观厥成，异时流布通都，洵四方学人之幸也。侄牵率应酬，记诵日落，迩来更觉匆忙，精神颓废。南望经帷，神驰左右，长者何以教之。一切光景，谅二表弟自能面陈。顺请近安，不戬。

（辑自黄璋《大俞山房诗稿》附录）

参考文献

一、谱主著作

邵晋涵:《尔雅正义》,乾隆五十三年面水层轩刻本。

邵晋涵:《旧五代史考异》,《续修四库全书》第 290 册,上海古籍出版社 1996 年版。

邵晋涵:《南江书录》,聚学轩丛书本。

邵晋涵:《南江文钞》《南江诗钞》,道光十二年刻本。

二、古籍部分

岑安卿:《栲栳山人诗集》,乾隆壬寅张廷枚刻本。

陈康祺:《郎潜纪闻初笔二笔三笔》,中华书局 1984 年版。

陈鳣:《简庄文钞》,《续修四库全书》第 1487 册,上海古籍出版社 1996 年版。

陈尚君:《旧五代史新辑会证》第 12 册,复旦大学出版社 2005 年版。

陈寿祺:《左海文集》,《清代诗文集汇编》第 499 册,上海古籍出版社 2010 年版。

陈蔚:《九华纪胜》,道光元年梅缘书屋木刻本。

戴璐:《藤阴杂记》,北京古籍出版社 1982 年版。

戴璐:《吴兴诗话》,民国五年刻本。

戴震:《戴东原集》,商务印书馆 1933 年版。

段玉裁:《六书音均表》,乾隆四十一年刻本。

法式善:《清秘述闻》,中华书局 1982 年版。

法式善:《梧门诗话》,凤凰出版社 2005 年版。

顾廷龙:《清代朱卷集成》,台北成文出版社 1992 年版。

桂馥:《晚学集》,《续修四库全书》第 1456 册,上海古籍出版社 1996 年版。

洪亮吉:《洪亮吉集》,刘德权点校,中华书局 2001 年版。

黄安绶:《国朝两浙科名录》,浙江古籍出版社 2012 年版。

黄崇兰:《国朝贡举考略》,道光十四年平河青云斋刻本。

黄景仁:《两当轩集》,李国章标点,上海古籍出版社 1983 年版。

黄景仁:《两当轩集》,李国章标点,上海古籍出版社 1983 年版。

黄文旸:《扫垢山房诗钞》,《续修四库全书》第 1459 册,上海古籍出版社 1996 年版。

黄璋:《大俞山房诗稿》,《清代诗文集汇编》第 363 册,上海古籍出版社 2010 年版。

江藩:《炳烛室杂文》,光绪三年刻本。

江藩:《国朝汉学师承记》,钟哲整理,中华书局 1983 年版。

孔继涵:《杂体文稿》,《清代诗文集汇编》第 395 册,上海古籍出版社 2010 年版。

李斗:《扬州画舫录》,中华书局 1960 年版。

李调元:《雨村诗话》,嘉庆六年刻本。

李元度:《国朝先正事略》,明文书局 1985 年版。

卢文弨:《抱经堂文集》,商务印书馆 1935 年版。

鲁九皋:《山木居士文集》,秦恩复石研斋抄本。

罗有高:《尊闻居士集》,《清代诗文集汇编》第 379 册,上海古籍出版社 2010 年版。

吕培:《洪北江先生年谱》,光绪三年刻本。

潘衍桐:《两浙輶轩续录》,夏勇、熊湘整理,浙江古籍出版社 2014 年版。

潘衍桐:《两浙輶轩续录补遗》,夏勇、熊湘整理,浙江古籍出版社 2014 年版。

潘奕隽:《三松堂集》,《续修四库全书》第 1460 册,上海古籍出版社 1996 年版。

彭元瑞:《知圣道斋读书跋》,商务印书馆 1936 年版。

平步青:《霞外攟屑》,《续修四库全书》第 1163 册,上海古籍出版社 1996 年版。

钱大昕:《嘉定钱大昕全集》,陈文和主编,江苏古籍出版社 1997 年版。

钱大昕:《竹汀日记》,光绪三十三年刻本。

钱大昭:《补续汉书艺文志》,中华书局 1985 年版。

钱沣:《钱南园先生遗集》,《清代诗文集汇编》第 397 册,上海古籍出版社 2010 年版。

钱泰吉:《碑传集》,扬州古籍书店 1984 年版。

钱泰吉:《曝书杂记》,商务印书馆 1939 年版。

钱泳:《履园丛话》,中华书局 1979 年版。

秦瀛:《小岘山人诗文集》,《续修四库全书》第 1464 册,上海古籍出版社 1996 年版。

阮元:《定香亭笔谈》,商务印书馆 1936 年版。

阮元:《两浙輶轩录》,浙江古籍出版社 2012 年版。

阮元:《茆辑十种古逸书序》,道光十四年茆氏梅瑞轩精刻本。

沈叔埏:《颐彩堂文集》,嘉庆二十三年刻本。

孙尔准:《泰云堂集》,《续修四库全书》第 1495 册,上海古籍出版社 1996 年版。

孙星衍:《寰宇访碑录》,嘉庆七年阳湖孙氏刻本。

孙星衍:《孙渊如先生全集》,商务印书馆 1935 年版。

台北故宫博物院:《宫中档案乾隆朝奏折》,台北故宫博物院 1982 年版。

唐浩明:《曾国藩全集》,岳麓书社 2011 年版。

陶元藻:《泊鸥山房集》,《清代诗文集汇编》第 341 册,上海古籍出版社 2010 年版。

汪沆:《槐塘诗稿》,《清代诗文集汇编》第 301 册,上海古籍出版社 2010 年版。

汪辉祖:《病榻梦痕录录余》,道光三十年刻本。

汪启淑:《水曹清暇录》,乾隆五十七年刻本。

汪中:《述学》,商务印书馆 1919 年版。

王昶:《春融堂集》,《清代诗文集汇编》第 358 册,上海古籍出版社 2010 年版。

王昶:《湖海诗传》,商务印书馆 1936 年版。

王端履:《重论文斋笔录》,《续修四库全书》第 1262 册,上海古籍出版社 1996 年版。

王芑孙:《渊雅堂全集》,《续修四库全书》第 1480 册,上海古籍出版社 1996 年版。

王庆云:《石渠余纪》,北京古籍出版社1985年版。

翁方纲:《复初斋诗文集》,《续修四库全书》第1455册,上海古籍出版社1996年版。

翁元圻:《困学纪闻注》,清道光五年刻本。

吴仁杰:《离骚草木疏》,乾隆四十五年刻本。

吴锡麒:《还京日记》,《清代稿钞本》第1册,广东人民出版社2007年版。

吴玉纶:《香亭文稿》,乾隆六十年滋德堂刻本。

萧绎:《金楼子》,《知不足斋丛书》本。

谢宝书:《姚江诗录》,中华书局1931年版。

邢永福、师力武:《军机处上谕档》,《清宫热河档案》第6册,中国档案出版社2003年版。

徐世昌:《晚晴簃诗汇》,中华书局1990年版。

徐友兰:《绍兴先正遗书》,光绪徐氏铸学斋刻本。

严荣:《清王述庵先生昶年谱》,台湾商务印书馆1978年版。

姚莹:《东溟外集》,《清代诗文集汇编》第549册,上海古籍出版社2010年版。

叶德辉:《郎园读书志》,上海古籍出版社2010年版。

叶燕:《白湖文稿》,《清代诗文集汇编》第441册,上海古籍出版社2010年版。

袁枚:《随园诗话》,江苏广陵古籍刻印社1991年版。

袁枚:《小仓山房文集》,周本淳标点,上海古籍出版社1988年版。

张国维:《张忠敏公遗集》,《四库未收书辑刊六辑》第29册,北京出版社2000年版。

张鉴:《雷塘庵主弟子记》,光绪七年刻本。

张绍南:《孙渊如先生年谱》,台湾新文丰出版公司1988年版。

张书才:《纂修四库全书档案》,上海古籍出版社1997年版。

张廷枚:《国朝姚江诗存》,乾隆三十八年宝墨斋刻本。

张廷枚:《余姚捐赈事宜》,《中国荒政书集成》,天津古籍出版社2010年版。

张问安:《亥白诗草》,嘉庆二十一年刻本。

张问陶:《船山诗草》,中华书局1986年版。

张羲年:《噉蔗全集》,上海著易堂光绪十九年本。

张埙:《竹叶庵文集》,《清代诗文集汇编》第375册,上海古籍出版社

2010 年版。

张养浩:《元张文忠公梔归田类稿杋》,周永年、毛垄编,乾隆五十五年刻本。

张养浩:《元张文忠公归田类稿》,周永年、毛垄编,乾隆五十五年刻本。

张鎡:《南湖集》,乾隆四十六年刻本。

章学诚:《章氏遗书》,商务印书馆 1936 年版。

昭梿:《啸亭杂录》,中华书局 1980 年版。

仲光军:《历代金殿殿试鼎甲朱卷》,花山文艺出版社 1995 年版。

朱保炯、谢沛霖:《明清进士题名录》,《近代中国史料丛刊续辑》第 79 辑,文海出版社 1981 年版。

朱承勋:《紫竹山房遗稿》,朱迈基编,中华书局 1933 年版。

朱筠:《笥河文钞》,清刻本。

朱筠:《笥河文集》,商务印书馆 1936 年版。

朱兰:《南江先生年谱初稿》,同治稿本。

朱文治:《绕竹山房诗稿》《绕竹山房续诗稿》,咸丰五年刻本。

朱休度:《小木子诗三刻》,《续修四库全书》第 1452 册,上海古籍出版社 1996 年版。

《碑传集》,《台湾文献史料丛刊》4,台湾大通书局 1984 年版。

《清实录》,中华书局 2008 年版。

《汪辉祖行述》,台湾广文书局 1977 年版。

《乡墨鸿裁》,乾隆五十二年刻本。

《续通志》,乾隆四十七年抄本。

三、方志

蒋光弼:《於潜县志》,清光绪二十四年本。

李亨特:《绍兴府志》,乾隆五十七年刻本。

唐若瀛:《余姚志》,乾隆四十六年刻本。

徐成敷:《增修甘泉县志》,光绪七年本。

郑沄:《杭州府志》,乾隆四十九年刻本。

周炳麟:《余姚县志》,光绪二十五年本。

四、宗谱

陈星衍:《绍兴下方桥陈氏宗谱》,民国十五年本。

何立道:《上虞崧镇何氏宗谱》,民国十年本。

洪大本:《余姚洪氏宗谱》,光绪二十九本。

黄庆曾:《余姚竹桥黄氏宗谱》,民国十五年本。

鲁赞泉:《余姚景嘉桥鲁氏宗谱》,民国十四年本。

彭文杰、彭钟岱:《吴县彭氏宗谱》,民国十一年本。

戚维高:《余姚戚氏宗谱》,光绪二十五年本。

邵曰濂、邵友濂:《余姚邵氏宗谱》,光绪十三年本。

沈绍荣:《余姚半霖沈氏宗谱》,民国二十三年本。

沈天德:《兰风五车堰沈氏重修家谱》,道光十二年本。

史良书:《余姚史氏宗谱序》,民国三年本。

童祖钧:《余姚童氏宗谱》,宣统元年本。

翁鉴明:《余姚东门翁氏宗谱》,民国十二年本。

徐大凝:《姚江徐氏再续增修谱》,道光二十八年本。

叶丁曜:《慈溪鸣鹤叶氏宗谱》,光绪十六年本。

俞赞:《姚江古将坛俞氏宗谱》,民国二十三年本。

张锡恩:《余姚张氏宗谱》,光绪三十年本。

赵锡光:《姚江赵氏宗谱》,民国十二年本。

周洪:《余姚水田周氏宗谱》,光绪十五年本。

周守操:《余姚保极堂周氏宗谱》,民国四年本。

朱元树:《余姚朱氏宗谱》,民国二十年本。

诸昌龄、诸章达:《姚江诸氏宗谱》,民国十二年本。

诸如绶:《余姚诸氏宗谱》,道光三年本。

四、今人著述

仓修良:《史家史籍史学》,山东教育出版社 2004 年版。

仓修良:《文史通义新编新注》,浙江古籍出版社 2008 年版。

丁辉、陈心蓉:《嘉兴历代进士研究》,黄山书社 2012 年版。

杜维运:《邵晋涵之史学》,《政治大学历史学报》1994 年第 11 期。

胡适、姚名达:《章实斋先生年谱》,商务印书馆 1929 年版。

黄云眉:《清邵二云先生晋涵年谱》,《金陵大学中国文化研究所丛刊》,金陵大学中国文化研究所 1933 年版。

江苏省立国学图书馆:《江苏省立国学图书馆第三年刊·馆藏善本书题跋辑录》,江苏省立国学图书馆 1930 年版。

蒋寅:《清诗话考》,中华书局 2007 年版。

林良如:《邵晋涵之文献学探究》,《古典文献研究辑刊六编》第 26 册,花木兰文化出版社 2008 年版。

林逸:《清洪北江先生亮吉年谱》,台湾商务印书馆 1981 年版。

柳诒徵:《卢抱经先生年谱》,中央大学国学图书馆第一年刊,1927 年版。

罗炳良、朱钟颐:《邵晋涵学术述论》,《湖南教育学院学报》1998 年第 2 期。

罗炳良:《邵晋涵对宋史研究的重要贡献》,《求是学刊》1999 年第 1 期。

罗炳良:《邵晋涵史学批评述论》,《北方工业大学学报》1997 年第 2 期。

罗炳良:《邵晋涵在历史编纂学理论上的贡献》,《史学史研究》1997 年第 2 期。

罗炳良:《章实斋与邵二云》,商务印书馆 2013 年版。

钱茂伟:《浙东史学研究评述》,海洋出版社 2009 年版。

孙善根:《论清代浙东学派的历史地位》,《浙江学刊》1996 年第 2 期。

王继光:《〈续资治通鉴〉成书初探》,《研究生论文选集·中国历史分册》,江苏古籍出版社 1984 年版。

薛祥生、孔繁信:《张养浩诗文选》,济南出版社 2009 年版。

杨绪敏:《邵晋涵与历史文献的整理及研究》,《徐州师范学院学报》1986 年第 2 期。

姚名达:《朱筠年谱》,商务印书馆 1930 年版。

张秀平、罗炳良:《邵晋涵与宋史研究》,《文史哲》1999 年第 2 期。

章开沅:《清通鉴》,岳麓书社 2000 年版。

郑伟章:《书林丛考(增补本)》,岳麓书院 2008 年版。

政协广东省中山市委员会文史编辑委员会编:《中山文史(香山历代名彦选录)》1990 年第 1 期。

后记

吾邑先贤邵二云先生乃乾嘉时期史学巨擘，其学术地位和贡献不容置疑。余六世祖久香公讳兰因仰慕前修，于清同治间曾撰《南江先生年谱初稿》，惜未及定稿付梓而谢世，世人知之者寥寥。

民国间，邑前辈黄半坡先生欲撰《清邵二云先生晋涵年谱》（以下简称《邵谱》），读县志久香公之行略，知余先祖撰有邵二云先生年谱，曾访叔高祖湘生、鄂生两先生，但被告之已失其稿而未果，故其有“乡前辈朱久香先生兰曾撰《邵二云先生年谱》四卷，今其稿已无存者”之叹！半坡先生“惜朱稿之不传，惧乡献之莫征，爰采诸家文集、笔记所载与先生有关涉者，分年系缀”，于民国二十年撰成《邵谱》。因“一·二八”事变，原稿化为灰烬，半坡先生又搜觅厘正，于民国二十一年重新撰就付印。一九六四年，半坡先生好友、时任余姚政协副主席姜枝先先生去函告之“上虞某氏愿让久香先生三谱遗稿”。盖梨洲、舜水两谱外，尚有邵谱，年已六十又七、已眇一目的黄云眉为之喜而不寐，遂以八十金求得三谱，再睹先祖所撰《南江先生年谱初稿》，距其撰《邵谱》已三十余载矣。展卷读后，半坡先生称“久香先生所撰南江年谱，为三谱中致力最深者，余谱可就正之处烦多，仓卒不能一一而举，而余尤所注意者，则是谱之资料可宝也”，然其因故未能就两谱作一补正。次年九月，半坡先生以先祖所撰“三谱殿之”，将其所藏古籍二百四十五种，三千一百三十册，赠与家乡的梨洲文献馆（部分赠予梨洲中学）。半个世纪以来，著作浮沉，三谱辗转于余姚县图书馆与黎洲文献馆、余姚市文保所之间，《南江先生年谱初稿》因此尘封于书柜坊架之中，埋没于蛛蒙蠹蚀之间，未能付诸枣梨，以致世人皆以为泯没于世，诚为遗憾。

余忝为朱兰嫡裔，在哀辑先祖遗著时，于余姚市文保所觅得半个世纪前半坡先生所捐、先祖所撰《南江先生年谱初稿》稿本。稿本与《邵谱》内容迥异，颇具史料价值，能为学界研究邵二云先生提供帮助，且半坡先生也有“至此可宝之资料，他时或酌附余谱，或另行印布”之期望，故而余不揣鄙陋，将两谱参照比勘，增补两谱中所未备者，重新梳理删定，撰为《邵晋涵年谱新编》，既伸先祖未竟之志以弥其恨，亦成半坡切望之举以慰其心。

其间，余有幸得识北京师范大学罗炳良恩师。老师多年来一直致力于浙东史学，于乾嘉时期学术用力尤深，曾撰有《清代乾嘉史学的理论与方法论》《清代乾嘉历史考证学研究》等著述，其《章实斋与邵二云》一书尤为经典，对于研究二云学术大有裨益。甲午六月，获亲道范，受益匪浅。后书札往来，老师化雨因施，曲赐教诲，勖勉朱某此举“不特护惜前人，尤其嘉惠后学”。老师之学识与为人，为我所景仰。无奈天妒英才，今年春正，老师因病英年早逝，令人扼腕！老师与余有审《邵晋涵年谱新编》之约，又有作《邵晋涵评传》之订，如今未及见年谱完稿而驾鹤西去，一切皆成虚愿矣！

二云先生终身致力于浙东文献之学，于注疏、辑佚、目录、金石等均有卓越成就，尤长于史，对中国史学有重要贡献。今年系二云先生逝世二百二十周年，谨以此书纪念这位乾嘉时期著名学者、浙东史学之殿军人物。感谢宁波市社科院(社科联)和“宁波市历史文化研究工程”项目，同时亦深深追念致力于浙东文化研究和文献保存的先祖久香公、黄半坡、姜枝先、罗炳良等先贤前辈，渠等汲汲于表彰浙东学派文献之精神，永远值得我等后进敬仰和继承发扬。

承蒙宁波市社会科学研究院的各位领导和余姚市历史文化名城研究会同仁倾情关照，尤其是科研管理处王仕龙老师长期以来的关心。天一阁博物馆学术委员会副主任龚烈沸拨冗终审书稿，并提出许多中肯而建设性的意见；好友慈溪史志办王孙荣先生细致地审读了书稿，帮助我拾遗补缺，减少了疏漏。余姚文保所慷慨提供馆藏文献，以供查阅。诸多事例，难以全部胪列，一并在此致谢！

补正前贤之作，难免狗尾续貂之诮，非才高博学者不敢为。才识谫陋如我，出于对先贤之景仰，斗胆冒此不韪。校勘、编排中定多疏谬失当之处，敬祈方家指正，其所不知者，仍有待于当代通人，为之增续补正，逐渐臻于至善。

朱炯

丙申年十月于姚城实获斋